高等学校“十三五”应用型经管规划教材

基础会计

（第2版）

魏永宏◎主编

Fundamental Accounting

(Second Edition)

電子工業出版社
Publishing House of Electronics Industry
北京 • BEIJING

内 容 简 介

本书为高等教育会计学专业的入门教材，以最新会计准则及应用指南为基础，以会计核算为主线，重点阐述现代会计的基本理论、基本方法和基本操作技能。按教学规律由简入繁，由浅入深地使学生掌握基本概念、基本原理并强化了应用。本书注重理论联系实际，突出能力、技能培养，提高了实用性，拓宽了适用范围。

本书可作为普通高等学校本、专科层次会计学专业、财务管理专业、审计专业和工商管理类学科“会计学”课程的教材，也可作为各类财务会计人员继续教育的培训教材。

图书在版编目（CIP）数据

基础会计 / 魏永宏主编. —2 版. —北京：电子工业出版社，2021.1
高等学校“十三五”应用型经管规划教材
ISBN 978-7-121-37230-8

Ⅰ. ①基…　Ⅱ. ①魏…　Ⅲ. ①会计学－高等学校－教材　Ⅳ. ①F230

中国版本图书馆 CIP 数据核字（2019）第 181222 号

策划编辑：姜淑晶
责任编辑：马洪涛　　文字编辑：张　京
印　　刷：天津千鹤文化传播有限公司
装　　订：天津千鹤文化传播有限公司
出版发行：电子工业出版社
　　　　　北京市海淀区万寿路 173 信箱　　邮编：100036
开　　本：787×1092　1/16　印张：16.5　字数：422.4 千字
版　　次：2016 年 3 月第 1 版
　　　　　2021 年 1 月第 2 版
印　　次：2021 年 1 月第 1 次印刷
定　　价：49.00 元

凡所购买电子工业出版社图书有缺损问题，请向购买书店调换。若书店售缺，请与本社发行部联系，联系及邮购电话：（010）88254888，88258888。

质量投诉请发邮件至 zlts@phei.com.cn，盗版侵权举报请发邮件至 dbqq@phei.com.cn。

本书咨询联系方式：（010）88254199，sjb@phei.com.cn。

第 2 版前言

“基础会计”是会计学专业、财务管理专业的专业基础课和入门课程，也是高等教育经济学科各专业的基础课，主要讲授会计学的基本理论、基本方法和基本操作技能。为了使本书做到基本理论阐述深入浅出，基本方法讲解清晰明了，达到易教易学的目的，我们不断汲取同类教材之长，广泛听取同行的意见和建议；同时，《基础会计》一书自 2016 年出版以来已多次加印，得到了广大读者的普遍认同和好评。加之近年来财政部陆续发布或修订了多项企业会计准则，调整了财务报表格式，因此我们对《基础会计》进行了修订。

本次修订，仍然保持了以必需、够用为度，以掌握概念、强化应用为重点的特点，体现本书在会计学体系中的基础地位，并且尽量不与后续课程的内容过多重复。

本书可作为高等学校会计学专业、非会计学专业“会计学”课程的教材，也可作为企业财会人员、各级各类管理人员的培训教材及参考书。

本次修订得益于电子工业出版社的精心组织和大力帮助，在此我们诚表谢意！在修订过程中参考和借鉴了同行的有关著述，在此一并表示感谢！限于编者的时间和水平，书中错漏或者不妥之处在所难免，恳请各位专家、同行以及广大读者批评指正，以便我们再版时做进一步的修订和补充。

魏永宏

第 1 版前言

会计工作是经济管理工作的重要组成部分。实践证明，经济越发展，会计越重要。在我国，随着社会主义市场经济的不断发展，会计理论研究与会计改革也在持续深化。我国于 2006 年颁布了新的《企业会计准则——基本准则》和 38 项具体会计准则，标志着适应我国社会主义市场经济发展要求、与国际惯例趋同的新的企业会计准则体系正式建立，是我国会计发展史上新的里程碑。

“基础会计”是会计学专业、财务管理专业的专业基础课和入门课程，也是高等教育经济学科各专业的基础课。本门课程以讲授会计基本核算方法为主要内容，为学生进一步学习其他会计专业课程打下坚实的基础。据此，我们组织长期工作在会计专业教学一线的教师，精心编写了更加适合高等学校教学实际的本书。

本书的主要特点体现在以下几个方面：

（1）基础理论以必需、够用为度，以掌握概念、强化应用为重点，按照教学的基本规律，由简入繁、由浅入深。本书作为入门课的教材，需要与中级财务会计的课程衔接。虽然相关课程涉及的会计学基础知识面较宽，但本书并不进行过深的理论探讨，整本教材仍以掌握簿记学为主要内容。

（2）撰写本书的基本依据是我国新颁布的《企业会计准则》及其他财会制度。另外 2014 年 4 月，财政部颁布了经过大范围修订的《会计从业资格考试大纲》，本书紧扣财政部发布的《会计基础工作规范》和最新的《会计从业资格考试大纲》编写，但是并不拘泥于全面引用法规制度的具体条文，而是贯彻其主要精神。

（3）适当与国际接轨。本书在阐述会计基础核算知识时，力图融入国际上的一些会计理论方法。与此同时，也保留了一些我国会计工作中行之有效的方法。

（4）体系安排符合会计教学规律，科学合理。本书内容完整，结构清晰，先易后难，循序渐进。为便于学生学习与吸收，每章开篇都有学习目标与要求，结尾均做了小结，并附有思考题和练习题，强调了理论与实践的结合，便于教师授课以及学生复习、巩固和提高。

本书由魏永宏教授担任主编，负责总体框架的设计、写作大纲的拟定和编写的组织工作，并总纂定稿，聂会肖、李焦担任副主编。各章的撰写具体分工如下：第一、二章由高祥晓编写，第三、四章由聂会肖编写，第五章由魏永宏编写，第六、十二章由安存红编写、

第七、八章由李洪伟编写，第九章由韩春丽、李焦编写，第十章由侯小娜编写，第十一章由李焦编写。

本书在撰写过程中参阅了国内同行的优秀论著，并得到电子工业出版社的大力支持与帮助，在此一并致以诚挚的谢意。

虽然本书的编者通力合作，力求做到精益求精，但因撰稿、定稿时间仓促，更由于编者水平有限，本书难免有疏漏和不妥之处，恳请广大读者批评指正，以便我们再版时进一步修改和补充完善。

魏永宏

目 录

第一章 总论

学习目标与要求

通过对本章内容的学习，要求学生能够了解会计的产生与发展；理解会计的含义、职能；理解会计核算前提、会计信息质量要求；能够陈述会计对象、会计核算的具体内容、会计目标及会计核算方法。

第一节 会计的产生与发展

会计是以货币计量为主要计量单位，反映和监督一个单位经济活动的经济管理活动。会计是人类生产经营活动发展到一定阶段的必然产物。会计的产生源于社会实践。随着人类经济发展和科技进步，会计的核算内容和核算形式也在不断地发展和完善。

一、会计的产生

会计作为一项记录、计算和考核收支的工作，早在公元前一千年左右就出现了。最初的会计只作为生产职能的附带部分，之后经历了古代会计、近代会计和现代会计三个阶段。人类要生存，社会要发展，就要进行物质资料的生产。生产活动一方面创造物质财富，取得一定的劳动成果；另一方面会发生劳动耗费，包括人力、物力的耗费。在一切社会形态中，人们进行生产活动时，总是力求以尽可能少的劳动耗费取得尽可能多的劳动成果，做到所得大于所费，提高经济效益。为此，必须在不断改革生产技术的同时，采用一定的方法对劳动耗费和劳动成果进行记录、计算，并加以比较和分析，从而产生了会计。可见，会计的产生与加强经济管理、追求经济效益有着不可分割的天然联系。

二、会计的发展

（一）古代会计阶段

早在原始社会，随着社会生产力水平的提高，人们捕获的猎物及生产的谷物等有了剩余，人们要算计着食用或进行交换，这样就需要进行简单的记录和计算。例如早期的“结绳记事”“刻石记事”等就是原始社会的会计行为。此时，会计是生产职能的附带部分，核算多以实物为主，核算方法简单。

当人类进入奴隶社会和封建社会时期，生产力的发展取得了实质的进步，私有制逐步繁盛，奴隶主庄园和地主庄园成为经济的基本组织形式和基本经济单位。庄园产品自给自足，属于典型的自然经济形式。奴隶主和地主为了管理和控制自己的财产，设立账目，记录进出仓库的生产资料及消费品的种类和数量，并在此基础上产生了会计的雏形——单式簿记。同一时期，国家出于财政管理的需要，也采用了这种记账形式。我国于西周时期设立了最早的会计职位“司会”，专门负责政府财政收支的核算。在单式簿记中，会计记录以流水账为主，采用序时记录的方式记录经济活动，并辅以文字解释和说明，类似于现在的日记账。每一笔业务中都包含时间、内容、数量和计量单位等基本要素。随着封建社会的发展，商品流通的日益频繁，人们在序时账的基础上发明了类似分类账性质的总账，并根据具体业务特点增加了专门体现借贷往来和不同业务地点的明细记录，进一步提高了经济管理的效率，产生了良好效果。

（二）近代会计阶段

一般认为，从单式记账法过渡到复式记账法，是近代会计的重要标志。在资本主义发展初期，自然经济形态向商品形态演进，商业和金融业兴起。13 世纪时，佛罗伦萨的银行业空前繁盛起来。银行业的主要业务为借贷业务，每一笔业务都会涉及借款方和贷款方，由此产生了复式簿记的开端。1494 年，意大利数学家卢卡 • 帕乔利（Loca Pacioli）的著作《算术、几何、比及比例概要》出版，系统地介绍了复式记账法，并给予了理论阐述。这被会计界公认为会计发展史上的一个里程碑，标志着近代会计的形成。

从 15 世纪到 18 世纪，会计理论与方法的发展仍然是比较缓慢的。在英国，由于生产力的迅速提高，会计迅速发展。过去会计工作主要是记账和算账，现在还包含了编制和审查报表，以及研究资产的估价方法和有关理论等。第一次世界大战以后，美国取代了英国，无论是在生产，还是在科学技术的发展上都处于遥遥领先的地位。因此，会计学的发展中心也从英国转移到美国。这一时期，会计方法已经比较完善，会计科学也已经比较成熟。

（三）现代会计阶段

20 世纪以来，尤其是第二次世界大战以后，科技革命导致新兴工业部门迅速发展，极大地繁荣了市场经济。同时，随着企业规模的扩大，所有权与经营权的分离逐渐成为企业经营的主要产权制度方式。为满足内部管理者对会计信息的要求，管理会计与传统会计相分离，并形成了相对独立的领域。管理会计的出现是近代会计发展成为现代会计的重要标志。会计学成为一门应用性学科，形成了财务会计和管理会计两大分支。

由此可见，会计是随着社会发展和经济管理的要求而产生、发展的。经济越发展，会计越重要。

第二节 会计的基本概念

一、会计的含义

会计是以货币为主要计量单位，运用专门的方法，核算和监督一个单位的经济活动，为会计信息使用者提供经济信息的一种经济管理活动。会计作为经营管理的重要组成部分，是根据社会生产的发展和管理的需要而不断发展和完善的。在社会生产中，会计一方面对生产过程中人力、物力的消耗及劳动产品的数量进行记录和计算；另一方面则要对生产过程中的耗费和劳动成果进行分析、控制和审核，以促使人们减少劳动耗费，提高经济效益。正是因为在社会生产中人们很早就注意到提高经济效益的重要性，所以客观上需要有会计这种以经济数据的记录、计算、分析、控制、审核为中心的经济管理活动。

二、会计对象

会计对象是指会计所核算和监督的内容。凡是特定主体能够以货币表现的经济活动，都是会计核算和监督的内容，即会计对象。明确会计对象，对于确定会计的任务，尤其是对于研究和运用会计的方法，具有重要的意义。

会计对象表现为基础单位或组织发生的以货币表现的经济活动，具体表现为资金或资本的运动。企业的资金运动是由资金投入开始的。投入或取得这些资金的渠道主要有两个：一是企业所有者投入；二是从银行及其他金融机构借入。资金到位后，企业就要进入以下经营过程：① 供应过程。主要是购买原材料等劳动资料，这时资金的形态由货币资金转化为储备资金，同时也会发生购置厂房和机器设备的活动，这时资金的形态由货币资金转化为固定资金。② 生产过程。主要是将原材料投入生产，劳动者借助劳动手段加工出产品，其中，会发生材料的消耗、固定资产的折旧、工人的工资等，这时资金的形态由储备资金和一部分货币资金及固定资金转化为生产资金，再转化为成品资金。③ 销售过程。将产品销售出去，实现商品的价值，这时资金的形态由成品资金转化为货币资金。经过上述几个过程，资金从货币资金开始，依次转化为储备资金和固定资金、生产资金和成品资金，又回到货币资金，这个过程称为资金的循环。周而复始的资金循环称为资金的周转。最后，在完成一个生产经营过程后，会有部分资金退出企业，如上缴税金、归还借款、给投资者分配利润等。

三、会计核算的内容

各单位在生产经营业务中会发生各种经济交易或事项。经济交易是指单位与其他单位或个人之间发生的各种经济利益交换，如购买材料；经济事项是指在单位内部发生的具有经济影响的各类事件，如计提折旧。《中华人民共和国会计法》规定，下列经济交易或事项应当进行会计核算。

（一）款项和有价证券的收付

款项是作为支付手段的货币资金。根据货币资金的存放地点及其用途的不同，货币资金分为库存现金、银行存款和其他货币资金。现金有狭义和广义之分。狭义的现金是指企业的库存现金；广义的现金除指库存现金外，还包括银行存款和其他符合现金定义的票证等。银行存款是指企业存放在银行或其他金融机构的货币资金。在企业的经营资金中，有些货币资金的存款地点和用途与库存现金和银行存款不同，如外埠存款、银行汇票存款、银行本票存款、存出投资款等，这些资金在会计核算上统称为其他货币资金。

有价证券是指表示一定财产拥有权或支配权的证券，如国库券、股票、企业债券和其他债券等。

货币资金和有价证券是企业资产中流动性最强的资产。加强对货币资金和有价证券的管理和控制十分重要。

（二）财务的收发、增减和使用

财务是财产和物资的简称。企业的财务是能给企业带来经济利益的资源，一般包括原材料、在产品、库存商品、燃料、低值易耗品等流动资产和房屋建筑物、机器设备、运输设备等固定资产。企业必须加强对财务收发、增减和使用的管理，维护企业正常的生产经营秩序。

（三）债权、债务的发生和结算

债权是指在企业经济交易中产生的收取款项的一种权利，一般包括应收账款、应收票据、其他应收款、长期应收款、持有至到期投资等应收款项和预付款项。

债务是指企业在经济交易中形成的需以资产和劳务偿付的现时义务，一般包括短期借款、应付账款、应付票据、应付职工薪酬、应交税费、应付股利（利润）、长期借款和应付债券等应付款项和预收款项。

（四）资本的增减

资本是指投资者实际投入企业的资金，是企业生产经营的“本钱”。会计上的资本是指所有者权益中的投入资本。根据《公司法》的规定，企业设立时必须有法定资本金。法定资本金是指国家规定的开办企业必须筹集的最低资本数额。所有者权益是指投资者对企业净资产的所有权，是企业全部资产减去负债后的余额，包括实收资本、资本公积、盈余公积和未分配利润。资本表明的是企业的产权关系，企业办理资本的增减均有严格的法律规定。投资者作为企业的所有者将根据企业经营情况的好坏，按照出资的比例、企业章程或协议的约定分享利润或承担风险、分担亏损。企业应正确核算资本的投入以及资本保值增值的情况，以更好地维护投资者的利益。

（五）收入、利得、费用、损失的计算

收入是指企业在日常活动中形成的、会导致所有者权益增加、与所有者投入无关的经济利益的总流入。如工业企业制造并销售商品、咨询公司提供咨询服务等。利得是指不属于日常活动所形成的经济利益流入。如企业处置固定资产、无形资产取得的经济利益流入。

费用是指企业在日常活动中发生的、会导致所有者权益减少、与向所有者分配利润无关的经济利益的总流出。以工业企业为例，日常活动所产生的费用通常由产品成本和期间费用两部分构成，企业的产品成本由直接材料、直接人工和制造费用三个成本项目构成，期间费用包括管理费用、销售费用和财务费用三项。损失是指非日常活动所形成的经济利益的流出，如企业处置固定资产、无形资产的损失及违约经营受到的罚款等。

（六）财务成果的计算和处理

财务成果是指企业在一定时期内经营活动的结果，具体表现为盈利或亏损。财务成果的计算和处理包括某一会计期间利润的计算、净利润的计算、利润的分配或亏损的弥补等。财务成果的计算和处理得正确与否，直接影响国家、投资人以及相关利益人的利益，因此，各单位必须按照国家统一的会计制度和其他法规制度的规定，对财务成果进行正确计算和处理。

第三节 会计的职能与目标

一、会计的职能

（一）会计核算

会计的核算职能，主要是指以货币为主要计量单位对经济活动进行连续、系统和完整的确认、计量和报告，提供有用的经济信息。会计核算具有如下特点。

（1）会计核算主要是货币计量，同时辅以实物等计量。货币量度是会计最主要的计量尺度，实物量度和劳动量度是会计货币度量的辅助。在商品经济条件下，货币作为商品的一般等价物，是衡量商品价值的共同尺度。各单位的经济活动种类繁多，如资产的增加和减少、负债的发生和偿还等，都要通过货币量度进行核算。会计只有采用货币量度，才能对一个单位的经济活动进行全面、系统、连续的核算与控制。

（2）会计核算应具有完整性、连续性、系统性和综合性。这是会计资料完整性、连续性、系统性的要求。会计核算的完整性是指对所有的会计对象都要进行确认、记录、计量、报告，不能有任何遗漏；会计核算的连续性是指对会计对象的确认、记录、计量、报告要连续进行，而不能有任何中断；会计核算的系统性是指要采用科学的核算方法对会计信息进行加工处理，保证所提供的会计数据资料能够成为一个有序的整体，从而可以揭露客观经济活动的规律性。

（3）会计核算要对各单位经济活动的全过程进行反映，在对已发生的经济活动进行事中、事后核算的同时，还可以预测未来的经济活动。一般来说，对已经发生的经济信息进行确认、记录、核算、分析，经过加工处理后提供相应的财务信息，从而反映经济活动的现实状况和历史状况，这是会计核算的基础工作。但是随着商品经济的发展，市场竞争日趋激烈，企业经营规模不断扩大，经济活动日益复杂，经营管理需要加强预见性。因此，会计在进行事中、事后核算的同时，要进行事前核算，即加强对经济前景的预测，以给企业管理者提供有力的决策依据。

（二）会计监督

会计的监督职能，主要是指利用会计核算提供的信息对单位的经济活动全过程的合法性、合理性和有效性进行监督，使之达到预期目标的目标。会计监督具有如下特点。

（1）会计监督主要通过价值指标来进行。会计核算通过价值指标综合地反映经济活动的全过程及其结果，会计监督的主要依据就是这些价值指标。为了便于监督，有时还需要事先制定一些可供检查、分析的价值指标，用来监督和控制有关经济活动，以避免出现重大偏差。会计监督与其他各种监督方式相比较，是一种更为有效的监督。会计监督通过价值指标可以全面、及时、有效地控制各个单位的经济活动。例如，利用产品成本指标，可以考察材料、人工及各项制造费用的耗费，以便采取措施，达到降低成本的目的。

（2）会计监督是对单位经济活动全过程进行事前、事中、事后的全面监督。事前监督是在经济活动开始前进行监督，也就是审查未来的经济活动是否符合有关法令、政策的规定，是否符合商品经济规律的要求，在经济上是否可行，以及是否符合相关法规，避免产生经营风险。事中监督是对正在发生的经济活动及取得的核算资料进行审查，及时发现问题，并据此纠正经济活动进程中的偏差及失误，促使有关部门合理组织经济活动，使其按照预先设定的目标及要求进行，发挥事中控制经济活动进程的作用。事后监督是指对已经发生的经济业务以及相应的会计核算资料进行审查、分析，以保证经济活动合法、合理、有效地进行，一般在会计期间结束后进行。

核算和会计监督是会计的两个基本职能，会计核算是会计监督的基础，没有核算，监督就失去了依据；没有监督的核算信息，就难以保证会计信息的真实可靠。因此，核算和监督密切结合、相辅相成。

（三）会计的扩展职能

随着经济的发展、市场竞争的加剧、经济活动的日益复杂化，会计的职能得到了进一步的发展和完善，由过去单一的事后核算发展到依据事后核算的信息对事前进行预测和分析，为经营管理和决策提供更多的有用信息。因此会计职能除会计核算职能和会计监督职能两大基本职能外，还有会计预测和决策、会计规划和控制、会计分析和评价等扩展职能。

二、会计的目标

企业应当如实提供有关企业财务状况、经营成果和现金流量等方面的有用信息，以满足各方面的信息需求。

在我国，会计的目标主要是满足企业外部和企业内部两个方面对企业信息的需求。

（一）财务信息的外部使用者

1. 投资者

投资者包括现有的投资者和潜在的投资者。投资者主要关心其投资风险和报酬，需要信息来帮助他们决定是否应当进行投资。另外，他们还需要信息来帮助其评价被投资企业的获利能力等。

2．债权人

债权人主要包括银行、非银行金融机构、企业债券购买人和提供信贷的其他单位或个人。债权人通常关心企业的偿债能力和财务风险，需要信息来评估企业能否如期支付本金及其利息、能否如期支付所欠货款等。

3．政府及其有关部门

政府及其有关部门通常关心经济资源分配的公平、合理，市场经济秩序的公正、有序，宏观决策所依据信息的真实可靠等，需要信息来监管企业的各项经济活动及进行税收征管等。

4．社会公众

企业的生产经营活动还与社会公众密切相关。在财务报告中提供有关企业发展前景、经营效益及其效率等方面的信息，对社会公众亦有帮助。

（二）财务信息的内部使用者

1．企业内部管理者

在生产经营过程中，企业管理者为了实现其经营目标，必须进行正确的决策，如筹资、投资、销售等，他们需要以客观的、有用的财务数据和资料为依据。会计信息在企业管理者的决策中起着重要的作用。

2．企业的职工

企业的职工和工会关心企业从事经营活动的方向、企业的获利情况、利润的增加情况、企业的福利待遇情况和职工的工资情况等。

第四节 会计的基本假设与会计信息质量要求

一、会计的基本假设

（一）会计主体

会计主体是指会计工作所服务的特定单位，是企业会计确认、计量和报告的空间范围。会计主体为日常的会计处理提供了依据。

会计主体假设要求企业对其本身发生的交易或事项进行会计确认、计量和报告，反映企业本身所从事的各项生产经营活动。明确界定会计主体是开展会计确认、计量和报告工作的重要前提。

会计主体不同于法律主体。会计主体可以是一个独立核算的经济实体、一个独立的法律个体，也可以是不进行独立核算的内部单位、一个非法律个体。一般来说，法律主体必然是会计主体。一个企业作为一个法律主体，也是一个需要单独反映经营成果与财务状况、编制独立的财务会计报告的实体。但是，会计主体并不一定是法律主体。例如在企业集团中，母公司和子公司是不同的法律主体，分别是会计主体的同时，还要以企业集团为一个会计主体，编制合并财务报表。

(二)持续经营

持续经营是指会计主体的生产经营活动按照既定的目标继续经营下去，在可预见的将来不会面临破产而进行清算。企业会计确认、计量和报告应当以持续经营为前提。在持续经营假设前提下，会计主体将按照既定用途使用资产，按照既定的合约条件清偿债务，会计人员可以在此基础上选择会计政策和方法。

企业是否持续经营，在会计原则、会计方法的选择上有很大的差别。在持续经营的情况下，企业拥有的各项财产，将在正常的经营过程中被消耗或出售；而企业所承担的债务，也将在正常的经营过程中被清偿。会计人员就可以在此基础上选择会计原则和会计方法。如果判断企业是持续经营的，就可以假定企业的固定资产会在持续经营期间长期发挥作用，固定资产就可以按照历史成本（购置成本）进行计量，而不是按照企业解散时的清算价值入账。因为购置固定资产是为了使用，而不是为了出售。企业如果将固定资产出售就会影响到企业的持续经营。因此，在持续经营的假设前提下，企业应采用折旧的方法，将固定资产的历史成本分摊到各个会计期间或相关的产品成本中去。

持续经营是根据企业发展的一般情况所做的假定，而任何企业都存在破产、清算的风险，也就是说，企业不能持续经营的可能性总是存在的。为此，需要企业定期对持续经营前提做出分析和判断。如果判断为不会持续经营，就应当改变会计核算的原则和方法，并在企业财务报告中做出相应的披露。

(三)会计分期

会计分期是指人为地将会计主体持续不断的生产经营活动划分为若干连续的、长短相同的期间。会计分期的意义在于将企业持续的生产经营活动划分为较短的时间段，产生了本期和非本期的区别，从而才能按期编制财务报告，向财务报告使用者提供相关信息。

在会计分期假设前提下，企业应当划分会计期间。会计期间分为年度和中期。会计期间通常为一年，称为会计年度。世界各国的会计年度起讫日期并不统一。我国以公历年度为企业的会计年度，即每年公历的 1 月 1 日至 12 月 31 日。中期是指短于一个完整的会计年度的报告期间，如半年、季度或月度。

(四)货币计量

货币计量是指会计主体在财务会计确认、计量和报告时，以假定币值不变的货币作为基本计量单位，反映会计主体的财务状况、经营成果和现金流量。

我国会计核算中一般以人民币为记账本位币。业务收支以人民币以外的货币为主的企业可以选定其中一种货币为记账本位币，但是编制的财务报告应当折算为人民币。统一采用货币计量也有缺陷，某些影响企业财务状况和经营成果的因素难以用货币来计量，但这些信息对于使用者决策也很重要，如企业经营战略、研发能力等。因此，企业可以在财务报告中补充披露非财务信息。

货币计量并不排斥会计有时采用实物计量单位和劳动计量单位，但采用实物计量单位和劳动计量单位只是对货币计量的补充。

会计核算的四项基本假设相互依存、相互补充。会计主体确立了会计核算的空间范围，持续经营与会计分期确立了会计核算的时间范围，货币计量确立了会计核算的必要手段。

二、会计信息质量要求

会计信息质量要求是对企业财务报告中所提供会计信息质量的基本要求，是使财务报告中所提供的会计信息对投资者等使用者决策有用应具备的基本特征。根据《企业会计准则》的规定，会计信息质量要求包括可靠性、相关性、可理解性、可比性、实质重于形式、重要性、谨慎性、及时性等。其中，可靠性、相关性、可理解性、可比性是会计信息的首要质量要求；实质重于形式、重要性、谨慎性、及时性是会计信息的次要质量要求，是对可靠性、相关性、可理解性、可比性等会计信息首要质量要求的补充和完善，及时性是保证会计信息质量的最终保障。

（一）可靠性

可靠性，即真实性或客观性。可靠性要求企业以实际发生的交易或事项为依据进行确认、计量和报告，如实反映符合确认和计量要求的各项要素及其他相关信息，保证会计信息真实可靠、内容完整。

有用的会计信息必须以可靠为基础，如果财务报告提供的会计信息是不可靠的，就会给投资者等财务报告使用人做经济决策产生误导或经济损失。为了贯彻可靠性要求，企业应当做到以下方面。

（1）以实际发生的交易或事项为依据进行确认、计量，将符合会计要素定义及其确认条件的资产、负债、所有者权益、收入、费用和利润等如实反映在财务报表中，不得根据虚构的、没有发生的或尚未发生的交易及事项进行确认、计量和报告。

（2）在符合重要性和成本效益原则的前提下，保证会计信息的完整性，如应当编制的报表及其附注内容等的完整性，不能随意遗漏或减少应予披露的信息，与使用者决策相关的有用信息都应当充分披露。

（二）相关性

相关性要求企业提供的会计信息与投资者等财务报告使用人的经济决策需要相关，有助于投资者等财务报告使用人对企业过去、现在或未来的经济情况做出评价或预测。

会计信息是否有用、是否有价值，关键是看与财务报告使用者的决策需要是否相关、是否有助于决策或提高决策水平。相关的会计信息应当能够有助于财务报告使用人评价企业过去的决策，证实或修正过去的有关预测，因而具有反馈价值。相关的会计信息还应当具有预测价值，有助于财务报告使用人根据财务报告所提供的会计信息预测企业未来的财务状况、经营成果和现金流量。例如，区分收入和利得、费用和损失；区分流动资产和非流动资产、流动负债和非流动负债及适度引进公允价值等，都可以提高会计信息的预测价值，进而提升会计信息的相关性。

（三）可理解性

可理解性要求企业提供的会计信息清晰明了，便于投资者等财务报告使用人的理解和使用。

企业编制财务报告、提供会计信息的目的在于使用，而要使使用者有效使用信息，应当能让其了解会计信息的内涵，弄懂会计信息的内容。这就要求财务报告提供者提供的会计信息清晰明了、易于理解。只有这样，才能提高会计信息的有用性，实现财务报告的目标，满足向投资者等财务报告使用人提供决策有用信息的要求。

可理解性要求企业提供的信息和记录信息的程序、方法通用，简单明了。使得信息报告使用人准确、及时、完整地把握会计信息的基本内涵，恰当地对会计信息加以分析和利用。

（四）可比性

可比性是指企业提供的会计信息应当相互可比。会计信息的可比性主要包含以下两层含义。

（1）同一企业不同时期可比。会计信息质量的可比性要求同一企业不同时期发生的相同或相似的交易或事项，应当采用一致的会计政策，不得随意变更。这样要求是为了便于投资者等财务报告使用人了解企业的财务状况、经营成果和现金流量的变化趋势，比较企业在不同时期的财务报告信息，全面客观地评价过去、预测未来，从而做出决策。但是，满足会计信息可比性要求，并非表明企业不得变更会计政策，如果按照规定或在会计政策变更后可以提供更可靠、更相关的会计信息，那么可以变更会计政策。有关会计政策变更的情况，应当在附注中予以说明。

（2）不同企业相同会计期间可比。会计信息质量的可比性要求不同企业同一会计期间发生的相同或相似的交易或事项，应当采用规定的会计政策，确保会计信息口径一致、相互可比，以使不同企业按照一致的确认、计量和报告要求提供有用会计信息。这样要求是为了便于投资者等财务报告使用人评价不同企业的财务状况、经营成果和现金流量及其变动情况，从而更好地做出经济决策。

（五）实质重于形式

实质重于形式要求企业应当按照交易或事项的经济实质进行会计确认、计量和报告，不仅仅以交易或事项的法律形式为依据。实质是指交易或事项的经济实质，形式是指会计核算依据的法律形式。

在多数情况下，企业发生的交易或事项在经济实质和法律形式上是一致的。但在有些情况下，会出现不一致。例如，以融资租赁方式租入的资产，虽然从法律上讲企业并不拥有其所有权，但是由于该种租赁方式的租赁期较长，接近于该资产的使用寿命，租赁期结束时承租方有优先购买该资产的权利，且在租赁期内承租企业有权支配资产并从中受益。因此，从其经济实质来看，承租企业能够控制该资产并用其创造未来的经济利益。所以，在会计确认、计量和报告中视融资租赁资产为自有资产进行管理和核算，列入企业的资产负债表。

（六）重要性

重要性要求企业提供的会计信息反映与企业财务状况、经营成果和现金流量有关的所有重要交易或事项。

全面、准确地反映企业经济活动的全过程，固然是会计核算的基本要求。但从会计信息使用者的角度看，主要是利用财务报告提供者提供的会计信息进行决策，而不要求面面俱到。因此，对不同的交易或事项可以根据重要程度，采用不同的核算方式对外披露。对于相对重要的会计事项，分项反映，重点说明、报告；对于次要的会计事项，可以简化处理、合并反映。

如何理解重要性呢？如果该会计信息在财务报告中省略或错报，会影响投资者等财务报告使用人据此做出决策，该会计信息就具有重要性。在实务中，重要性的应用需要依赖职业判断，企业应当根据其所处环境和实际情况，从项目的性质和金额大小两方面加以判断。

（七）谨慎性

谨慎性要求企业对交易或事项进行会计确认、计量和报告，应当保持应有的谨慎，不应高估资产或收益、低估负债或费用。

在市场经济环境下，企业的生产经营活动面临着许多风险和不确定性，如应收款项的可回收性、固定资产的使用寿命、无形资产的使用寿命、售出存货可能发生的退货等。会计信息质量的谨慎性要求企业在面临不确定因素的情况下，做出职业判断，并保持应有的谨慎，充分估计到各种风险和损失，既不高估资产或收益，又不低估负债或费用。

但谨慎性的应用不允许企业设置秘密准备。如果企业故意低估资产、收益，或者故意高估负债、费用，将不符合会计信息的可靠性和相关性要求，损害会计信息质量，扭曲企业的财务状况和经营成果，从而对财务信息报告使用者的决策产生误导。

（八）及时性

及时性要求企业对于已经发生的交易或事项，及时进行确认、计量和报告，不得提前或延后。

会计信息的价值在于帮助所有者或其他方面做出经济决策，具有时效性。尤其在信息化发展迅猛的时代，各信息使用者或利益相关者对会计信息及时性的要求越来越高。即使是可靠的、相关的会计信息，如果不及时提供，就会失去实效性，对所有者的效用大大降低，甚至不再具有实际意义。在会计确认、计量和报告的过程中，贯彻及时性要求做到以下三点：第一，及时收集会计信息，即在经济交易或事项发生后，及时收集整理各种原始单据或凭证；第二，及时处理会计信息，按照会计准则的规定，及时对经济交易、事项进行确认或计量，并编制财务报告；第三，及时传递信息，按照国家规定的有关时限，及时编制财务报告并传递给财务报告使用者，以便其及时使用和决策。

三、会计基础

目前，会计基础有权责发生制和收付实现制两种。我国企业会计准则规定，企业会计的确认、计量和报告应当以权责发生制为基础。权责发生制的基本要求是：凡当期已经实现的收入和已经发生或应当负担的费用，无论款项是否收付，都应当作为当期的收入和费用；凡是不属于当期的收入和费用，即使款项已在当期收付，也不作为当期的收入和费用。

收付实现制则将收到或支付款项的时间作为确认收入或费用的时间。目前，我国行政事业单位会计采用收付实现制。

第五节 会计核算的基本程序与方法

一、会计核算的基本程序

会计核算的基本程序是指对发生的经济业务进行会计数据处理与信息加工的程序。它包括会计确认、计量、记录和报告等程序。

会计确认、计量、记录和报告作为一种基本程序或方法都有其具体内容，并需要采用一系列的专门方法。

（1）会计确认，是指依据一定的标准，确认某经济业务事项能否记入会计信息系统，并列入会计报告的过程。即是否记录、何时记录，当作哪一项会计要素来记录；应否计入财务报表、何时计入，当作哪一项会计要素来报告。会计要素项目确认和时间确认是会计确认的核心。

会计要素项目确认包括两个方面：第一，此项经济业务或会计事项是否属于会计核算内容；第二，此项经济业务或会计事项应归属哪一个要素项目。此两项确认的基本标准是：第一，必须符合会计要素的定义；第二，此项经济业务或会计事项可以用货币进行计量。时间确认的基本标准是按照哪种会计核算基础来确认，即按照权责发生制还是收付实现制来确认交易或事项。

（2）会计计量，是指在会计核算过程中，对各项财产物资都须以某种尺度为标准确定它的量。会计计量包括计量单位和计量属性。货币计量通常以元、百元、千元、万元等为计量单位。计量属性是指计量对象可供计量的某种特性或标准，如资产计量有历史成本、重置成本、现行成本等属性。

（3）会计记录，是指各项经济业务经过确认、计量后，采用一定的文字、金额和方法在账户中加以记录的过程，包括以原始凭证为依据编制记账凭证，再以记账凭证为依据登记账簿。会计记录包括序时记录和分类记录。在记录的生成方式上，又有手工记录和电子计算机记录。

（4）会计报告，是指以账簿记录为依据，采用表格和文字形式，将会计数据提供给信息使用者的手段。

二、会计核算方法

会计核算方法是指对会计对象进行完整的、连续的、系统的反映和监督所应用的方法。会计核算方法主要包括：① 设置账户；② 复式记账；③ 填制和审核凭证；④ 登记账簿；⑤ 成本计算；⑥ 财产清查；⑦ 编制会计报表等一系列的专门方法。

（一）设置账户

设置账户是指根据经济管理的要求，将会计对象的具体内容进行分类核算和监督的一种专门方法。会计对象的内容是多种多样的，要将它们进行系统的核算和全面的监督，就必须进行科学的分类，以便取得各种不同性质的核算指标。会计账户的设置是会计核算制度设计的一项主要内容，对于正确运用填制凭证、登记账簿和编制会计报表等都具有重要作用。

（二）复式记账

复式记账法是指对任何一笔经济业务，都必须用相等的金额在两个或两个以上的有关账户中相互关联地进行登记的一种专门方法。采用这种方法记账，使每项经济业务所涉及的两个或两个以上的账户发生对应关系，同时，在对应账户上登记的金额相等，即保持平衡关系。通过账户的对应关系及金额相等的平衡关系，便于了解每项经济业务的来龙去脉及其相互关系，检查有关经济业务的记录是否正确。由此可见，复式记账是一种科学的记账方法。采用这种方法记录各项经济业务，可以相互联系地反映经济业务的全貌，也便于核对账簿记录是否正确。

（三）填制和审核凭证

会计凭证是记录经济业务、明确经济责任的书面证明，是登记账簿的重要依据。填制和审核会计凭证是指为了审查经济业务是否合理合法，保证账簿记录正确完整而采用的一种专门方法。对于已经发生或已经完成的经济业务，都要由经办人员或有关单位填制凭证，并签名盖章。所有凭证都要经过会计部门和有关部门的审核，只有经过审核并确认无误的记账凭证，才能作为记账的依据。通过填制和审核凭证，可以保证会计记录有根有据，并明确经济责任，监督经济业务的合法性和合理性。

（四）登记账簿

账簿是用来全面、连续、系统地记录各项经济业务的簿籍，也是保存会计数据资料的重要工具。设置账户是指为了对会计对象的具体内容进行分类反映，以提供经营管理所需要的各种不同性质的核算指标。登记账簿就是将所有的经济业务按其发生的时间顺序，分门别类地记入有关账簿。登记账簿必须以会计凭证为依据，将大量分散的会计凭证归类、加工成完整、系统的数据资料，从而使会计信息更好地满足经营管理的要求。

（五）成本计算

成本计算是指对生产经营过程中所发生的各种费用，按照一定对象和标准进行归集和分配，以计算确定各该对象的总成本和单位成本的一种专门方法。通过成本计算，可以核算和监督生产经营过程中所发生的各项费用是否节约或超支，以及成本计算提供的信息是不是企业成本管理所需要的主要信息。正确地选择成本计算方法，准确地计算成本，不仅对企业降低成本有重要意义，还是企业正确计算利润的前提条件之一。

（六）财产清查

财产清查是指盘点实物、核对账目，查明各项财产物资、货币资金和往来款项的实有数额，并查明实存数与账存数是否相符的一种专门方法。通过财产清查，可以加强会计记录的正确性，保证会计核算资料的正确性，监督财产的合理使用，挖掘财产物资使用潜力，改进财产管理，确保财产安全完整。因此，它是会计核算必不可少的一种方法。

（七）编制会计报表

编制会计报表是指以一定的表格形式，对一定时期内账簿记录内容的总括反映，也就是对编表单位在一定时期内的经济活动过程和结果加以综合反映的一种书面性文件。它是会计核算的专门方法。会计报表提供的信息不仅可以为企业管理者决策服务，也可以满足与企业有经济利害关系的集团和个人了解企业财务状况和经营成果的需要。为了正确报告会计信息，应当按会计准则和会计制度的有关规定来确认、计量和报告会计信息，做到数字真实、计算准确、内容完整、报送及时。

上述会计核算的各种方法不是孤立的，而是相互联系、密切配合的，一环套一环地构成一个完整的程序和方法体系。在会计核算工作中，必须正确地运用这些会计核算方法：对于日常发生的各项经济业务，要填制和审核会计凭证，按照规定的会计科目对经济业务进行分类核算，并应用复式记账法记入有关账簿；对于生产经营过程中所发生的各项费用，应当进行成本计算；对于账簿记录，要通过财产清查加以核实，在保证账实相符的基础上，根据账簿记录，定期编制会计报表。上述各种会计核算方法之间的相互关系，可以按照会计核算对经济业务的处理程序来表示。

本章小结

会计是以货币为主要计量单位，反映和监督一个单位经济活动的一种经济管理工作；会计的基本职能是核算与监督；会计对象是会计核算和会计监督的内容。

会计的基本职能为会计核算与会计监督，会计的基本职能贯穿整个会计活动。我国会计的目标主要是满足企业外部和内部两个方面对企业信息的需要。

会计基本假设一共有四个，即会计主体、持续经营、会计分期、货币计量。企业在进行会计核算时，应以权责发生制为记账基础，并且在做具体的会计工作时，应该遵循会计信息质量的八项要求。

会计核算的基本程序为会计确认、会计计量、会计记录、会计报告。会计核算方法主要有设置账户、复式记账、填制和审核凭证、登记账簿、成本计算、财产清查、编制会计报表。

思考题

1. 如何理解会计的概念？
2. 会计工作的特点是什么？
3. 会计的基本职能是什么？它们之间的相互关系是怎样的？

4．会计核算的基本假设包括哪些内容？

5．会计核算的基本程序是什么？

6．会计核算的方法主要有哪些？

7．会计工作在企业管理中起到的作用是什么？

第二章　会计要素与会计等式

学习目标与要求

通过对本章内容的学习，要求学生能够理解企业的资金运动；掌握六要素的概念；掌握会计恒等式；理解会计要素的确认与计量。

第一节　企业的经济活动与资金运动

众所周知，社会再生产过程是由生产、分配、交换和消费四个环节构成的，这些环节是通过直接或间接从事再生产活动的企事业单位及其他社会成员的经济活动来实现的。这些企事业单位和组织的生产经营活动均是从取得并拥有一定数量的资金开始的，再生产过程的不断进行又表现为资金的不断循环和周转。因此概括地讲，任何单位的经济活动过程都可以表现为一定形态的资金运动过程。会计所反映和监督的对象正是这种社会再生产过程中，能以货币表现的那部分经济活动，即资金运动。

从广义的角度分析，会计核算和会计监督的对象涉及社会再生产过程中所有的资金运动。无论是生产领域发生的各种生产活动、消费活动，还是由生产引起的交换活动，以及产生的初次分配和再次分配，凡是在社会生产活动中能以货币进行计量的，都是会计核算和监督的对象。对一个国家或地区而言，会计从宏观上记录这个国家或地区的发展情况，在制定政策、分配资源、评价经济运行机制、经济发展速度及人民生活水平是否提高等各个方面，都需要会计的核算和监督。从狭义的角度分析，会计核算和监督的对象就是具体的经济活动中的资金运动。在所有的经济组织中，无论是政府机构、非营利组织还是企业，尽管它们开展经济活动的具体内容有所不同，但都可以归结为资金的投入、资金的运用和资金的退出三个过程。

（一）资金的投入

筹集资金是所有单位开展经济活动的前提。按照《公司法》的规定，组建任何形式的公司都必须具备一定数额的资金，这是企业开展生产经营活动所必须具备的基本条件之一。资金的投入通常有两种形式：一种是投资者投入，另一种是向其他人借入。投资者投入资金是企业在初始阶段资金投入的最主要形式，投资者可以现金、实物和无形资产形式向企业投资。经过会计师事务所的注册会计师验资后，这部分资金即成为公司的注册资本，投资者即成为公司的股东。当企业规模扩大，投资者投入的自由资金难以满足生产发展的需要时，就需要从其他途径筹集资金了。通常情况下，就是借债。公司可以向银行贷款，也可以向其他企业或个人借款。如果经过国家有关部门的批准，也可以通过发行债券等方式筹集企业资金。公司借入资金后，成为债务人，资金提供人就成为公司债权人。当然，公司也可以通过其他融资方式筹集资金，但一般情况下股东自有资金的投入和借入资金是公司筹集资金的主要渠道。

（二）资金的运用

资金的运用主要解决的是企业所筹集资金用到何处去的问题，这也是企业经营活动的主要任务。投入企业的资金要转化成生产所需的各种物质条件才能进行生产活动，并随着企业经营活动的不断进行而变换资金存在形态，不断循环和周转。

在生产型企业中，经营活动主要有供应、生产和销售三个阶段，资金也表现为三种不同的形态。在供应阶段，企业要用货币资金购买各种生产所需的原材料、物资等，进行必要的物资储备，资金从货币形态转化为储备资金形态。在生产阶段，企业需要投入一定的人力、物力和财力用于生产产品，这个过程将会发生各种损耗，如原材料消耗、机器设备磨损、厂房变旧等；管理部门也会消耗掉一部分资金，用于日常管理活动的各项开支、支付贷款利息、人员工资等。这时，资金由原材料、固定资产、货币资金等形态转化为在产品资金形态和各种费用，生产过程完成，生产出产成品后，在产品资金又转化为成品资金。在销售阶段，企业需要将产品销售出去，在这期间会发生销售费用，如广告费等。取得销售收入后，货币资金又重新流回企业，而且货币发生了增值。企业除了要将资金的一部分以税收的形式上缴给国家、向投资者发放红利外，其余资金将再次投入生产，发展壮大企业，如此不断地循环往复。

资金运动的特点有：① 资金在运动中发生增值。企业从最初筹集资金到最终产品销售收回资金，通过资金的运动，在为社会创造人们所需的物质产品的同时，企业所拥有的资金也得到增加。② 资金不断进行循环和周转。在生产企业中，资金经过供应过程、生产过程、销售过程，最终流回企业。也就是说，企业的经营活动就是将资金从最初的货币形态最终转化为新的货币资金形态。整个资金的运动过程就是一个不断循环和周转的过程。③ 资金运动过程中各种表现形式并存。在不同阶段，资金以不同的形式存在。生产企业中，在供应阶段，货币资金以生产储备资金的形式存在；在生产阶段，生产过程消耗原材料、耗费人工、机器设备和厂房产生磨损，部分资金以半成品或产成品、支付劳动者工资、对机器设备和厂房计提折旧的形式表现出来；在销售阶段，当实现产品销售时，资金又转化为货币资金。

（三）资金的退出

资金在不断的循环和周转过程中，可能会发生资金退出企业的状况，如向国家缴纳各种税金、偿还借款、向投资者分配利润等。如果企业按照有关规定办理了相关的审批手续后，发生撤资，减少了注册资本额，资金也会退出企业。

第二节 会计要素

会计要素是指根据交易或事项的经济特征对会计对象的基本分类，是会计核算对象的具体化。我国 2006 年颁布的《企业会计准则——基本准则》规定的会计要素包括资产、负债、所有者权益、收入、费用和利润六项。这六项会计要素可以划分为反映财务状况的会计要素和反映经营成果的会计要素两大类。反映财务状况的会计要素包括资产、负债和所有者权益；反映经营成果的会计要素包括收入、费用和利润。

一、反映财务状况的会计要素

财务状况是指一定时期的企业经营活动体现在财务上的资金筹集与资金运用状况，它是企业在一定期间内经济活动过程及其结果的综合反映。企业财务状况是企业一定时期的资产及权益情况，是资金运动相对静止状态时的表现。

（一）资产

资产是指企业过去的交易或事项形成的、由企业拥有或控制的、预期会给企业带来经济利益的资源。

1．资产的特征

（1）资产是由过去的交易或事项形成的资源。过去的交易或事项一般指企业的购买、生产、建造行为或其他已经发生的交易、事项，预期在未来发生的交易或事项不能作为资产确认。

（2）资产是企业拥有或控制的资源。一项资源要作为企业的资产予以确认，企业应当拥有该资源的所有权，可以按照自己的意愿使用或处置。在特殊情况下取得的资产，企业在法律上不拥有其所有权，但能够对其进行实质控制。如企业融资租入固定资产，就应当将其作为企业资产予以确认、计量和报告。

（3）资产预期能够直接或间接地给企业带来经济利益。即直接或间接地导致现金或现金等价物流入企业的潜力。资产预期能够给企业带来经济利益是资产的重要特征，已确认的资产如果不能再为企业带来经济利益，就不能继续确认为企业的资产。

（4）资产可以是有形的，也可以是无形的。有形的资产如原材料、库存商品、固定资产等，无形的资产如专利权、商标权等。

2．资产的确认条件

符合上述资产定义的资源，同时满足以下条件时，可以确认为资产：第一，与该资源有关的经济利益很可能流入企业；第二，该资源的成本或价值能够可靠计量。

3．资产的分类

资产按其流动性可分为流动资产和非流动资产。根据《企业会计准则第 30 号——财务报表列报》规定，满足下列条件之一的资产，应当归类为流动资产：①预计在一个正常营业周期中变现、出售或耗用。②主要为交易目的而持有。③预计在资产负债表日起一年内（含一年，下同）变现。④自资产负债表日起一年内，交换其他资产或清偿负债的能力不受限制的现金或现金等价物。

（1）流动资产。

流动资产包括货币资金、应收及预付款项、交易性金融资产和存货等。

① 货币资金是指处于货币形态的资金，包括库存现金、银行存款和其他货币资金。

② 应收及预付款项包括应收款项，如应收账款、应收票据、其他应收款、应收利息及应收股利等和预付款项。

③ 交易性金融资产是指企业为交易目的持有的债券投资、股票投资、基金投资等金融资产。

④ 存货是指企业在日常经营活动中持有以备出售的库存商品，生产过程中的在产品、半成品及准备在生产过程中耗费的材料、燃料等，主要包括原材料、周转材料、半成品、库存商品、委托加工物资和燃料等。

流动资产以外的资产归为非流动资产。

（2）非流动资产。

非流动资产包括固定资产、无形资产、长期股权投资、持有至到期投资、可供出售金融资产、投资性房地产、长期待摊费用、递延所得税资产和其他资产等。

① 固定资产是指使用期限较长，在使用过程中保持原有实物形态的资产，同时具有下列两个特征的有形资产：第一，为生产商品、提供劳务、出租或经营管理而持有的；第二，使用寿命超过一个会计期间。使用寿命是指企业使用固定资产的预计期间，或者该固定资产所能生产产品或提供劳务的数量。

② 无形资产是指企业拥有或控制的没有实物形态的可辨认非货币性资产。资产满足下列条件之一的，符合无形资产定义中的可辨认性标准：第一，能够从企业中分离或划分出来，并能单独或与相关合同、资产或负债一起，用于出售、转移、授予许可、租赁或交换；第二，源自合同性权利或其他法定权利，无论这些权利是否可以从企业或其他权利和义务中转移或分离。

③ 长期股权投资是指长期拥有、不准备随时出售，投资企业作为被投资单位的股东，按所持股份比例享有权益并承担责任。

④ 持有至到期投资是指到期日固定、回收金额固定或可确定，且企业有明显意图和能力持有至到期的非衍生金融资产。

⑤ 可供出售金融资产是指未被划分为“以公允价值计量且其变动计入当期损益的非衍生金融资产”“持有至到期投资”或“贷款和应收款项”的其他非衍生资产。它们是在初始确认时即被指定为可供出售金融资产，或者是在初始确认以后因原本划分为“持有至到期投资”的金融资产不再符合该类的定义而被重新分类为可供出售金融资产。

⑥ 投资性房地产是指为赚取租金或资本增值，或两者兼有而持有的房地产。

（二）负债

负债是指企业过去的交易或事项形成的、预期会导致经济利益流出企业的现时义务。

1．负债的特征

（1）负债是由过去的交易或事项形成的。具体来说，导致负债形成的交易或事项必须已经发生。对于在未来才实施的现在的计划不形成负债。

（2）负债是企业承担的现时义务。负债是一项经济责任，是一项义务，需要企业偿还。

（3）偿还负债会导致企业经济利益流出。如直接支付现金，以非货币性资产偿还等。

2．负债的确认条件

符合上述负债定义的义务，同时满足以下条件时，确认为负债：第一，与该义务有关的经济利益很可能流出企业；第二，未来流出的经济利益的金额能够可靠计量。

3．负债的分类

负债按其流动性可分为流动负债和非流动负债。根据《企业会计准则第30号——财务报表列报》规定，满足下列条件之一的负债，应当归类为流动负债：①预计在一个正常营业周期中清偿；②主要为交易目的而持有；③自资产负债表日起一年内到期应予以清偿；④企业无权自主地将清偿推迟至资产负债表日后一年以上。

（1）流动负债。

流动负债包括短期借款、应付及预收款项、交易性金融负债和应交税费等。

① 短期借款是指企业从银行或其他金融机构部门借入的偿还期在一年内（含一年）的各种借款。

② 应付及预收款项包括应付款项，如应付账款、应付票据、应付职工薪酬、其他应付款、应付利息及应付股利等和预收款项。

③ 应交税费是指根据规定应缴纳的各种税费，包括增值税、消费税、资源税、城市维护建设税、所得税、教育费附加等。

流动负债以外的负债归为非流动负债。

（2）非流动负债。

非流动负债包括长期借款、应付债券、长期应付款等。

① 长期借款是指企业从银行或其他金融机构部门借入的偿还期在一年以上的各种借款。

② 应付债券是指企业为筹集长期资金而面向社会公众发行的、约定在一定日期或分期偿还本金，并按期付息的一种有价证券。

③ 长期应付款是指除长期借款和应付债券以外的其他各种长期应付款项，如应付融资租入固定资产的租赁费等。

（三）所有者权益

所有者权益是指企业资产扣除负债后由所有者享有的剩余权益。公司的所有者权益又称为股东权益。

1．所有者权益的内容构成

所有者权益的来源包括所有者投入的资本、直接计入所有者权益的利得和损失、留存收益等。

投入资本是指所有者在企业注册资本的范围内实际投入的资本。所谓注册资本，是指企业在设立时向工商行政管理部门登记的资本总额，也就是全部出资者设定的出资额之和。企业对资本的筹集，应该按照法律、法规、合同和章程的规定及时进行。

直接计入所有者权益的利得和损失，是指不应计入当期损益、会导致所有者权益发生增减变动的、与所有者投入资本或向所有者分配利润无关的利得或损失。直接计入所有者权益的利得和损失包括直接计入所有者权益的利得和直接计入所有者权益的损失。

利得是指由企业非日常活动所形成的、会导致所有者权益增加的、与所有者投入资本无关的经济利益的流入。利得包括直接计入所有者权益的利得和直接计入当期利润的利得。直接计入所有者权益的利得有可供出售金融资产公允价值变动形成的利得，自用房地产或存货转换为采用公允价值模式计量的投资性房地产等。

损失是指由企业非日常活动所发生的、会导致所有者权益减少的、与向所有者分配利润无关的经济利益的流出。损失包括直接计入所有者权益的损失和直接计入当期利润的损失。可供出售金融资产公允价值变动形成的损失等属于直接计入所有者权益的损失。

留存收益是企业各年实现的净利润留存于企业的部分，主要包括盈余公积和未分配利润。

2．所有者权益与债权人权益的区别

（1）债权人对企业资产的要求权优先于所有者权益。

（2）企业的投资者可以参与企业的经营管理，而债权人往往无权参与企业的经营管理。

（3）对于所有者而言，在企业持续经营的情况下，除按照法律程序减资外，一般不能提前撤回投资。而负债都有规定的偿还期限，必须于一定时期内偿还。

（4）投资者以股利或利润的形式参与企业的利润分配。而债权人的债权只能按规定的条件得到偿付并获取利息收入。

3．所有者权益的确认条件

所有者权益体现的是所有者在企业中的剩余权益，因此，所有者权益的确认主要依赖于其他会计要素，尤其是资产和负债的确认；所有者权益金额的确定也主要取决于资产和负债的计量。

二、反映经营成果的会计要素

（一）收入

收入是指企业在日常活动中形成的、会导致所有者权益增加的、与所有者投入资本无关的经济利益的总流入。收入包括销售商品收入、提供劳务收入和让渡资产使用权收入。

1．收入的特征

（1）收入是企业在日常活动中形成的。日常活动是指企业为完成其经营目标所从事的经常性活动以及与之相关的活动。制造企业销售产品、商业企业销售商品等都属于企业的日常活动。明确经济利益的流入要区别收入与利得的界限。

（2）收入是与所有者投入资本无关的经济利益的总流入。收入应当会导致经济利益的流入，从而导致资产的增加。

（3）收入会导致所有者权益的增加。只有在经济利益很可能流入，从而导致企业所有者权益增加的流入才能确认为收入；否则不能确认为收入。如向银行借款，符合前两条内容特征，但是不会导致所有者权益增加，不能确认为收入，而应确认为负债。

2．收入的确认条件

按照《企业会计准则第14号——收入》的规定，销售商品收入同时满足下列条件的，才能予以确认：第一，企业已将商品所有权上的主要风险和报酬转移给购货方；第二，企业既没有保留通常与所有权相联系的继续管理权，又没有对已售出的商品实施有效控制；第三，收入的金额能够可靠地计量；第四，相关的经济利益很可能流入企业；第五，相关的已发生或将发生的成本能够可靠地计量。

按照《企业会计准则第14号——收入》的规定，企业在资产负债表日提供劳务交易的结果能够可靠估计的，应当采用完工百分比法确认提供劳务收入。完工百分比法，是指按照提供劳务交易的完工进度确认收入与费用的方法。提供劳务交易的结果能够可靠估计，是指同时满足下列条件：第一，收入的金额能够可靠地计量；第二，相关的经济利益很可能流入企业；第三，交易的完工进度能够可靠地确定；第四，交易中已发生和将发生的成本能够可靠地计量。

按照《企业会计准则第14号——收入》的规定，让渡资产使用权收入包括利息收入、使用费收入等。让渡资产使用权收入同时满足下列条件的，才能予以确认：第一，相关的经济利益很可能流入企业；第二，收入的金额能够可靠地计量。

3．收入的分类

按照企业从事日常活动的性质，可将收入分为销售商品收入、提供劳务收入、让渡资产使用权收入等。

销售商品收入是指企业通过销售商品实现的收入，如制造企业生产并销售产品、商业企业销售商品等实现的收入。

提供劳务收入是指企业通过提供劳务实现的收入，如咨询公司提供咨询服务、软件开发企业为客户开发软件、安装公司提供安装服务、商业银行对外贷款、租赁公司出租资产等实现的收入。

按照企业从事日常活动在企业的重要性，可将收入分为主营业务收入、其他业务收入等。

主营业务收入是指企业为完成其经营目标从事的经常性活动实现的收入。如制造企业生产并销售产品、商业企业销售商品、保险公司签发保单、咨询公司提供咨询服务、软件开发企业为客户开发软件、安装公司提供安装服务、商业银行对外贷款、租赁公司出租资产等实现的收入。这些活动形成的经济利益的总流入构成收入，属于企业的主营业务收入。

其他业务收入是指与企业为完成其经营目标所从事的经常性活动相关的活动实现的收入。如工业企业对外出售不需用的原材料、对外转让无形资产使用权等，这些活动形成的经济利益的总流入也构成收入，属于企业的其他业务收入。

（二）费用

费用是指企业在日常活动中发生的、会导致所有者权益减少的、与向所有者分配利润无关的经济利益的总流出。

1．费用的特征

（1）费用是企业在日常活动中形成的。如制造企业销售产品，商业企业销售商品等都属于企业的日常活动。明确经济利益的流出要区别费用与损失的界限。

（2）费用是与向所有者分配利润无关的经济利益的总流出。费用的发生应当会导致经济利益的流出，从而导致资产的减少或负债的增加。

（3）费用会导致所有者权益的减少。与费用相关的经济利益的流出会导致企业所有者权益的减少。不会导致所有者权益减少的经济利益的流出不能确认为费用。

2．费用的确认条件

确认为费用的，在符合费用定义的同时，还应该满足以下三个条件：第一，与费用相关的经济利益很可能流出企业；第二，经济利益流出企业的结果会导致资产的减少或负债的增加；第三，经济利益的流出额能够可靠计量。

3．费用的分类

费用可按照经济用途进行分类，首先要将企业发生的费用划分为应计入产品成本、劳务成本的费用和不应计入产品成本、劳务成本的费用两大类。对于应计入产品成本、劳务成本的费用，继续划分为：直接费用和间接费用。其中，直接费用包括直接材料、直接人工和其他直接费用；间接费用指制造费用。对于不应计入产品成本和劳务成本的费用继续划分为管理费用、财务费用和销售费用。

直接费用应当根据实际发生数进行核算，并按照成本计算对象进行归集，直接计入产品的生产成本。

（1）直接材料，指企业在生产产品和提供劳务过程中所消耗的，直接用于产品生产，构成产品实体的原料及主要材料、外购半成品（外购件）、修理用备件（备品配件）、包装物、有助于产品形成的辅助材料及其他直接材料。

（2）直接人工，指企业在生产产品和提供劳务过程中，直接从事产品生产的工人工资及按生产工人工资总额和规定的比例计算提取的职工福利费。

（3）其他直接费用，指企业发生的除直接材料费用和直接人工费用以外的，与生产商品或提供劳务有直接关系的费用。

（4）制造费用，指企业为生产产品和提供劳务而发生的各项间接费用，包括工资和福利费、折旧费、修理费、办公费、水电费、机物料消耗、劳动保护费、季节性和修理期间的停工损失等，但不包括企业行政管理部门为组织和管理生产经营活动而发生的管理费用。

（5）期间费用，指企业当期发生的必须从当期收入得到补偿的费用。由于它仅与当期实现的收入相关，必须计入当期损益，所以称为期间费用。期间费用主要包括管理费用、财务费用和销售费用。

费用按经济用途进行分类，能够明确地反映出直接用于产品生产的材料费用是多少，职工薪酬是多少，耗用于组织和管理生产经营活动上的各项支出是多少，从而有助于企业了解费用计划、定额、预算等的执行情况，控制成本费用支出，加强成本管理和成本分析。

（三）利润

利润是指企业在一定会计期间的经营成果，反映的是企业的经营业绩情况，是业绩考核的重要指标。

1．利润的来源构成

利润包括收入减去费用后的净额、直接计入当期利润的利得和损失等。

直接计入当期利润的利得和损失是指应当计入当期损益的、会导致所有者权益发生增减变动的、与所有者投入资本或向投资者分配利润无关的利得或损失。

利润=（收入–费用）+（直接计入当期利润的利得–直接计入当期利润的损失）

2．利润的确认条件

利润反映的是收入减去费用、利得减去损失后的净额。利润的确认主要依赖于收入和费用及利得和损失的确认，其金额的确定主要取决于收入、费用、利得、损失金额的计量。

第三节 会计恒等式

一、会计恒等式的内容

会计恒等式是反映会计要素之间数量关系的数学公式。由于这一公式在数量上是恒等的，所以又称为会计平衡公式、会计等式或会计方程式。会计恒等式之所以成立是因为资产和权益实质上是同一事物的两个方面：一方面表现为企业所拥有的一系列财产的占用形态，另一方面表现为企业对这些财产的一系列所有权，即这些财产资金的来源渠道。而且由于权益要求表明资产的来源，而全部来源又必须与全部资产相等，所以全部资产必须等于全部权益。权益分为债权人权益（负债）和投资人权益（股东权益）。资产和权益是资金的两个方面，企业有一定数量的资产，就会同时有一定数量的权益。资产与权益的平衡关系用公式表示如下：

资产=权益

或　　资产=债权人权益+投资人权益

或　　资产=负债+所有者权益　　（1）

会计等式（1）反映的是企业在某一时间点或某一日期的资产、负债和所有者权益的状况，是反映企业财务状况的静态要素的恒等式。“资产=负债+所有者权益”是会计记账和核算的基础，更是编制资产负债表的基础。

企业的目标就是盈利，只有取得的收入补偿为这笔收入所花的费用还有剩余，企业才算是盈利了。因此，也产生了如下恒等式：

收入–费用=利润　　（2）

企业在经营中，“收入–费用=利润”中的利润就表明现金流入大于现金流出，也就是企业资产增多，因此，可将上述恒等式（1）和（2）综合为下列等式：

$$资产=负债+所有者权益+收入-费用 \quad (3)$$

会计恒等式（3）是对会计要素之间关系的全面表达，完整地反映了企业财务状况和经营成果的形成过程。

会计期末，企业计算出利润（或亏损），并按规定程序进行分配，剩余的全部归为所有者权益。因此，会计期末的恒等式是（1），即

$$资产=负债+所有者权益$$

会计恒等式是会计最重要的理论基础。会计的实际工作，如会计科目和账户的设置、复式记账、试算平衡、结账、财务报表的设计与编制，都必须以会计恒等式为指导。

二、经济业务的发生对会计恒等式的影响

经济业务又称为经济交易，是指单位与其他单位和个人之间发生的各种经济利益交换，如购买材料、对外销售产品等。

任何经济业务发生后都不会影响会计恒等式。资产反映的是资金的占用，而负债和所有者权益反映的是资金的来源。有一定的来源就必然有相应的占用，二者反映的内容一致，只是角度不同而已，因此，二者必然相等。综合来讲，经济业务的发生引起资产和权益的变化可归为四大类九种情况。

1．资产与权益（负债加所有者权益）同时增加

（1）一项资产和一项负债同增；

（2）一项资产和一项所有者权益同增。

2．资产与权益（负债加所有者权益）同时减少

（1）一项资产和一项负债同减；

（2）一项资产和一项所有者权益同减。

3．资产内部项目有增有减

略。

4．权益内部项目有增有减

（1）一项负债减少，另一项负债增加；

（2）一项所有者权益减少，另一项所有者权益增加；

（3）一项负债减少，一项所有者权益增加；

（4）一项所有者权益减少，一项负债增加。

以上各种经济业务的发生都会引起资产、负债、所有者权益的变动。但无论怎样发生变动都不会破坏资产与权益间的平衡关系。

下面举例说明不同类型的经济业务的发生对会计恒等式的影响。

【例 2-1】红日公司 20××年 3 月 31 日资产、负债和所有者权益状况如下：

资　产		=	负　债	+	所有者权益
库存现金	500		短期借款 30 000		实收资本 200 000

银行存款	80 000		应付账款 10 000			
原材料	20 000					
固定资产	130 000					
应收账款	9 500					
总计	240 000	=	40 000	+	200 000	

（1）20××年4月1日，收回外单位欠款9 500元已存入银行存款。

（2）20××年4月3日，购买一批材料，金额50 000元，货款尚欠，材料已入库。

（3）20××年4月4日，收到投资者追加的投资100 000元，已存入银行。

（4）20××年4月5日，以银行存款购买设备一台，价值60 000元。

（5）20××年4月7日，用银行存款50 000元偿还材料款。

资　产		=	负　债	+	所有者权益
库存现金	500		短期借款 30 000		实收资本　300 000
银行存款	79 500		应付账款 10 000		
原材料	70 000				
固定资产	190 000				
总计	340 000	=	40 000	+	300 000

以上发生的经济业务涉及资产、负债和所有者权益要素，经济业务的发生只会引起要素变化，但不会破坏平衡关系。

第四节　会计要素的确认与会计计量

一、会计要素的确认

（一）资产的确认

在进行资产的具体确认时，必须按三个重要的标准来衡量：① 符合资产的定义。资产应是由过去的交易或事项形成的、由企业拥有或控制的、预期会给企业带来经济利益流入的资源。如果不符合资产的定义，就不能将其确认为资产。② 与该资源有关的经济利益很可能流入企业。如果一项支出已经发生，但在本会计期间及以后的会计期间都不会形成经济利益流入企业，则这项支出不能作为资产。③ 该资源的成本或价值能够可靠地计量。凡是作为资产的，其成本或价值必须能够可靠地计量；若不能准确地计量，但能进行合理估计的，也可以确认为资产。

（二）负债的确认

在进行负债的具体确认时，应该按以下标准判断：① 符合负债的定义。负债应该是由企业过去的交易或事项形成的、预期会导致经济利益流出企业的现时义务。如果不符合负债的定义，不能作为负债加以确认。② 与该义务有关的经济利益很可能流出企业。一项债务的偿还，企业必须付出债权人能够接受的资产或劳务，导致企业拥有的经济利益的资源流出。③ 未来流出的经济利益的金额能够可靠地计量。作为负债，一般有一个到期偿还的确切金额，即使没有确切的金额，也能合理地估计偿还。

（三）所有者权益的确认

所有者权益被定义为：企业资产扣除负债后由所有者享有的剩余权益。它不可能像资产、负债那样单独地被确认，其确认须依附于资产和负债的确认。资产、负债的确认标准即所有者权益的确认标准。

（四）收入的确认

收入是企业补偿费用开支、取得盈利的源泉。在进行收入的具体确认时，应该按以下标准来判断：① 符合收入的定义。收入应是企业在日常活动中形成的、会导致企业所有者权益增加的、与所有者投入资本无关的经济利益的总流入。如果不符合收入的定义则不能确认为收入。② 收入只有在经济利益很可能流入企业，从而导致资产增加或负债减少时才能确认。③ 与收入相关的经济利益流入企业具体表现为资产的增加或负债的减少。④ 经济利益的流入能够可靠地进行计量。

（五）费用的确认

在进行费用的具体确认时，应按以下标准来判断：① 符合费用的定义。费用应该是企业在日常活动中形成的、会导致所有者权益减少的、与向所有者分配利润无关的经济利益总流出。如果不符合费用的定义则不能确认为费用。② 费用只有在经济利益很可能流出企业从而导致资产减少或负债增加时才能确认。③ 与费用相关的经济利益流出企业的结果导致资产的减少或负债的增加。④ 经济利益流出额能够可靠地计量。

（六）利润的确认

利润是企业各项收入抵减各项耗费后的余额。利润不能像收入、费用那样单独被确认，其确认只能依附于一定期间的收入和费用的确认。收入、费用的确认标准即为利润的确认标准。

二、会计计量

（一）会计计量单位

会计计量单位是指计量尺度的量度单位。会计计量单位的选择经历了漫长的发展过程，从最早的某些象征性符号向各种实物量度、劳动量度进化。到了商品经济社会，形形色色的实物量度已经无法对企业的经济活动进行全面、综合的反映，即使劳动量度也难以对众多的经济活动进行综合的反映。于是货币作为商品内在价值尺度的必然表现形式，取代了实物计量单位和劳动计量单位，成为会计统一的计量尺度。会计虽然以货币为主要计量单位，但不排除以实物量度、劳动量度作为辅助量度。货币作为会计记账的通用标准解决了计量单位的问题，但也给会计带来了新的问题。即货币具有名义货币和实际购买力货币二重性，在进行会计计量时，各国在进行会计计量时，会选本国法定名义货币作为计量单位。

（二）会计计量属性

会计计量是为了将符合确认条件的会计要素登记入账并列报于财务报表而确定其金额的过程。企业应当按照规定的会计计量属性进行计量，确定相关金额。从会计角度来讲，计量属性反映的是会计要素金额的确定基础，主要包括历史成本、重置成本、可变现净值、现值和公允价值等。

1. 历史成本

历史成本又称为实际成本，就是取得或制造某项财产物资时所实际支付的现金或其他等价物。在历史成本计量下，资产按照其购置时支付的现金、现金等价物的金额，或者按照购置资产时所付出的对价的公允价值计量。负债按照其因承担现时义务而实际收到的款项、资产的金额，承担现时义务的合同金额，或者按照日常活动中为偿还负债预期需要支付的现金或现金等价物的金额计量。

2. 重置成本

重置成本又称为现行成本，是指按照当前市场条件，重新取得同样一项资产需支付的现金或现金等价物的金额。在重置成本计量下，资产按照现在购买相同或相似资产所需支付的现金或现金等价物的金额计量。负债按照现在偿付该项债务所需支付的现金或现金等价物的金额计量。

3. 可变现净值

可变现净值是指在正常生产经营过程中以预计售价减去进一步加工成本和销售所必需的预计税金、费用后的净值。在可变现净值计量下，资产按照其正常对外销售所能收到现金或现金等价物的金额扣减该资产至完工时估计将要发生的成本、估计的销售费用及相关税金后的金额计量。

4. 现值

现值是指对未来现金流量以恰当的折现率进行折现后的价值，是考虑货币时间价值因素等的一种计量属性。在现值计量下，资产按照预计从其持续使用和最终处置中所产生的未来净现金流入量的折现金额计量。负债按照预计期限内需要偿还的未来净现金流出量的折现金额计量。

5. 公允价值

公允价值是指在公平交易中，熟悉情况的交易双方自愿进行资产交换或债务清偿的金额。在公允价值计量下，资产和负债按照在公平交易中，熟悉情况的交易双方自愿进行资产交换或债务清偿的金额计量。

为保证会计信息的可靠性，企业在对会计要素进行计量时一般采用历史成本，采用重置成本、可变现净值、现值、公允价值计量的，应当保证所确定的会计要素金额能够取得并可靠计量。

本章小结

从资金运动的角度来看，资金运动包括资金的投入、资金的运用和资金的退出。会计的六要素包括资产、负债、所有者权益、收入、费用、利润。

会计恒等式：静态恒等式 资产=负债+所有者权益

动态恒等式 资产=负债+所有者权益+收入–费用

会计六要素在进行确认的时候，要符合要素确认的条件，不符合六要素确认条件的不能确认相应的要素。

思考题

1．会计恒等式的内容是什么？
2．企业日常的经济业务会不会影响会计恒等式的恒等性？
3．会计六要素指的是什么，它们的概念是什么？
4．会计六要素中，各要素的确认标准是什么？
5．会计计量的属性有哪些？

练习题

一、单项选择题

1．下列属于非流动资产的是（ ）。
A．应收账款 B．固定资产 C．存货 D．银行存款
2．下列属于非流动负债的是（ ）。
A．预收账款 B．应付账款 C．应交税费 D．应付债券
3．（ ）是会计工作的起点。
A．设置会计科目 B．设置会计账簿
C．合法取得原始凭证 D．成本计算
4．下列经济业务的发生，使资产和权益项目同时增加的是（ ）。
A．生产产品领用材料 B．以盈余公积转增资本金
C．收到买方预付的货款存入银行 D．用银行存款偿还前欠货款
5．期间费用不包括（ ）。
A．管理费用 B．销售费用 C．财务费用 D．制造费用

二、多项选择题

1．资金的退出包括（ ）。

A．偿还各种债务　　B．上缴各项税金
C．向所有者分配利润　　D．预付账款

2．资产的特征是（　　）。
A．过去的交易事项形成　　B．企业拥有或控制
C．能够给企业带来经济利益　　D．预期会导致经济利益流出企业

3．留存收益包括（　　）。
A．实收资本　　B．资本公积　　C．盈余公积　　D．未分配利润

4．债权是企业收取款项的权利，一般包括（　　）。
A．预付款项　　B．预收款项　　C．应交款项　　D．应收款项

5．下列各项中，符合会计要素收入定义的有（　　）。
A．销售产品收入　　B．销售材料收入
C．出租包装物的收入　　D．出售固定资产的收入

三、判断题

1．企业可以随意应用会计计量属性。（　　）
2．购买原材料，货款未付，该项经济业务不会引起会计恒等式两边的总额发生变化。（　　）
3．企业专设的销售机构内发生的所有经营费用都属于销售费用。（　　）
4．会计主体一定是法律主体，法律主体不一定是会计主体。（　　）
5．利得虽然不影响营业利润，但一定会影响利润总额。（　　）

四、业务题

试判断下列经济业务对会计恒等式的恒等性是否有影响。
（1）长城公司从供应商处购买20万元原材料，货款尚未支付。
（2）长城公司吸收投资者投入资本100万元，存入银行。
（3）长城公司开出20万元转账支票偿还前欠货款。
（4）某企业将长城公司所欠货款30万元，转作对长城公司的投资。
（5）长城公司在银行取得短期借款10万元，用来偿还前欠货款。

第三章　会计科目与会计账户

学习目标与要求

本章主要介绍了会计核算的基本方法——设置会计科目和会计账户，目的是使学生了解会计核算的基本方法，明确会计科目和账户的概念和内容，为第四章复式记账法的学习打下基础。通过对本章内容的学习，要求学生重点掌握会计科目的含义、级次与账户的基本结构，理解会计对象、会计要素、会计科目和会计账户四者之间的关系，熟悉会计科目的内容，了解会计科目的编号。

第一节　会计科目

在生产经营的过程中，企业的资金运动是复杂的，资金有各种来源，又会根据各种需要运用到各个方面。例如，资金会在企业内部从货币资金形态转变为储备资金、生产资金、成品资金，最终又回到货币资金形态。资金运动还涉及企业内部和外部各方面的关系。资金运动的复杂性，决定了会计对象的具体内容是十分复杂的。资金运动的规律性，决定了会计对象各具体内容之间的相互关系。

由于企业的经济活动纷繁复杂，所引起的各个会计要素内部构成以及各个会计要素之间的增减变化也错综复杂，并表现为不同的形式。为了系统反映纷繁复杂的会计对象，对会计对象的具体内容进行会计核算和监督时，就需要根据其各自不同的特点，采用一定的形式对会计对象进行分类，分门别类地确定项目。

设置会计科目，就是根据会计对象的具体内容和经济管理的要求，事先规定分类核算的标志或项目的一种专门的方法。通过设置会计科目，可以对纷繁复杂的经济业务进行科学的分类，可以将复杂的经济信息转变为有规律、易识别的经济信息，并将其转换为会计信息准备条件。

一、会计科目的含义

会计科目是对会计要素的具体内容进行分类核算的标志或项目。会计对象按照核算的内容分为六大会计要素，包括资产、负债、所有者权益、收入、费用、利润。为了系统、分类地反映和监督企业各项经济业务的发生，以及由此引起的各类会计要素的具体内容数量、金额的增减变动的过程和结果，就必须按照会计要素的特点进行科学的分类，将会计要素分类为会计科目。

在设置会计科目时，需要将会计要素中具体内容相同的归为一类，设立一个会计科目，凡是具备这类信息特征的经济业务，都应该在这个项下进行核算。所以，在每一个会计科目名称的项下，都要有明确的含义和核算的范围。通过设置会计科目，对会计要素的具体内容进行科学的分类，可以为会计信息使用者提供科学、详细的分类核算指标。

在会计核算的各种方法中，设置会计科目占有重要地位。它决定着账户开设和报表结构设计，是一种基本的会计核算方法。

二、设置会计科目的原则

会计科目作为分类信息的项目或标志，是会计核算的起点。会计科目设置是否合理，对于系统地提供会计信息、提高工作效率，以及有条不紊地组织会计工作等都有很大影响。因此，在设置会计科目时需充分考虑各方面会计信息使用者对会计信息的需求和会计核算工作的客观规律。设置会计科目时，一般应该遵循以下几项原则。

（1）必须结合会计对象的特点，全面反映会计对象的内容。结合会计对象的特点，全面反映会计对象的内容，就是根据不同的行业特点，并充分考虑各自企业经济业务的特点，本着全面、系统地反映会计对象全部内容的目的来确定应该设置哪些会计科目。例如，工业企业是制造产品的行业，根据其经济业务特点，必须要反映产品的生产过程。所以，在成本费用核算方面，工业企业需要设置“生产成本”“制造费用”等会计科目。

（2）既要满足对外报告的要求，又要符合内部经营管理的需要。会计科目的设置，一是要满足对外报告会计信息的需要，充分考虑外部信息使用者的各种需求。例如，政府有关部门税收征管、工商监督、加强宏观调控、制定方针政策的需要；投资人、债权人对企业经营成果和财务状况做出正确判断的需要等。二是要符合内部经营管理的要求，为企业的经营预测、决策及管理提供会计信息设置分类的项目。

（3）做到统一性与灵活性相结合。企业的经济业务千差万别，在设置会计科目核算会计要素增减变动时，需要将统一性与灵活性相结合。因此，不同行业都应根据《企业会计准则应用指南》的要求并结合各自会计对象的特点设置相应的会计科目，做到核算指标的计算标准、口径统一。对于同行业的不同企业，在能够提供统一核算指标的前提下，亦可根据本企业经济活动和经济管理要求，对统一规定的会计科目做必要的增补或简并，做到统一性与灵活性相结合。

（4）要保持相对的稳定性。为了对比分析企业不同时期的会计核算指标，会计科目应保持相对的稳定性，不能经常变动会计科目的名称、内容、数量，以保证不同时期会计资料的可比性。

（5）应保证会计科目的完整性和相互之间的排他性。保证会计科目的完整性，是指设置的一套会计科目应能反映单位所有的经济业务，每项具体的经济业务内容都有特定的会计科目予以反映，不能有任何遗漏。科目相互之间的排他性，是指各个会计科目的核算内容应互相排斥，不同的会计科目不能有相同的核算内容。否则，就会造成会计核算的不统一。

（6）应简明扼要，并要分类、编号。会计科目的设置应根据其反映的经济业务内容，尽可能简单明确、严格地规定科目名称，并且要通俗易懂，便于大多数人正确理解，不能相互混淆。为了便于会计工作的进行，尤其是为了方便会计电算化，还要对会计科目进行分类排列，并为每一个会计科目编一个唯一固定的号码，这些号码就是“会计科目编号”。

三、会计科目的内容和编号

1．会计科目的内容

我国会计科目名称及核算内容一般由财政部统一制定，《企业会计准则——应用指南》提供了会计科目设置的指引。结合本课程的教学实际，下面只提供工业企业常用的会计科目，如表 3-1 所示。

表 3-1 工业企业常用会计科目参照表

编 号	会计科目名称	编 号	会计科目名称
	一、资产类	1406	发出商品
1001	库存现金	1407	商品进销差价
1002	银行存款	1408	委托加工物资
1012	其他货币资金	1411	周转材料
1101	交易性金融资产	1471	存货跌价准备
1121	应收票据	1501	持有至到期投资
1122	应收账款	1502	持有至到期投资减值准备
1123	预付账款	1503	可供出售金融资产
1131	应收股利	1511	长期股权投资
1132	应收利息	1512	长期股权投资减值准备
1221	其他应收款	1521	投资性房地产
1231	坏账准备	1531	长期应收款
1401	材料采购	1601	固定资产
1402	在途物资	1602	累计折旧
1403	原材料	1603	固定资产减值准备
1404	材料成本差异	1604	在建工程
1405	库存商品	1605	工程物资

续表

编号	会计科目名称	编号	会计科目名称
1606	固定资产清理	4002	资本公积
1701	无形资产	4101	盈余公积
1702	累计摊销	4103	本年利润
1703	无形资产减值准备	4104	利润分配
1711	商誉	四、成本类	
1801	长期待摊费用	5001	生产成本
1901	待处理财产损益	5101	制造费用
二、负债类		五、损益类	
2001	短期借款	6001	主营业务收入
2201	应付票据	6051	其他业务收入
2202	应付账款	6101	公允价值变动损益
2203	预收账款	6111	投资收益
2211	应付职工薪酬	6301	营业外收入
2221	应交税费	6401	主营业务成本
2231	应付利息	6402	其他业务成本
2232	应付股利	6403	营业税金及附加
2241	其他应付款	6601	销售费用
2501	长期借款	6602	管理费用
2502	应付债券	6603	财务费用
2701	长期应付款	6701	资产减值损失
2801	预计负债	6711	营业外支出
三、所有者权益类		6801	所得税费用
4001	实收资本	6901	以前年度损益调整

从会计科目表可以看出，会计科目按所反映的经济内容，可以分为资产类科目、负债类科目、共同类科目（省略）、所有者权益类科目、成本类科目和损益类科目六大类。《企业会计准则——应用指南》规定企业在不违反会计准则中确认、计量和报告规定的前提下，可以根据本单位的实际情况自行增设、分拆、合并会计科目。企业不存在的交易或者事项，可不设置相关会计科目。对于明细科目，企业可以比照规定自行设置。

2．会计科目的编号

为了适应会计信息处理电算化的需要，加快会计核算速度，提高会计信息质量，还要为每一个会计科目编制一个固定号码。会计科目编号供企业填制会计凭证、登记会计账簿、查阅会计账目、采用会计软件系统时参考，企业可结合实际情况自行确定会计科目编号。

会计科目的编号可以采用“四位数制”。千位数数码代表会计科目按会计要素区分的类别，一般为6个数码：“1”为资产类，“2”为负债类，“3”为共同类，“4”为所有者权益类，“5”为成本类，“6”为损益类。百位数数码代表每个会计科目大类下较为详细的小的类别，可根据实际需要取数。十位和个位上的数码一般代表会计科目的顺序号。

值得注意的是，在人工账务处理环境下，会计人员进行账务处理时不得只有会计科目编号而无会计科目名称。在会计电算化账务处理环境下，应在系统初始化中设置“会计科目名称及编号”，以便于对电算化的会计处理进行审查和审计监督。

四、会计科目的级次

在企业生产经营过程中，由于经营管理的要求不同，所需要的核算指标的详细程度也就不同。首先要求会计核算能够提供一些总括的指标，其次要求会计核算同时能够提供一些详细的指标。会计科目按照所提供指标的详细程度及其统驭关系，可以分为总分类科目和明细分类科目。

1．总分类科目

总分类科目又称为总账科目或一级科目，是对会计要素的具体内容进行总括分类的科目，提供总括会计信息，是进行总分类核算的依据。如“原材料”“应收账款”“生产成本”等都属于总分类科目。总分类科目原则上由财政部统一制定并颁布实施，企业可以根据自身经济业务的特点从中选用。

2．明细分类科目

明细分类科目又称为明细科目，是对总分类科目做进一步分类的科目，提供更为详细和具体的会计信息，是进行明细分类核算的依据。如在“应收账款”总分类科目下按具体单位名称分设不同的明细分类科目，具体反映应收哪个单位的货款。在我国的会计核算中，明细分类科目一般可根据企业自身需要自行设置。

为了适应实际经营管理的需要，当某一总分类科目下所属的明细分类科目较多时，可在总分类科目和明细分类科目之间增设二级科目（也称子目）。二级科目所提供的指标详细程度介于总分类科目和明细分类科目之间，比一级科目更详细，比明细科目更概括。如在“原材料”总分类科目下，可按材料的类别设置二级科目“原料及主要材料”“辅助材料”“燃料”等子目，在“原料及主要材料”下设置“水泥”“钢筋”等明细科目；在“生产成本”总分类科目下，按所属生产车间设置“一车间”“二车间”等子目，在“一车间”下设置“甲产品”“乙产品”等明细科目，在“二车间”下设置“丙产品”“丁产品”等明细科目。

综上所述，在设置二级科目的情况下，会计科目分为三个级次：总分类科目（一级科目）、二级科目（子目）、明细分类科目（三级科目、细目）。总分类科目是最高层次的会计科目，对所属的若干个二级或明细分类科目起着统驭和控制作用，二级或明细分类科目是对其总分类科目的详细和具体说明。在实际工作中，并不是所有的总分类科目都要开设二级和三级科目，根据信息使用者所需信息的详细程度，有些只需设置一级科目，有些只需设置一级和三级科目，不需设置二级科目。

现将“原材料”“应收账款”“生产成本”总分类科目与各级明细分类科目之间的关系列于表 3-2 中。

表 3-2　总分类科目与所属明细分类科目之间的关系

总分类科目（一级科目）	明细分类科目	
	二级科目（子目）	三级科目、细目
原材料	原料及主要材料	水泥
		钢筋
	辅助材料	润滑油
		乳化油
	燃料	汽油
		柴油
应收账款		美达公司
		新锐公司
生产成本	一车间	甲产品
		乙产品
	二车间	丙产品
		丁产品

第二节　会计账户

一、账户的含义

账户是根据会计科目开设的，具有一定格式和结构，用来分类、连续地记录经济业务，反映会计要素增减变动及其结果的一种工具。会计科目仅仅是对会计要素的具体内容进行分类核算的标志或项目，不能反映经济业务发生所引起的会计要素各项目的增减变动及其结果，因此仅有会计科目还远远不够。各项核算指标的具体数据资料只有通过账户记录才能取得。因此，在设置会计科目后，还必须根据设置的会计科目开设一系列反映不同经济内容的账户，以便对各种交易或事项进行系统、连续的记录和反映，向有关各方提供有用的会计信息。

在会计学中，会计科目和账户是两个既相互区别又相互联系的概念。其联系表现在：第一，两者都是对会计要素具体内容的分类，反映的经济内容是相同的。会计科目规定了核算的内容及方法，会计账户则可用以具体反映特定的经济内容。第二，会计科目是会计账户的名称，会计账户依据会计科目设置，是会计科目的具体运用。没有会计科目就没办法设置账户，即使设置了很多账户，没有冠上相应的会计科目，会计人员也无法按照经济业务分门别类地进行记录和反映。其区别表现在：第一，外表形式不同。会计科目没有结构，仅仅是一个分类的标志，不能记录和反映经济业务内容；会计账户具有一定的格式结构，能记录和反映经济业务的增减变动及其结果。第二，发挥作用不同。会计科目是对会计要素具体内容分类形成的项目或标志，主要为开设账户、填制凭证所运用；会计账户则是用来具体记录经济业务的工具或手段，主要为编制报表和经济管理所运用。

二、账户的作用与结构

（一）账户的作用

科学地设置账户，其作用主要表现在以下三方面。

1．能按照经济管理的要求分门别类地记载各项经济业务

企业如果没有设置账户，会计人员就不能将企业发生的各种经济业务按照科学的方法进行整理分类、记录反映，所提供的会计信息只能是杂乱无序的无用会计信息。通过设置账户，对企业发生的各种经济业务进行归类整理、综合反映，分门别类地进行记录，可以提供各类会计要素的动静态指标。

2．能为编制财务报告提供依据

企业财务会计报告是企业对外提供的、以日常会计核算资料为主要依据，反映企业某一特定日期财务状况和某一会计期间经营成果、现金流量的文件，是会计部门提供信息的一种重要手段。会计报表是以账户的期末余额和本期发生额为基础进行编制的，会计报表的信息是否准确，在很大程度上取决于账户的记录过程和结果是否正确。如果账户的记录有错误，将直接影响会计报表的信息准确性。因此，合理地设置账户，正确地将经济业务记录在账户中，是会计核算最基本、最重要的环节。

3．能提供日常会计核算资料和数据，有利于会计检查和会计监督

会计账户不仅能反映企业日常发生的经济业务，而且对其日常发生的经济业务能起到监督作用。一方面，通过账户记录，可以反映和控制企业各会计要素的实际数据，另一方面，通过账户记录，可以进一步审核各项经济业务的真实性、合法性和合理性。

（二）账户的结构

1．账户的具体格式

账户的格式设计一般包括以下内容：① 账户名称，即会计科目，说明本账户反映的内容；② 日期，即记录经济业务的时间；③ 凭证种类和号数，即账户记录的来源和依据；④ 摘要，即经济业务的简要说明；⑤ 金额，即增加额、减少额和余额。账户的具体格式如表 3-3 所示。

表 3-3　账户的具体格式

账户名称（会计科目）

年		凭证		摘要	增加额	减少额	余额
月	日	字	号				

2．账户的基本结构

会计账户是用来记录经济业务发生对会计要素具体内容影响的一种工具。这种影响从数量上看不外乎增加和减少两种情况，这样账户在结构上就应分为两方，即左方和右方。左右两方按相反方向来记录增加额和减少额，即一方登记增加额，一方登记减少额。哪一方登记增加，哪一方登记减少，取决于所采用的记账方法和所记录的经济内容，显然，账户的余额一般与记录增加的一方在同一方向。这就是账户的基本结构。这一基本结构不会因企业在实际中所使用的账户具体格式不同而发生变化。

由于账户基本结构在整体上类似于汉字“丁”和大写英文字母“T”，因此，在实务中，尤其在教学过程中，为课堂教学方便以及汇总时简化手续、提高效率，账户的基本结构常常被形象地称为“丁”字账户或“T”形账户，其格式如图 3-1 所示。

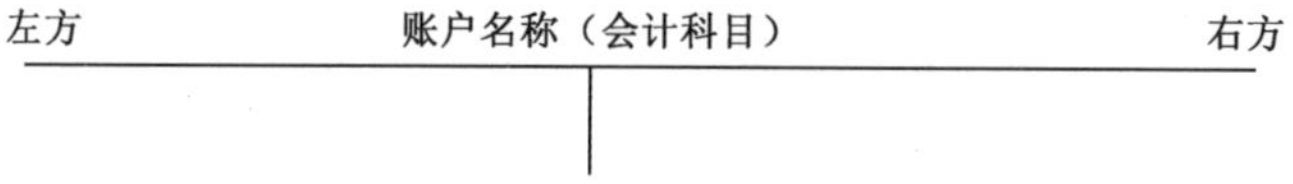

图 3-1　“T”形账户示意图

3．账户提供的基本指标

每个账户金额栏一般有四个金额要素，即期初余额、本期增加额、本期减少额及期末余额。本期增加额和减少额是指在一定的会计期间（月、季或年），在账户左右两方分别登记的增加金额合计数和减少金额合计数，又可以称为本期增加发生额和本期减少发生额。本期增加发生额和本期减少发生额相抵后的差额，就是本期的期末余额。如果将本期的期末余额转入下一期，就是下一期的期初余额。

每个账户的本期发生额反映的是该类经济内容在本期内变动的情况，是动态数据，而期末余额反映的是变动后的结果，是静态数据。

账户四个数额之间的关系可以用下列公式表示：

本期期末余额=本期期初余额+本期增加发生额–本期减少发生额

账户中各项金额必须满足上述公式，当账户金额满足上述公式时，通常称为“平”。

三、账户的设置

由于账户是根据会计科目开设的，所以账户的设置与会计科目的设置一致，按照经济内容分类，也分为五类账户，即根据资产类科目设置的账户称为资产类账户，根据负债类科目设置的账户称为负债类账户。依次类推，有所有者权益类账户、成本类账户和损益类账户。账户也可按照它所提供指标的详细程度来分类，可分为总分类账户和明细分类账户。总分类账户是根据总分类科目设置的，明细分类账户是根据明细分类科目设置的。

不同的是，账户由于有结构，所以还可以按照账户的结构和用途来分类，账户按照结构和用途的分类将在之后章节中详细说明。

四、会计对象、会计要素、会计科目、会计账户之间的关系

企业的会计对象是资金运动；会计对象具体划分为资产、负债、所有者权益、收入、费用、利润六大会计要素；根据会计要素开设会计科目；根据会计科目设置会计账户；在账户中连续记录经济业务影响的会计要素的增减变化及其结果。由此可见，会计对象、会计要素、会计科目、会计账户之间存在着十分密切的关系，如图 3-2 所示。

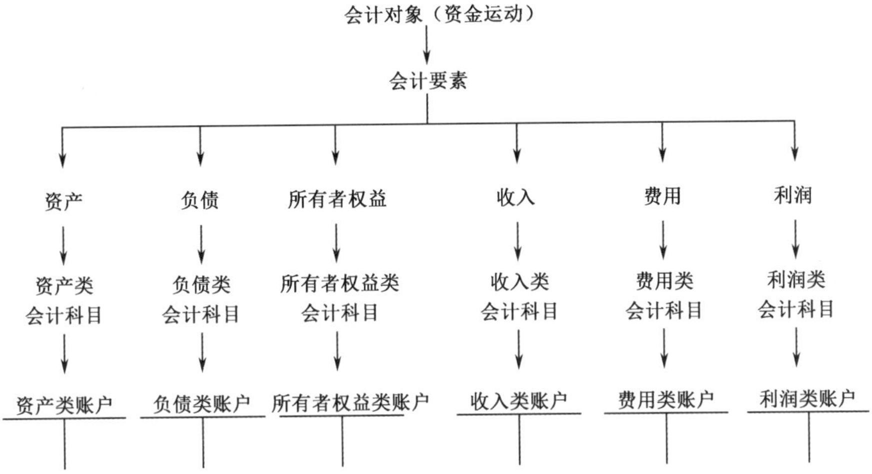

图 3-2　会计对象、会计要素、会计科目、会计账户之间的关系

本章小结

会计科目是对会计要素的具体内容进行分类核算的标志或项目。设置会计科目时，一般应该遵循以下几项原则：必须结合会计对象的特点，全面反映会计对象的内容；既要满足对外报告的要求，又要符合内部经营管理的需要；做到统一性与灵活性相结合；要保持相对的稳定性；应保证会计科目的完整性和相互之间的排他性；应简明扼要，并进行分类、编号。

会计科目按反映的经济内容，可分为资产类科目、负债类科目、共同类科目、所有者权益类科目、成本类科目和损益类科目六大类。按级次分类，可分为总分类科目和明细分类科目。总分类科目提供总括会计信息，是进行总分类核算的依据。明细分类科目提供更为详细和具体的会计信息，是进行明细分类核算的依据。

会计账户是根据会计科目开设，具有一定格式和结构，用来分类、连续地记录经济业务，反映会计要素增减变动及其结果的一种工具。会计科目和会计账户是两个相互区别又相互联系的概念。

账户的具体格式包括五方面的内容，但其基本结构分为左、右两方，哪一方登记增加，哪一方登记减少，取决于所采用的记账方法和所记录的经济内容。

账户四个数额之间的关系可以用下列公式表示：

本期期末余额=本期期初余额+本期增加发生额–本期减少发生额

账户按照经济内容分类，分为资产类账户、负债类账户、所有者权益类账户、成本类账户和损益类账户。按照提供指标的详细程度分类，分为总分类账户和明细分类账户。

思考题

1．什么是会计科目？会计科目在会计核算中起到什么作用？

2．设置会计科目应遵循的原则是什么？

3．什么是会计科目的级次？

4．什么是账户？账户与科目的区别和联系有哪些？

5．账户的基本结构与其金额指标间的关系是什么？

练习题

一、单项选择题

1．下列会计科目中，属于损益类科目的是（　　）。

A．主营业务成本　B．生产成本　C．制造费用　D．其他应收款

2．总分类会计科目一般按（　　）进行设置。

A．企业管理的需要　B．统一会计制度的规定

C．会计核算的需要　D．经济业务的不同种类

3．关于会计科目，下列说法中不正确的是（　　）。

A．会计科目的设置应该符合国家统一会计准则的规定

B．会计科目是设置账户的依据

C．企业不可以自行设置会计科目

D．账户是会计科目的具体运用

4．在下列项目中，与“制造费用”属于同一类科目的是（　　）。

A．固定资产　B．其他业务成本

C．生产成本　D．主营业务成本

5．下列不属于总账科目的是（　　）。

A．固定资产　B．应交税费　C．应交增值税　D．预付账款

6．会计科目是对（　　）的具体内容进行分类核算的项目。

A．经济业务　B．会计主体　C．会计对象　D．会计要素

7．账户的结构一般分为（　　）。

A．上下两部分　B．发生额和余额两部分

C．前后两部分　D．左右两方

8．会计科目是（　　）的名称。

A．会计对象　　B．会计账户　　C．会计要素　　D．会计凭证

9．会计账户和科目之间的区别在于（　　）。

A．反映的经济内容不同　　B．记录资产和权益的增减变动情况不同

C．记录资产和权益的结果不同　　D．账户有结构而会计科目无结构

10．企业"应收账款"账户期初余额为15 000元，本期增加发生额为4 000元，期末余额为8 000元，则本期减少发生额为（　　）。

A．10 000元　　B．8 000元　　C．11 000元　　D．9 000元

二、多项选择题

1．以下有关明细分类科目的表述中，正确的有（　　）。

A．明细分类科目也称为一级会计科目

B．明细分类科目是对总分类科目做进一步分类的科目

C．明细分类科目是对会计要素具体内容进行总括分类的科目

D．明细分类科目是能提供更加详细、更加具体的会计信息的科目

E．明细分类科目包括子目和细目

2．下列会计科目中，属于成本类科目的有（　　）。

A．生产成本　　B．主营业务成本　　C．制造费用

D．销售费用　　E．其他业务成本

3．会计科目按其所归属的会计要素不同，分为资产类、负债类、（　　）五大类。

A．所有者权益类　　B．损益类　　C．成本类

D．费用类　　E．利润类

4．下列项目中，属于所有者权益类科目的有（　　）。

A．实收资本　　B．盈余公积　　C．利润分配

D．本年利润　　E．资本公积

5．下列属于负债类科目的有（　　）。

A．应付票据　　B．应交税费　　C．累计折旧

D．其他应付款　　E．预收账款

6．设置会计科目应遵循的原则有（　　）。

A．要简明适用　　B．要保持相对稳定性

C．要结合会计对象的特点　　D．要将统一性与灵活性结合起来

E．要符合经济管理的客观要求

7．下列各项中属于会计科目的有（　　）。

A．流动资产　　B．固定资产　　C．应付利润

D．库存商品　　E．在产品

8．账户中哪一方登记增加额，哪一方登记减少额，取决于（　　）。

A．所记录的经济内容　　B．记账人的偏好

C．公司类型　　D．所采用的记账方法

E．反映会计指标信息的详细程度

9. 账户一般可以提供的金额指标有（　　）。
A. 期初余额　　B. 本期增加发生额　　C. 期中余额
D. 本期减少发生额　　E. 期末余额
10. 下列各项中，通常属于账户组成部分的有（　　）。
A. 账户名称　　B. 凭证字号　　C. 日期
D. 摘要　　E. 增加额、减少额和余额

三、判断题

1. 会计科目不能记录经济业务的增减变化及结果。（　　）
2. 不违反国家统一会计制度的前提下明细会计科目可以根据企业内部管理的需要自行制定。（　　）
3. 对于明细科目较多的总账科目，可在总分类科目下设置二级或多级科目。（　　）
4. 总分类科目与其所属的明细分类科目的核算内容相同，所不同的是前者提供的信息比后者更加详细。（　　）
5. 会计科目是对会计对象的具体分类，会计账户是对会计科目的进一步分类。
（　　）
6. 会计科目与会计对象两者之间没有什么区别。（　　）
7. 账户上期的期末余额转入本期即为本期的期初余额。（　　）
8. 所有的总分类科目都应该设置明细科目，进行明细核算。（　　）
9. 账户的功能在于连续、系统、完整地提供企业经济活动中各会计要素增减变动及其结果的具体信息。（　　）

四、业务题

根据所给出的经济业务，确定其所归属的会计科目，并说明其按照反映的经济内容分类所属的类别。

经济业务	会计科目	按反映的经济内容分类
机器设备	固定资产	资产类
购进的原材料		
应付给供货方的款项		
从银行借入的一年内到期的借款		
投资者投入企业的资本		
销售商品实现的收入		
某职工借支的差旅费		
生产产品领用的各种原材料、直接人工		
完工产品		
已销售商品的成本		
广告费		
提前收取的购货方的款项		

续表

经济业务	会计科目	按反映的经济内容分类
出纳保管的现金		
生产车间发生的间接用于产品生产的各项费用		
企业应付给职工的工资		

第四章 复式记账

学习目标与要求

本章主要介绍了会计核算的记账方法——复式记账法，重点介绍了复式记账中的借贷记账法以及复式记账中进行账户平行登记的方法。通过对本章内容的学习，要求学生重点掌握复式记账的原理和借贷记账法的全部内容，包括借贷记账法的理论基础、记账符号、账户结构、记账规则、试算平衡，以及账户平行登记的方法，理解会计作为一种国际商业语言的功能，了解单式记账法。

第一节 复式记账原理

会计核算是会计最基本的职能，在整个会计核算体系中记账方法又处于十分重要的地位，因此，各会计主体在按照一定的原则设置了会计科目，并按会计科目开设了账户以后，还应采用一定的记账方法将会计要素的增减变动登记在账户中，以便于反映和监督会计主体的资金运动。

所谓记账方法，是指会计核算中在账户中记录经济业务的具体手段，即经济业务发生后，按照一定的规则，使用一定的符号，运用货币计量单位，将经济业务记录在账户中的一种专门的技术方法。会计核算最早采用的记账方法是单式记账法，但是随着经济社会的发展和人们的实践与总结，复式记账法逐步完善，单式记账法逐步被替代。

一、单式记账法

单式记账法是在经济业务发生后，对所引起的会计要素的增减变动一般只在一个账户中进行记录的方法。这种记账方法通常只登记现金和银行存款的收付业务，以及应收款、应付款的结算业务；除了有关应收款、应付款的现金收付业务需要在两个或两个以上账户中分别进行登记外，其他业务只在一个账户中登记或不予登记。例如，以现金购买材料。在单式记账法下，就只在现金账户记录减少，而不反映材料的增加；再如，购买材料，货已收到，货款未付。采用单式记账法，就只在应付款账户中登记增加，材料的增加同样不予登记。对于有关应收款、应付款的现金收付业务，虽然会在现金及往来账账户中同时登记，但也是各记各的，彼此没有直接关系。

由此可见，单式记账法的记账手续比较简单，但没有一套完整的账户体系，账户之间的记录没有直接联系和相互平衡关系，因此不能全面、系统地反映各项会计要素的增减变动情况和经济业务的来龙去脉，也不便于检查账户记录的正确性和完整性。目前，除经济业务非常简单的单位外，已很少采用。

二、复式记账法

（一）复式记账法的概念

复式记账法是在每一项经济业务发生后需要记录会计信息时，同时在相互联系的两个或两个以上的账户中，以相等的金额进行登记的一种记账方法。例如，前例中以现金购买材料。采用复式记账法，这项经济业务除了在现金账户记录减少外，还会同时在材料账户记录增加，这表明现金付出的结果是材料的增加，二者之间是相互联系的；又如，购买材料，货已收到，货款未付。采用复式记账法，这项经济业务会在应付款账户和材料账户同时记录增加，这样登记的结果，就使得债务的发生同材料的购进之间的关系一目了然。

由于任何一项经济业务的发生，都会引起会计要素的至少两个具体项目的增减变化，而且变化金额相等。因此，为了全面、系统地反映和监督经济活动过程，对发生的每一笔经济业务，都应该以相等的金额同时在两个或两个以上的账户中进行登记，复式记账法正好满足了这一要求。

（二）复式记账法的优点

与单式记账法相比，复式记账法主要有以下两方面的优点。

（1）能够全面反映经济业务全貌和资金运动的来龙去脉。复式记账法对于每一项经济业务，都要在两个或两个以上的账户中进行相互联系的记录，不仅可以通过账户记录，完整、系统地反映经济活动的全过程，而且还能清楚地反映资金运动的来龙去脉。

（2）能够进行试算平衡，便于查账和对账。复式记账是对每一经济业务都以相等的金额，在来“龙”与去“脉”两个方面的账户中进行登记，从而在两个方面的账户之间形成了一种数字上的对应平衡关系。如果记账发生错误，这种平衡将被打破，因此可以通过试算平衡的方法来检查账户记录的正确性。

（三）复式记账法的种类

通过以上分析，我们不难看出复式记账法具有单式记账法无可比拟的优势，因而是世界各国公认的一种科学的记账方法。目前，我国企业和行政、事业单位都采用这种记账方法。复式记账法可分为借贷记账法、增减记账法和收付记账法等。20 世纪 90 年代开始，财政部颁布的有关会计方面的法规，明文规定中国境内的所有企业、行政事业单位都应当采用借贷记账法记账。原因是：一方面，借贷记账法经过多年的实践已经被全世界的会计工作者普遍接受，是一种比较成熟、完善的记账方法；另一方面，从会计实务角度看，统一记账方法为加强企业、事业单位之间横向经济联系和国际交往等带来了极大的方便，并且对规范会计核算工作和更好地发挥会计的作用具有重要意义。

第二节 借贷记账法

借贷记账法是以“借”“贷”二字作为记账符号，记录会计要素增减变动情况的一种复式记账方法。借贷记账法起源于 13 世纪的意大利。这个时期，意大利沿海城市的商品经济，特别是海上贸易已有很大的发展，在商品交换中，为了适应商业资本和借贷资本经营者管理的需要，逐步形成了借贷记账法。最初，意大利佛罗伦萨的“借贷资本家”从贷主处借入款项，并记入贷主名下的贷方，归还记借方；将款项贷出时，记入借主名下的借方，收回记贷方。贷主名下所记内容表示的是“借贷资本家”债务的增减变动，借主名下所记内容表示的是“借贷资本家”债权的增减变动。这时，“借”和“贷”分别表示借贷资本家与债权人、债务人之间的债权债务关系。随着商品经济的发展，借贷记账法又经过了热那亚阶段和威尼斯阶段，借贷记账法也在不断发展和完善，记录的内容也不仅仅局限于货币资金的借贷业务，而是逐步扩展到财产物资、经营损益和经营资本的增减变化，并广泛应用于许多行业。这时，为求得账簿记录的统一，对于非货币资金的借贷业务也采用“借”“贷”二字说明经济业务的变化情况。“借”“贷”二字逐渐失去其本来含义，变成了纯粹的记账符号。到了 15 世纪，借贷记账法逐渐完善，被用来反映资本的存在形态和所有者权益的增减变化。与此同时，西方国家的会计学者提出了借贷记账法的理论依据，即“资产=负债+所有者权益”的会计恒等式。根据这个理论确立了借贷的记账规则，从而使借贷记账法日臻完善，传遍欧洲、美洲等地，成为世界各国普遍采用的一种科学的记账方法。20 世纪初传入我国。

一、借贷记账法的理论基础

借贷记账法的对象是会计要素的增减变动过程及其结果。在企业的生产经营活动过程中，会发生各种各样的经济业务，但无论发生什么样的经济业务，都不会破坏“资产=负债+所有者权益”这一平衡关系，而这一平衡关系正是借贷记账法的核算基础。所以，借贷记账法的理论基础就是如下会计等式：

$$\text{资产}=\text{负债}+\text{所有者权益} \tag{1}$$

$$\text{收入}-\text{费用}=\text{利润} \tag{2}$$

$$\text{资产}=\text{负债}+\text{所有者权益}+(\text{收入}-\text{费用}) \tag{3}$$

$$\text{资产}+\text{费用}=\text{负债}+\text{所有者权益}+\text{收入} \tag{4}$$

$$\text{资产}-\text{负债}=\text{所有者权益} \tag{5}$$

$$\text{资产}-\text{负债}-\text{所有者权益}=0 \tag{6}$$

上述会计等式主要揭示了三个方面的内容：第一，各会计要素之间的数字平衡关系。

有一定数量的资产，就必然有一定数量的负债和所有者权益与之对应；反之，有一定数量的负债和所有者权益，就一定有相应数量的资产与之对应。这就要求每一次记账的借贷方金额是相等的；一定时期记入所有账户借方、贷方金额的合计数是平衡的；所有账户的借方、贷方余额的合计数是平衡的。第二，各会计要素增减变化的相互联系。任何一项经济业务都会引起等式左右两方或某一方的某一个或几个会计要素同时发生增减变化，当某一会计要素的一个项目发生变化时，同一会计要素的另一项目或其他会计要素的某一项目必然会同时发生增减变化，以维持等式的平衡关系。这就要求在一个账户中记录的同时必然要有另一个或多个账户的记录与之对应。第三，等式有关因素之间是对立统一的关系。等式的左边是资产，右边是负债和所有者权益，形成对立统一的关系。如果各会计要素在等式的一边，必须以负号表示，如式（6）。这就要求按相反方向记账。从一个账户来看，借方记录增加额，贷方一定记录减少额；反之，贷方记录增加额，借方一定记录减少额。从等式两边不同性质的账户来看，等式左边资产类账户是借方记录增加额，等式右边负债和所有者权益类账户是贷方记录增加额。

二、记账符号和账户结构

（一）记账符号

“借”“贷”二字最初是从借贷资本家的角度来解释的，用来表示债权和债务的增减变动。随着时间的推移，“借”“贷”二字已逐渐失去了最初的含义，只作为纯粹的记账符号使用，用以标明记账的方向。

借贷记账法下，一般规定，账户的左方为“借方”，账户的右方为“贷方”，所有账户的借方和贷方按相反方向记录增加数和减少数，即一方登记增加额，另一方就登记减少额。至于“借”表示增加，还是“贷”表示增加，取决于账户的性质和所记录经济内容的性质。不同性质的账户，其结构是不同的。

（二）账户结构

1．资产类账户的结构

资产类账户的结构是：账户的借方登记资产的增加额，贷方登记资产的减少额，期末余额一般在借方。在一个会计期间（年、季、月），借方记录的合计数称为本期借方发生额，贷方记录的合计数称为本期贷方发生额，借贷方发生额的差额为期末余额；期末余额转入下一期，就成为下一期的期初余额。该类账户的期末余额计算公式表示为：

$$期末借方余额=期初借方余额+本期借方发生额-本期贷方发生额 \quad (7)$$

资产类账户结构用 T 形账户表示，如下所示。

借方　　　　资产类账户　　　　贷方

借方		贷方	
期初余额 本期增加额	××× ××× ×××	本期减少额	××× ×××
本期发生额	×××	本期发生额	×××
期末余额	×××		

2．负债及所有者权益类账户的结构

由会计恒等式“资产=负债+所有者权益”所决定，负债及所有者权益类账户的结构与资产类账户的结构正好相反，其贷方记录负债及所有者权益的增加额，借方记录负债及所有者权益的减少额，通常本期增加额要大于（或等于）本期减少额。所以，这类账户的期末如有余额，一般在贷方。该类账户的期末余额计算公式表示为：

期末贷方余额=期初贷方余额+本期贷方发生额–本期借方发生额　（8）

负债及所有者权益类账户结构用 T 形账户表示，如下所示。

借方	负债及所有者权益类账户		贷方
		期初余额	×××
		本期增加额	×××
本期减少额	×××		×××
	×××		
本期发生额	×××	本期发生额	×××
		期末余额	×××

3．成本类账户的结构

企业在生产产品的过程中要有原材料、人工等各种耗费，这些耗费在生产中形成产品的成本，在产品生产完工后形成库存商品。因此，可以将成本看作一种资产。成本类账户的结构与资产类账户的结构是基本相同的，即账户的借方记录成本的增加额，贷方记录成本的减少额，期末余额一般在借方（有些成本类账户在期末结转后没有余额）。该类账户的期末余额计算公式表示为：

期末借方余额=期初借方余额+本期借方发生额–本期贷方发生额　（9）

成本类账户结构用 T 形账户表示，如下所示。

借方	成本类账户		贷方
期初余额	×××		
本期增加额	×××	本期减少额	×××
	×××		×××
本期发生额	×××	本期发生额	×××
期末余额	×××		

4．损益类账户的结构

损益类账户按反映的具体内容不同，可分为收入类账户和费用类账户。在企业的经营过程中要有各种耗费。将经营过程作为一个动态过程来看，一切费用都可以视为一瞬间的资产，一旦资产投入使用，就从资产形态一次或者多次转变为费用形态，所以费用与资产有着密切的关系，在费用抵消收入之前，可以将其看作一种资产。因此，费用类账户的结构与资产类账户的结构基本相同，该类账户的借方登记费用的增加额，贷方登记费用的减少额。

收入最终会导致所有者权益的增加，因此，收入类账户的结构与所有者权益类账户的结构基本相同，该类账户的贷方登记收入的增加额，借方登记收入的减少额。

由于有“收入–费用=利润”这一会计等式，收入和费用最终要转入“本年利润”账户，因此收入类和费用类账户与前述账户不同，在期末结转后，最终没有余额。

收入类和费用类账户结构用 T 形账户表示，如下所示。

借方	费用类账户		贷方
本期增加额	××× ×××	本期减少额或转出额	×××
本期发生额	×××	本期发生额	×××

借方	收入类账户		贷方
本期减少额或转出额	×××	本期增加额	××× ×××
本期发生额	×××	本期发生额	×××

根据上述内容，借贷记账法下各类账户的结构归纳如表 4-1 所示。

表 4-1 各类账户的结构归纳

账 户 类 型	借 方	贷 方	余 额 方 向
资产类	增加	减少	借方
负债和所有者权益类	减少	增加	贷方
成本类	增加	减少	借方
收入类	减少	增加	无
费用类	增加	减少	无

综上所述，“借”“贷”二字作为记账符号所表示的经济含义是不同的。“借”可以表示资产、成本、费用的增加和负债、所有者权益、收入的减少；“贷”可以表示资产、成本、费用的减少和负债、所有者权益、收入的增加。一般来说，账户的期末余额和记录增加的一方相同，即资产类账户的期末余额一般在借方，负债和所有者权益类账户的期末余额一般在贷方。因此，根据账户余额方向来判断账户的性质，成为借贷记账法的一个重要特点。

三、记账规则

借贷记账法的记账规则是“有借必有贷，借贷必相等”。这一记账规则是根据以下两方面的原理来确定的。

根据复式记账的原理，对于企业发生的任何经济业务都要以相等的金额，在两个或两个以上相互联系的账户中进行记录。根据借贷记账法账户结构的原理，对于每一项经济业务都要按相反方向在借贷两方进行登记。

具体而言，任何经济业务的发生总会涉及两个或两个以上的相关账户，一方（或几方）记入借方，另一方（或几方）必须记入贷方，记入借方的金额等于记入贷方的金额。如果涉及多个账户，记入借方金额的合计数等于记入贷方金额的合计数。

一般情况下，在运用借贷记账法的记账规则处理经济业务时，要遵循以下三个步骤。

（1）根据经济业务的内容，确定经济业务所涉及的会计要素及会引起会计要素怎样的变化，是增加还是减少，抑或同时增加，同时减少。

（2）分析经济业务所涉及的账户名称及账户类别。

（3）根据上述分析，确定该项经济业务应记入相关账户的借方还是贷方，以及各账户应记金额。

下面以鑫和公司 20××年 12 月发生的部分经济业务为例来说明借贷记账法记账规则的运用。

【例 4-1】12 月 1 日，收到投资者追加投资 200 000 元，款项存入银行。

分析：这笔经济业务使得该公司资产和所有者权益两个会计要素发生了变化。一方面，接受投资者投资使得所有者权益要素中实收资本增加，应在“实收资本”账户的贷方登记；另一方面，款项存入银行使得资产要素中的银行存款增加，应在“银行存款”账户的借方登记。因此，上述经济业务的记账结果如下所示。

借 实收资本	贷
	200 000

借 银行存款	贷
200 000	

【例 4-2】12 月 4 日，从银行取得期限为 6 个月的借款 150 000 元，存入该企业的银行存款账户。

分析：这笔经济业务使得该公司资产和负债两个会计要素发生了变化。一方面，从银行取得 6 个月的借款使得负债要素中短期借款增加，应在“短期借款”账户的贷方登记；另一方面，款项存入银行使得资产要素中的银行存款增加，应在“银行存款”账户的借方登记。因此，上述经济业务的记账结果如下所示。

借 短期借款	贷
	150 000

借 银行存款	贷
150 000	

【例 4-3】12 月 6 日，从兴盛公司购买一批生产用原材料，价款 5 000 元（不考虑增值税），款项已通过现金付讫。

分析：这笔经济业务使得该公司资产这一会计要素发生了变化，出现了资产内部一增一减的情况。一方面，购入原材料使得资产要素中原材料增加，应在“原材料”账户的借方登记；另一方面，现金付讫材料价款使得资产要素中的库存现金减少，应在“库存现金”账户的贷方登记。因此，上述经济业务的记账结果如下所示。

借	原材料	贷	借	库存现金	贷
5 000					5 000

【例 4-4】12 月 8 日，以银行存款 20 000 元偿还到期的应付账款。

分析：这笔经济业务使得该公司资产和负债两个会计要素发生了变化。一方面，应付账款的偿还使得负债要素中应付账款减少，应在“应付账款”账户的借方登记；另一方面，以银行存款支付使得资产要素中的银行存款减少，应在“银行存款”账户的贷方登记。因此，上述经济业务的记账结果如下所示。

借	应付账款	贷	借	银行存款	贷
20 000					20 000

【例 4-5】12 月 9 日，将盈余公积金 60 000 元按法定程序转增资本。

分析：这笔经济业务使得该公司所有者权益这一会计要素发生了变化，出现了所有者权益内部一增一减的情况。一方面，使得所有者权益要素中盈余公积减少，应在“盈余公积”账户的借方登记；另一方面，使得所有者权益要素中的实收资本增加，应在“实收资本”账户的贷方登记。因此，上述经济业务的记账结果如下所示。

借	盈余公积	贷	借	实收资本	贷
60 000					60 000

【例 4-6】12 月 10 日，以现金 1 500 元支付企业购买的办公用品费。

分析：这笔经济业务使得该公司资产和费用两个会计要素发生了变化。一方面，使得费用要素中管理费用增加，应在“管理费用”账户的借方登记；另一方面，使得资产要素中的库存现金减少，应在“库存现金”账户的贷方登记。因此，上述经济业务的记账结果如下所示。

借	管理费用	贷	借	库存现金	贷
1 500					1 500

通过上述例题可以看出，不管是资产类与负债及所有者权益类要素同增或同减的业务，还是在资产类要素内部或者负债及所有者权益内部此增彼减的业务，都同样适用“有借必有贷，借贷必相等”的记账规则。

四、账户对应关系和会计分录

采用借贷记账法，在每项经济业务发生后，总会在相关账户之间形成应借、应贷的关系。把账户之间应借、应贷的相互关系叫作账户的对应关系，把存在对应关系的账户称为对应账户。为了清晰地反映账户之间的对应关系，了解经济业务的过程和结果，并防止出现记账的差错，在每项经济业务登记到账户之前，都要先根据经济业务的内容，运用借贷记账法的记账规则，确定所涉及的账户及其应借、应贷的方向和金额。在会计实务中，这项工作是通过编制记账凭证来完成的。在理论中，为了方便教学，通过编制会计分录来代替。

会计分录简称分录，是对每项经济业务列示出应借、应贷的账户名称（科目）及其金额的一种记录。

现将【例 4-1】～【例 4-6】经济业务的会计分录编制如下。

（1）借：银行存款　　200 000
　　贷：实收资本　　200 000

（2）借：银行存款　　150 000
　　贷：短期借款　　150 000

（3）借：原材料　　5 000
　　贷：库存现金　　5 000

（4）借：应付账款　　20 000
　　贷：银行存款　　20 000

（5）借：盈余公积　　60 000
　　贷：实收资本　　60 000

（6）借：管理费用　　1 500
　　贷：库存现金　　1 500

根据以上会计分录，可以得出如下结论：

（1）会计分录的书写格式。① 通常会计分录书写时，“借”在上方，“贷”在下方，“借”和“贷”两个字错开。② 当借方或贷方涉及多个账户时，应先将所有借项各占一行，上下对齐，记录完毕后，再向下退一格，记录贷项，所有贷项各占一行，上下对齐。③ 借方金额和贷方金额的书写也要错开位置，不可以写在同一行，但每一账户与其对应的金额必须在同一行。

（2）会计分录的要素。每一笔会计分录都包括以下三个基本要素：① 记账方向，即借方或贷方。② 会计科目，即经济业务所涉及的会计科目。③ 金额。

（3）会计分录的编制步骤。会计分录的编制通常分为以下几步：① 确定经济业务所涉及的账户及其性质。② 分析各账户的增减变化。③ 确定记账方向。④ 确定登记金额。⑤ 写出完整分录。

（4）会计分录有简单会计分录和复合会计分录之分。简单会计分录，是指只涉及一个账户借方和另一个账户贷方的会计分录，即“一借一贷”的会计分录，如【例 4-1】～【例 4-6】中的会计分录。复合会计分录，是指由两个以上对应账户所组成的会计分录，即“一借多贷”“多借一贷”或“多借多贷”的会计分录。实际上它是由几个简单会计分录组成的，因而必要时可以将其分解成若干个简单会计分录。现举例说明复合会计分录如下。

【例 4-7】鑫和公司购入材料一批，价款 60 000 元，其中 40 000 元以银行存款支付，20 000 元尚未支付（假定不考虑增值税）。根据这笔经济业务可编制简单会计分录如下。

借：原材料　　40 000

贷：银行存款　　40 000

借：原材料　　20 000

贷：应付账款　　20 000

或可将上述会计分录合并写成如下形式。

借：原材料　　60 000

贷：银行存款　　40 000

应付账款　　20 000

【例 4-8】鑫和公司以银行存款 50 000 元，偿还银行借款 20 000 元和前欠某单位货款 30 000 元。根据这笔经济业务可编制简单会计分录如下。

借：短期借款　　20 000

贷：银行存款　　20 000

借：应付账款　　30 000

贷：银行存款　　30 000

或可将上述会计分录合并写成如下形式。

借：短期借款　　20 000

应付账款　　30 000

贷：银行存款　　50 000

由以上例题可以看出，编制复合会计分录，可以反映某项经济业务的全貌，简化记账手续；简单会计分录反映问题直观，账户对应关系清楚，便于检查。在实际工作中，如果一项经济业务涉及多借多贷的科目，为了全面反映此项经济业务，可以编制多借多贷的复合分录，但不允许将几项不同的经济业务合并编制复合分录。

五、试算平衡

为了保证一定时期内所发生的经济业务在账户中登记的正确性，需要在一定时期终了时，根据会计等式的基本原理对账户记录进行试算平衡。试算平衡，就是根据会计等式“资产=负债+所有者权益”的平衡关系，按照记账规则的要求，通过汇总计算和比较，来检查账户记录的正确性和完整性。

采用借贷记账法，在经济业务发生后，都是按照“有借必有贷，借贷必相等”的记账规则记入各有关账户，借贷双方的发生额必然是相等的。而且，不仅每一笔会计分录借贷发生额相等，当一定会计期间的全部经济业务都记入相关账户之后，所有账户的借方发生额合计数必然等于所有账户的贷方发生额合计数；依次类推，期末结账后，全部账户的借方余额合计数也必然等于全部账户贷方余额合计数。因此，借贷记账法下，账户发生额及余额的试算平衡公式分别如下。

（1）发生额试算平衡公式：

全部账户借方发生额合计=全部账户贷方发生额合计　　（10）

发生额试算平衡的直接依据是借贷记账法的记账规则。

（2）余额试算平衡公式：

$$全部账户借方余额合计=全部账户贷方余额合计 \quad (11)$$

余额试算平衡的直接依据是“资产=负债+所有者权益”会计恒等式。

试算平衡工作，一般是在月末结出各个账户的本月发生额和月末余额后，通过编制总分类账户发生额试算平衡表和总分类账户余额试算平衡表来进行的。现将以上所举鑫和公司12月的8笔经济业务记入有关总分类账户，并结出各账户本期发生额和期末余额，分别编制总分类账户发生额试算平衡表（见表4-3）和总分类账户余额试算平衡表（见表4-4）。假定鑫和公司有关账户的期初余额表如表4-2所示。

表4-2　鑫和公司有关账户的期初余额表　　单位：元

账户名称	借方余额	贷方余额
库存现金	7 000	
银行存款	3 000 000	
原材料	50 000	
短期借款		80 000
应付账款		40 000
实收资本		2 837 000
盈余公积		100 000
合计	3 057 000	3 057 000

借　库存现金	贷
期初余额 7 000	（3）5 000 （6）1 500
本期发生额 0 期末余额 500	本期发生额 6 500

借　银行存款	贷
期初余额 3 000 000 （1）200 000 （2）150 000	（4）20 000 （7）40 000 （8）50 000
本期发生额 350 000 期末余额 3 240 000	本期发生额 110 000

借　原材料	贷
期初余额 50 000 （3）5 000 （7）60 000	
本期发生额 65 000 期末余额 115 000	本期发生额 0

借　短期借款	贷
（8）20 000	期初余额 80 000 （2）150 000
本期发生额 20 000	本期发生额 150 000 期末余额 210 000

借　应付账款	贷
（4）20 000 （8）30 000	期初余额 40 000 （7）20 000
本期发生额 50 000	本期发生额 20 000 期末余额 10 000

借　实收资本	贷
	期初余额 2 837 000 （1）200 000 （5）60 000
本期发生额 0	本期发生额 260 000 期末余额 3 097 000

借	盈余公积 贷
（5）60 000	期初余额 100 000
本期发生额 60 000	本期发生额 0 期末余额 40 000

借	管理费用 贷
期初余额 0 （6）1 500	
本期发生额 1 500 期末余额 1 500	本期发生额 0

表 4-3 总分类账户发生额试算平衡表 单位：元

账户名称	借方发生额	贷方发生额
库存现金		6 500
银行存款	350 000	110 000
原材料	65 000	
短期借款	20 000	150 000
应付账款	50 000	20 000
实收资本		260 000
盈余公积	60 000	
管理费用	1 500	
合计	546 500	546 500

表 4-4 总分类账户余额试算平衡表 单位：元

账户名称	借方余额	贷方余额
库存现金	500	
银行存款	3 240 000	
原材料	115 000	
短期借款		210 000
应付账款		10 000
实收资本		3 097 000
盈余公积		40 000
管理费用	1 500	
合计	3 357 000	3 357 000

在实际工作中，为方便起见，还可以将总分类账户发生额试算平衡表和总分类账户余额试算平衡表合并在一张表上进行试算平衡，如表 4-5 所示。

表4-5 总分类账户发生额及余额试算平衡表 单位：元

账户名称	期初余额		本期发生额		期末余额	
	借方	贷方	借方	贷方	借方	贷方
库存现金	7 000			6 500	500	
银行存款	3 000 000		350 000	110 000	3 240 000	
原材料	50 000		65 000		115 000	
短期借款		80 000	20 000	150 000		210 000
应付账款		40 000	50 000	20 000		10 000
实收资本		2 837 000		260 000		3 097 000
盈余公积		100 000	60 000			40 000
管理费用			1 500		1 500	
合计	3 057 000	3 057 000	546 500	546 500	3 357 000	3 357 000

应当指出，试算平衡只是通过借贷金额是否平衡来检查账户记录是否正确的一种方法。如果试算不平衡，可以肯定账户记录或计算有错误，应进一步核实，予以纠正。如果试算平衡，却不能肯定账户记录或计算一定正确，因为有些记账错误并不影响借贷双方的平衡。

不影响借贷双方平衡关系的错误通常有以下几种。

（1）重复记录某项经济业务，使本期借贷双方的发生额等额虚增，借贷仍然平衡。

（2）漏记某项经济业务，使本期借贷双方的发生额等额减少，借贷仍然平衡。

（3）某项经济业务错记有关账户，借贷仍然平衡。

（4）某项经济业务在账户记录中，颠倒了记账方向，借贷仍然平衡。

（5）某项经济业务记录的应借应贷科目正确，但借贷双方金额同时多记或少记，且金额一致，借贷仍然平衡。

（6）某借方或贷方发生额中，偶然发生多记或少记并相互抵消，借贷仍然平衡。

由于账户记录可能存在这些不能由试算平衡表来发现的错误，所以只根据试算平衡时借贷双方发生额和余额的平衡作为判断记账是否正确的唯一尺度，是远远不够的，还需要对一切会计记录进行日常或定期的复核，以保证账面记录的正确性。

第三节 总分类账户与明细分类账户

一、总分类账户和明细分类账户的设置

在会计核算工作中，为了适应经营管理的需要，对于一切经济业务都要在有关账户中进行登记。既要提供总括的核算指标，又要提供详细的核算指标，这就需要各会计主体同时设置总分类账户和明细分类账户。

总分类账户是根据总分类科目开设的，用以提供总括核算资料，仅以货币作为统一的

计量单位进行计量登记。在总分类账户中进行的核算称为总分类核算，总分类核算可以概括地了解一个会计主体各项资产、负债、所有者权益等会计要素增减变动的情况和结果。前面例子中的账户都是总分类账户。

明细分类账户是根据明细分类科目开设的，用来提供更加详细的核算资料。例如，为了具体了解各种材料的收、发、结存情况，就有必要在“原材料”总分类账户下，按照材料的品种、规格分别设置明细分类账户。又如，为了具体掌握企业与各往来单位之间的货款结算情况，就应在“应收账款”“应付账款”总分类账户下，按各债务、债权单位的名称分别设置明细分类账户。当然，并不是所有的总分类账户都要设置明细分类账户进行明细核算，有的总分类账户，如“库存现金”“本年利润”“累计折旧”等，就不设置明细分类账户。在明细分类账户中进行的核算称为明细分类核算。明细分类核算，除了以货币计量单位进行金额核算外，必要时还要运用实物计量单位进行数量核算，以便通过提供数量方面的资料，对总分类账户进行必要的补充。

除了总分类账户和明细分类账户外，各会计主体还可根据实际需要设置二级账户。二级账户是介于总分类账户和明细分类账户之间的账户，它提供的资料比明细分类账户概括、综合，比总分类账户更详细、具体。例如，在“原材料”账户下可设置“原料及主要材料”“辅助材料”等二级账户，其下再按品种、规格设置明细分类账户。设置二级账户，总分类账户可以通过它来控制明细分类账户，这对加强经营管理有一定的作用，但也会增加会计核算的工作量。

二、总分类账户和明细分类账户的平行登记

为了使总分类账户与其所属的明细分类账户之间能发挥统驭与补充的作用，便于账户核对，并确保核算资料的正确、完整，必须采用平行登记的方法，在总分类账户及其所属的明细分类账户中进行记录。

平行登记，是指经济业务发生以后，根据会计凭证，一方面登记有关的总分类账户，另一方面同时登记该总分类账户所属的各有关明细分类账户。总分类账户和明细分类账户平行登记，应注意以下要点。

（1）依据相同。对于需要提供其详细指标的每一项经济业务，应根据审核无误的记账凭证，一方面登记有关的总分类账户，另一方面登记所属的各有关明细分类账户。

（2）期间相同。这里所指的期间相同是指在同一会计期间，而并非必须在同一时刻。发生的经济业务记入总分类账户和所属明细分类账户的具体时间可以有先后，但应在同一会计期间记入总分类账户和所属明细分类账户。

（3）方向相同。这里所指的方向，是指所体现的变动方向，即增加、减少方向，而并非相同的记账方向。

（4）金额相等。记入总分类账户的金额必须与记入所属的一个或几个明细分类账户的金额合计数相等。

下面分别以“原材料”和“应付账款”两个账户为例，说明总分类账户和明细分类账户平行登记的方法。

【例 4-9】长城公司 20××年 10 月“原材料”账户期初余额如下。

名　称	数量（kg）	单价（元）	金额（元）
甲材料	3 000	20	60 000
乙材料	2 000	15	30 000
丙材料	1 000	10	10 000
合计	6 000		100 000

该企业本月有关材料的收发如下（不考虑增值税）。

（1）5 日，购入甲材料 1 000 kg，单价 20 元，计 20 000 元；乙材料 1 500 kg，单价 15 元，计 22 500 元；丙材料 2 000 kg，单价 10 元，计 20 000 元。货已验收入库，价款尚未支付。

（2）20 日，由于生产产品需要，仓库发出甲材料 2 000 kg，单价 20 元，计 40 000 元；乙材料 2 500 kg，单价 15 元，计 37 500 元；丙材料 1 500 kg，单价 10 元，计 15 000 元。

根据以上资料，在“原材料”总分类账户及其所属的明细分类账户中进行平行登记的程序如下。

首先，将账户的期初余额分别在总账和明细账中登记，如表 4-6～表 4-9 所示。

其次，根据资料编制的会计分录如下。

（1）借：原材料——甲材料　　20 000
　　　　　　——乙材料　　22 500
　　　　　　——丙材料　　20 000
　　贷：应付账款　　62 500

（2）借：生产成本　　92 500
　　贷：原材料——甲材料　　40 000
　　　　　　——乙材料　　37 500
　　　　　　——丙材料　　15 000

最后，根据上述会计分录，采用平行登记的方法，在“原材料”总账及所属的明细账中进行登记，如表 4-6～表 4-9 所示。

表 4-6　总分类账户

账户名称：原材料　　　　单位：元

20××年		摘　要	借　方	贷　方	借或贷	余　额
月	日					
10	1	期初余额			借	100 000
	5	购入材料	62 500		借	162 500
	20	发出材料		92 500	借	70 000
		本期发生额及余额	62 500	92 500	借	70 000

表 4-7 “原材料”明细分类账户

材料名称：甲材料　　　　单位：元

20××年		摘要	单位	单价	借方		贷方		借或贷	余额	
月	日				数量	金额	数量	金额		数量	金额
10	1	期初余额	kg	20					借	3 000	60 000
	5	购入材料	kg	20	1 000	20 000			借	4 000	80 000
	20	发出材料	kg	20			2 000	40 000	借	2 000	40 000
		本期发生额及余额			1 000	20 000	2 000	40 000	借	2 000	40 000

表 4-8 “原材料”明细分类账户

材料名称：乙材料　　　　单位：元

20××年		摘要	单位	单价	借方		贷方		借或贷	余额	
月	日				数量	金额	数量	金额		数量	金额
10	1	期初余额	kg	15					借	2 000	30 000
	5	购入材料	kg	15	1 500	22 500			借	3 500	52 500
	20	发出材料	kg	15			2 500	37 500	借	1 000	15 000
		本期发生额及余额			1 500	22 500	2 500	37 500	借	1 000	15 000

表 4-9 “原材料”明细分类账户

材料名称：丙材料　　　　单位：元

20××年		摘要	单位	单价	借方		贷方		借或贷	余额	
月	日				数量	金额	数量	金额		数量	金额
10	1	期初余额	kg	10					借	1 000	10 000
	5	购入材料	kg	10	2 000	20 000			借	3 000	30 000
	20	发出材料	kg	10			1 500	15 000	借	1 500	15 000
		本期发生额及余额			2 000	20 000	1 500	15 000	借	1 500	15 000

从以上“原材料”总分类账户及其所属明细分类账户平行登记的结果中可以看出，“原材料”总分类账户的期初余额 100 000 元，本期借方发生额 62 500 元，本期贷方发生额 92 500 元，期末余额 70 000 元，分别与其所属的三个明细分类账户的期初余额之和 100 000 元（即 60 000+30 000+10 000），本期借方发生额之和 62 500 元（即 20 000+22 500+20 000），本期贷方发生额之和 92 500 元（即 40 000+37 500+15 000），期末余额之和 70 000 元（即 40 000+15 000+15 000）完全相等。

【例 4-10】长城公司 20××年 10 月“应付账款”账户期初余额如下。

单位名称	金额（元）
华夏公司	20 000
新华公司	15 000
光明公司	5 000
合计	40 000

该企业本月发生以下往来结算业务。

（1）2 日，以银行存款偿还前欠华夏公司货款 15 000 元、新华公司货款 10 000 元、光明公司货款 2 000 元。

（2）5 日，从华夏公司购买甲材料价款 20 000 元，从新华公司购买乙材料 22 500 元，向光明公司购买丙材料 20 000 元，货款均未支付（不考虑增值税）。

根据以上资料，编制的会计分录如下。

（1）借：应付账款——华夏公司　15 000
　　　　　　　　——新华公司　10 000
　　　　　　　　——光明公司　2 000
　　贷：银行存款　27 000

（2）借：原材料　62 500
　　贷：应付账款——华夏公司　20 000
　　　　　　　　——新华公司　22 500
　　　　　　　　——光明公司　20 000

在“应付账款”总分类账户及其所属的明细分类账户中进行平行登记，如表 4-10～表 4-13 所示。

表 4-10　总分类账户

账户名称：应付账款　　　　单位：元

20××年		摘　要	借　方	贷　方	借或贷	余　额
月	日					
10	1	期初余额			贷	40 000
	2	偿还欠款	27 000		贷	13 000
	5	欠购货款		62 500	贷	75 500
		本期发生额及余额	27 000	62 500	贷	75 500

表 4-11　“应付账款”明细分类账户

单位名称：华夏公司　　　　单位：元

20××年		摘　要	借　方	贷　方	借或贷	余　额
月	日					
10	1	期初余额			贷	20 000

续表

20××年		摘　要	借　方	贷　方	借或贷	余　额
月	日					
10	2	偿还欠款	15 000		贷	5 000
	5	欠购货款		20 000	贷	25 000
		本期发生额及余额	15 000	20 000	贷	25 000

表 4-12　“应付账款”明细分类账户

单位名称：新华公司　　单位：元

20××年		摘　要	借　方	贷　方	借或贷	余　额
月	日					
10	1	期初余额			贷	15 000
	2	偿还欠款	10 000		贷	5 000
	5	欠购货款		22 500	贷	27 500
		本期发生额及余额	10 000	22 500	贷	27 500

表 4-13　“应付账款”明细分类账户

单位名称：光明公司　　单位：元

20××年		摘　要	借　方	贷　方	借或贷	余　额
月	日					
10	1	期初余额			贷	5 000
	2	偿还欠款	2 000		贷	3 000
	5	欠购货款		20 000	贷	23 000
		本期发生额及余额	2 000	20 000	贷	23 000

从以上“应付账款”总分类账户及其所属明细分类账户平行登记的结果中可以看出，“应付账款”总分类账户的期初余额 40 000 元，本期借方发生额 27 000 元，本期贷方发生额 62 500 元，期末余额 75 500 元，分别与其所属的三个明细分类账户的期初余额之和 40 000 元（即 20 000+15 000+5 000），本期借方发生额之和 27 000 元（即 15 000+10 000+2 000），本期贷方发生额之和 62 500 元（即 20 000+22 500+20 000），期末余额之和 75 500 元（即 25 000+27 500+ 23 000）完全相等。

平行登记完毕后，为检验登记的正确性，要进行核对。在实际工作中，具体通过编制“明细分类账户本期发生额及余额表”，将明细分类账户本期发生额及余额登记入表中，并与有关总分类账户发生额及余额进行核对，检验平行登记是否正确。

根据前面示例的账户登记情况，编制相应的明细分类账户发生额及余额表，如表 4-14、表 4-15 所示。

表 4-14 “原材料”明细分类账户本期发生额及余额表 单位：元

明细科目	单位	单价	期初余额		本期发生额				期末余额	
					借方		贷方			
			数量	金额	数量	金额	数量	金额	数量	金额
甲材料	kg	20	3 000	60 000	1 000	20 000	2 000	40 000	2 000	40 000
乙材料	kg	15	2 000	30 000	1 500	22 500	2 500	37 500	1 000	15 000
丙材料	kg	10	1 000	10 000	2 000	20 000	1 500	15 000	1 500	15 000
合计				100 000		62 500		92 500		70 000

表 4-15 “应付账款”明细分类账户本期发生额及余额表 单位：元

明细科目	期 初 余 额		本期发生额		期 末 余 额	
	借 方	贷 方	借 方	贷 方	借 方	贷 方
华夏公司		20 000	15 000	20 000		25 000
新华公司		15 000	10 000	22 500		27 500
光明公司		5 000	2 000	20 000		23 000
合计		40 000	27 000	62 500		75 500

将表 4-14、表 4-15 分别与“原材料”总账（表 4-6）、“应付账款”总账（表 4-10）进行核对，期初余额、本期借贷方发生额合计数及期末余额均相符，说明平行登记正确。

本章小结

复式记账法是在每一项经济业务发生后需要记录会计信息时，同时在相互联系的两个或两个以上的账户中，以相等的金额进行登记的一种记账方法。

要理解并灵活运用借贷记账法的记账符号、账户结构、记账规则、试算平衡等。“借”“贷”作为记账符号，没有任何实际意义，对于不同性质的账户，“借”“贷”表示的增减含义不同；要分别熟悉记忆五类账户的账户结构；记账规则“有借必有贷，借贷必相等”对于任何经济业务都适用，要严格遵守，记账规则运用得正确与否，直接影响到试算平衡；借助一些平衡关系，通过试算平衡，可以检查账户记录的正确性。

在借贷记账法下，借方账户与贷方账户之间有一定的对应关系。会计分录具体表现为应借、应贷账户名称及其金额的记录，有简单会计分录和复合会计分录之分。

对于总账和明细账的平行登记，要明确登记的要点，掌握平行登记的方法和核对的方法。

思考题

1．复式记账法与单式记账法有什么区别？前者有什么优点？

2. 什么是借贷记账法？借贷记账法的记账规则是怎样的？
3. 试述借贷记账法下的账户结构。
4. 什么是试算平衡？借贷记账法的试算平衡方法有哪些？
5. 什么是平行登记？平行登记的要点有哪些？

练习题

一、单项选择题

1. 进行复式记账时，对任何一项经济业务登记的账户数量应是（　　）。
A. 一个　　B. 两个　　C. 三个　　D. 两个或两个以上
2. 我国目前采用的记账方法是（　　）。
A. 收付记账法　　B. 增减记账法　　C. 借贷记账法　　D. 单式记账法
3. 下列关于资产类账户的表述中，正确的是（　　）。
A. 增加记贷方　　B. 增加记借方　　C. 减少记借方　　D. 期末无余额
4. 下列各项中，可以通过试算平衡表发现的记账错误是（　　）。
A. 颠倒了记账方向　　B. 漏记某项经济业务
C. 错误地使用了应借记的会计科目
D. 只登记了会计分录的借方或贷方，漏记了另一方
5. 借贷记账法的余额试算平衡公式体现了（　　）。
A. 会计恒等式　　B. 记账规则　　C. 账户结构　　D. 收入−费用=利润

二、多项选择题

1. 复合会计分录是指（　　）。
A. 一借一贷的会计分录　　B. 一借多贷的会计分录
C. 多借一贷的会计分录　　D. 多借多贷的会计分录
E. 写出明细科目的会计分录
2. 总分类账户与明细分类账户平行登记的要点有（　　）。
A. 登记的内容相同　　B. 登记的时间相同　　C. 登记的方向相同
D. 登记的金额相等　　E. 登记的依据相同
3. 借贷记账法的记账符号“贷”对于下列会计要素表示增加的有（　　）。
A. 资产　　B. 负债　　C. 所有者权益
D. 收入　　E. 费用
4. 下列试算平衡公式表述中，正确的有（　　）。
A. 资产类账户借方发生额合计=资产类账户贷方发生额合计
B. 负债类账户借方发生额合计=负债类账户贷方发生额合计
C. 全部账户的借方期初余额合计=全部账户的贷方期初余额合计
D. 全部账户本期借方发生额合计=全部账户本期贷方发生额合计

E．每个账户的借方发生额=每个账户的贷方发生额

三、判断题

1．在借贷记账法下，所有者权益类账户和费用类账户的结构截然相反。 （ ）

2．试算平衡时可以肯定账户记录或计算一定正确。 （ ）

3．收入类账户与费用类账户一般没有期末余额，但有期初余额。 （ ）

4．借贷记账法的记账符号表示经济业务的增减变动，也表示记账方向。 （ ）

5．会计分录中账户之间的相互依存关系称为账户的对应关系。 （ ）

四、业务题

1．风发公司12月31日有关账户的部分资料如下表所示（单位：元）。

账户名称	期初余额		本期发生额		期末余额	
	借方	贷方	借方	贷方	借方	贷方
固定资产	800 000		440 000	20 000	（ ）	
银行存款	120 000		（ ）	160 000	180 000	
应付账款		160 000	140 000	120 000		（ ）
短期借款		90 000	（ ）	20 000		60 000
应收账款	（ ）		60 000	100 000	40 000	
实收资本		700 000	0	（ ）		1 240 000
盈余公积		50 000	50 000	0		（ ）

根据账户结构，计算并填列表中括号内的数字。

2．某企业20××年3月初的期初余额如下表所示（单位：元）。

账户名称	金额	账户名称	金额
固定资产	418 000	短期借款	25 000
原材料	110 000	应付账款	90 600
应收账款	38 000	实收资本	460 000
库存现金	1 000		
银行存款	8 600		
合计	575 600	合计	575 600

3月份发生的部分经济业务如下。

（1）2日，收到客户欠款35 000元，存入银行。

（2）8日，从银行提取现金2 000元。

（3）22日，用银行存款偿还欠款9 000元。

（4）23日，用银行存款8 000元偿还短期借款。

（5）28日，购入原材料12 000元，已验收入库，款项尚未支付（不考虑增值税）。

要求：（1）根据上述资料，开设有关账户，并登记期初余额。

（2）编制会计分录。

（3）根据会计分录登记有关账户，并计算本期发生额与期末余额。

（4）编制试算平衡表。

3．明华工厂20××年12月初“原材料”和“应付账款”账户期初余额如下表所示。

账户名称		数量	单价	金额（元）	
总账	明细账			总账	明细账
原材料				123 000（借）	
	A材料	20吨	2 400元/吨		48 000（借）
	B材料	2 500件	30元/件		75 000（借）
应付账款				60 000（贷）	
	华兴工厂				40 000（贷）
	通达工厂				20 000（贷）

12月份发生的部分经济业务如下。

（1）3日，用银行存款还上月欠华兴工厂货款40 000元。

（2）5日，从华兴工厂购入A材料30吨，每吨2 400元，计72 000元。原材料验收入库，货款以银行存款付讫。

（3）12日，用银行存款归还前欠通达工厂货款20 000元。

（4）20日，从通达工厂购入B材料7 500件，每件30元，计225 000元。原材料验收入库，货款尚未支付。

（5）30日，仓库发出A材料40吨，单价2 400元，计96 000元；B材料6 000件，每件30元，计180 000元。

要求：根据上述资料，进行平行登记。

第五章　企业主要经济业务核算

学习目标与要求

本章以制造企业为例，系统地说明了如何运用借贷记账法设置账户，运用复式记账方法进行账务处理、记载经济业务，目的是使学生通过实践提高应用会计核算方法的能力。制造企业的一般经济业务核算包括资金筹集、供应、生产、销售、投资、财务成果及分配六个阶段，学生应熟练掌握上述经济业务核算内容及设置相关账户与账务处理过程。

第一节　企业主要经济业务核算概述

企业是一种具有不同规模的经济组织，这个组织的存在主要是通过对各种资源的组合和处理向其他单位和个人（企业的顾客）提供需要的产品或服务。企业能够将最原始的投入转变为顾客需要的商品或服务，这个转变不仅需要自然资源、人力资源，而且还需要资本。作为一种重要的企业组织类型，现代企业制度下的产品制造企业，不仅要将原始的材料转换成可以销售给单位或个人消费的商品，而且要在市场经济的竞争中不断谋求发展，对其拥有的资、财实现保值增值。这就决定并要求企业的管理将是复杂且应该是完善的。对过去的交易、事项的结果和计划中的未来经营的可能效果进行分析、评价，是管理职能的精粹所在，而企业的会计部门作为一个为其内、外部利益相关者提供信息的职能部门，通过对企业经营过程进行核算，必定有助于这个过程的完善。

制造企业是社会主义市场经济中从事生产经营活动的经济实体，它的基本经营活动是生产能够被市场所接受的产品，以满足社会各方面的需要。

制造企业的一般经济活动包括：资金筹集、供应、生产、销售、投资、财务成果及分配等业务，其表现形式为资金形态，通常经历货币资金→储备资金（固定资金）→生产资金→成品资金→货币资金的循环过程。会计核算运用借贷记账法，记载整个资金循环过程。

每个企业均是以营利为基本目的的经济组织，企业要进行营利活动，就必须拥有一定的资金。制造企业进行生产经营活动必须筹集到相应的资金，来满足生产经营活动的需要。

所筹集的资金一方面用于购买设备，建造厂房，购买各种原、辅材料等，为生产经营活动创造必要的条件；另一方面支付企业经营管理等方面的必要开支，以保证生产经营活动的正常进行。制造企业的生产经营活动从筹集资金开始，主要围绕供应、生产、销售三个阶段进行。

在供应阶段，为保证生产需要，以货币资金购买各种材料，支付购入材料的货款和采购费用，使企业的货币资金转化为储备资金。

生产过程是工业企业生产经营过程的中心环节。在生产过程中，生产工人借助于劳动资料对劳动对象进行加工，生产出产品。生产过程既是产品制造过程，又是物化劳动和活劳动的消耗过程。物化劳动消耗主要反映了劳动资料和劳动对象的耗费，即厂房、机器设备等劳动手段在参加生产过程所发生的折旧费用和各种材料的消耗费用；活劳动消耗主要是指劳动力的消费，即支付给生产工人及其他职工的工资费用。在生产过程中，物质的形态先形成在产品，又逐渐转化为产成品；资金的形态随着实物的变化，逐渐由货币资金、储备资金转化为生产资金，进而转化为成品资金。

在销售过程中，企业将生产的产品对外销售，同时收回货款。为保证销售收入的顺利实现，还要发生销售费用。产品销售以后，要根据国家税法的规定缴纳税金，作为国家的财政收入。在这个过程中，企业的成品资金又转化为货币资金。

企业的生产经营过程是连续不断进行的，其经营资本也是沿着供应、生产、销售三个阶段不断转化、不断循环的，是实现资本增值的过程。企业从所获得的销售收入中，补偿各种生产耗费后，计算出利润或亏损。企业实现的利润要按国家的规定进行分配，一部分以所得税形式上缴国家，一部分留归企业形成盈余公积，另一部分以股利的形式分配给企业的投资者。

第二节 资金筹资业务的核算

筹资业务是企业经营的起点，也是企业生产经营的必要前提。筹资业务是企业根据其生产经营活动对资金的需要，通过一定的渠道，采取适当的方式，获取所需要资金的一种经济活动。制造企业的资金包括权益资金和负债资金，其来源主要是投资者投入的资本和从银行以及其他金融机构借入的资金或通过发行债券两方面获得的。在会计上，一般将债权人的要求权和投资者的要求权统称为权益。但是，这两种权益又存在着本质的不同，企业的所有者权益与投资者的投资行为相伴而生，对企业的经营活动承担着最终风险，同时也享有最终的权益。

一、投资者投入资本的核算

投资者投入资本是指投资者向企业投入的资本，是企业实际收到的资本。投资者向企业投入的资本，在一般情况下无须偿还，并可以长期周转使用。投资者可以是国家、企业法人，也可以是个人。投入资本的形式包括现金、银行存款等货币资金，原材料、固定资产等实物资产，以及商标权、土地使用权等无形资产。企业接受投资业务需要设置相应的账户来进行核算。

实收资本是指投资者实际投入企业的资本总额。实收资本是企业所有者权益的主体，所有者投入资本数额的多少及其在实收资本中所占的比重决定了各所有者的权益大小，同时也是所有者将来取得股利分红的重要依据。

为了反映企业实收资本的增减变动情况，应设置“实收资本”“资本公积”“银行存款”“固定资产”“累计折旧”“无形资产”等账户。

（一）账户设置

1.“实收资本”账户

“实收资本”账户是用来核算和监督企业投资人投入资本的增加、减少及结存情况而开设的账户，属于所有者权益类账户。该账户用来核算企业投资者实际投入的资本。账户的贷方反映企业收到的投资者投入企业的各项资产的价值以及资本公积、盈余公积转赠的资本金；借方反映企业按法定程序报经批准减少的注册资本的数额。为了保护公司债权人的利益，法律一般不允许公司的投资人或股东在公司经营期间抽回其投资额，所以其借方一般不进行核算。但在公司解散或减资时，要核算投资人抽回的投资额；期末余额在贷方，反映投资者实际投入的资本数额。

在股份有限公司，公司注册资本被划分为等额股份，股份凭证即股票的持有者就是公司的投资者。因此，在股份有限公司，投资者投入资本通过“股本”账户核算。该账户按投资人名称开设明细账，进行明细分类核算。

2.“资本公积”账户

“资本公积”账户是指用来核算和监督企业发行股票的溢价额、法定资产重估增值以及接受捐赠等情况形成的所有者权益增加、减少以及结存而开设的账户，属于所有者权益类账户。其贷方反映投资者投入资本超过其在企业注册资本中应享有的份额的溢价、其他原因引起的资本公积的增加额以及股份有限公司溢价发行股票取得的收入大于股票面值的差额；借方反映企业按法定程序将资本公积转增资本或其他原因引起的资本公积的减少额；期末余额在贷方，表示企业期末资本公积的结余数。

3.“银行存款”账户

“银行存款”账户核算企业存放银行款项的收、付和结存情况，属于资产类账户。其借方反映企业银行存款的增加数；贷方反映企业银行存款的减少数；期末余额在借方，表示企业期末银行存款的实有数额。

4.“固定资产”账户

“固定资产”账户是资产类账户，该账户用来核算企业固定资产原始价值的增减变动及其结果。账户借方登记固定资产原始价值的增加，包括固定资产的投入、构建、接受捐赠、融资租入和盘盈等；贷方登记企业固定资产原始价值的减少，包括投资转出、报废损毁、出售以及盘亏等；期末余额在借方，反映企业现有固定资产的原始价值。应按照固定资产的种类设置固定资产明细账，进行明细分类核算。

5.“无形资产”账户

“无形资产”账户核算企业持有的无形资产成本，包括专利权、专有技术、商标权、著作权、土地使用权等，属于资产类账户。其借方登记企业购入、自行开发或通过其他途径取得的无形资产成本；贷方登记企业处置的无形资产的成本；期末余额在借方，表示企业持有的无形资产的成本。当企业收到无形资产投资时，按照投资合同或协议约定确定投资价值，借记“无形资产”账户，贷记“实收资本”账户。本账户可以按无形资产项目进行明细核算。

（二）账务处理

长城公司 20××年发生的经济业务如下：

【例 5-1】1 月 1 日，收到投资者投入企业 50 万元，存入银行。该投资者投入资本在长城公司注册资本中享有的份额一致。

借：银行存款　　500 000

　贷：实收资本　　500 000

【例 5-2】1 月 2 日，以每股 1.20 元价格发行面值 1 元的普通股 1 000 000 股，款已收银行。

借：银行存款　　1 200 000

　贷：股本　　1 000 000

　　　资本公积　　200 000

【例 5-3】1 月 3 日，接受外单位投入的全新设备一台，价值 250 000 元。

借：固定资产　　250 000

　贷：实收资本　　250 000

【例 5-4】1 月 4 日，接受其他单位的专利权的投资，投资各方确认的价值为 50 000 元。

借：无形资产　　50 000

　贷：实收资本　　50 000

二、从债权人借入资金的核算

企业向债权人筹集资金，可以采取从银行或其他金融机构等借入款项的方式，也可以采取向债权人发行公司债券的方式。在经营过程中，企业还可以通过赊购货物、推迟付款等方式，间接借入资金。企业从外部借入资金的期限可长可短，借款的方式多种多样。借款取得的资金不能无限期使用，应按照事先约定的时间和方式支付利息、偿还本金。为了反映从债权人借入资金的核算内容，反映企业借入资金的增减变动情况，企业应设置“短期借款”“长期借款”“应付债券”“应付利息”“财务费用”等账户。

（一）账户设置

1.“短期借款”账户

为了满足企业短期资金流转需要，企业需要从银行借入一年以内偿还的短期借款，并按期支付一定的利息，借款到期时归还本息。因为银行规定借款利息定期支付，所以企业一般按月预提利息费用计入当期财务费用，按期支付利息。

"短期借款"账户属于负债类账户。企业取得短期借款时，表明短期债务增加，应记入"短期借款"账户贷方；企业归还借款时，表明短期债务减少，应借记本账户；期末余额在贷方，表示尚未归还的短期借款。该账户应按债权人设置明细账，或按借款种类进行明细分类核算。

2."长期借款"账户

长期借款是指企业从银行等金融机构借入的偿还期在一年以上的各种款项。为了总括地反映和核算企业长期借款的借入、应计利息和归还本息的情况，应设置"长期借款"账户。"长期借款"账户核算企业从银行或其他金融机构借入的期限在1年以上（不含1年）的各项借款，该账户属于负债类账户。贷方登记借入的长期借款以及按期计算但尚未支付的借款利息；借方登记长期借款及利息的偿还情况；期末余额在贷方，表示尚未归还的长期借款及利息。本账户应按贷款单位设置明细账，并按贷款种类进行明细核算。

3."应付债券"账户

"应付债券"账户是负债类账户。该账户核算企业为筹集长期资金而实际发行的债券及应付的利息。账户的贷方登记发行债券的面值、债券溢价；借方登记实际归还的债券本息、债券折价等；期末余额在贷方，反映企业尚未偿还的本金和利息。该账户按债券种类设置明细账，进行明细分类核算。

4."应付利息"账户

"应付利息"账户核算企业因借入款项而按约定应支付的利息。其贷方反映企业按照合同约定利率计算的应付未付的利息；借方反映企业实际支付的利息；期末余额一般在贷方，反映企业应付未付的利息。本账户可按债权人进行明细核算。

5."财务费用"账户

财务费用是指企业为筹措生产经营所需资金而发生的费用，包括利息支出（减利息收入）、汇兑损失（减汇兑收益）以及相关的手续费等。

"财务费用"账户属于损益类账户。其借方登记企业为筹集资金而发生的利息支出、汇兑损失等；贷方登记发生的应冲减财务费用的利息收入、汇兑收益以及期末结转到"本年利润"账户的财务费用净额；期末余额应转入"本年利润"账户，与企业经营取得的收入相配比，结转后本账户没有余额。

企业为购建固定资产所发生的长期借款利息费用，在固定资产尚未完工交付使用之前发生的，应计入有关固定资产的购建成本，不在本账户核算。"财务费用"账户应按费用项目设置明细账户，进行明细分类核算。

（二）账务处理

【例5-5】1月1日，由于生产经营需要，向银行申请半年期的短期借款1 000 000元，此项借款已存入企业在银行开设的账户中，银行借款的年利率为12%，6月30日到期归还本金并支付6个月利息。

借：银行存款　　　　　　　　　　　　1 000 000

　贷：短期借款　　　　　　　　　　　　　　1 000 000

【例 5-6】1～6 月，每月月末确认此笔短期借款的应付利息。

借：财务费用　　10 000

　贷：应付利息　　10 000

【例 5-7】7 月 1 日，此笔短期借款到期，归还本金并支付 6 个月利息。

借：短期借款　　1 000 000

　　应付利息　　60 000

　贷：银行存款　　1 060 000

【例 5-8】1 月 1 日，从银行贷款 600 000 元，期限为 2 年，年利率为 18%，每半年付息一次，到期还本。

借：银行存款　　600 000

　贷：长期借款　　600 000

【例 5-9】1～5 月以及 7～11 月，每月月末确认 1 月的长期借款的应付利息。

借：财务费用　　9 000

　贷：应付利息　　9 000

【例 5-10】6 月末和 12 月末，分别用银行存款支付 1 月长期借款的每半年应付的利息。

借：应付利息　　45 000

　　财务费用　　9 000

　贷：银行存款　　54 000

【例 5-11】5 日发行债券，债券面值为 1 000 000 元，期限为 5 年，票面利率为 8%，市场利率为 8%，债券按面值发行，到期一次还本付息。

借：银行存款　　1 000 000

　贷：应付债券　　1 000 000

第三节　供应业务的核算与材料采购成本的核算

资金在企业经营过程中的不同阶段，其运动的方式和表现形式是不同的，所以核算的内容也就不同。在供应过程中，企业用货币资金购买机器设备等劳动资料形成固定资产，购买原材料等劳动对象形成储备资金，为生产产品做好物资上的准备，货币资金分别转化为固定资产形态和储备资金形态。因此，供应过程业务的核算可以分为固定资产购置业务的核算和材料采购业务的核算。

一、固定资产购置业务的核算

固定资产是指企业为生产产品、提供劳务、出租或经营管理而持有的，使用年限超过一个会计年度的房屋、建筑物、机器、机械、运输工具以及其他与生产、经营有关的设备、工具等。从固定资产的定义中可以看出，固定资产是同时具有下列两个特征的有形资产：① 为生产商品、提供劳务、出租或经营管理而持有；② 使用寿命超过一个会计年度。

《企业会计准则第 4 号——固定资产》中规定，固定资产应当按照成本计算。固定资产取得时的实际成本是指企业购建固定资产达到预定可使用状态前发生的一切合理的、必要的支出。对购入的设备等固定资产，应按发生的实际支出确认入账价值，包括买价、运输费、包装费、安装成本等；对建造的固定资产已达到预定可使用状态（不管是否办理竣工决算），即可按估计价值入账，包括人工、材料、机械等成本。2009 年施行的《中华人民共和国增值税暂行条例》规定企业在计算应交增值税时，允许扣除购入机器设备所包含的增值税，但与企业技术更新无关的，不得予以扣除。

（一）账户设置

1.“固定资产”账户

“固定资产”账户属于资产类账户，用于核算企业所持有固定资产的原价增减变动及其结存情况。该账户的借方登记企业增加固定资产的原始价值；贷方登记企业减少固定资产的原始价值；期末借方余额表示企业现有固定资产的原始价值。该账户按固定资产类别和项目进行明细核算。

2.“在建工程”账户

“在建工程”账户属于资产类账户，用于核算企业基建、更新改造等在建工程发生的支出，包括固定资产安装工程、新建工程、改扩建工程、大修理工程等所发生的实际支出。该账户的借方登记企业某项工程所发生的实际成本；贷方登记企业工程完工并交付使用的固定资产的实际成本；期末借方余额表示企业尚未完工工程的实际成本。该账户应按工程内容设置明细分类账进行明细核算。

企业购入固定资产时，对于不需要安装，也就是购买之后当即达到预定可使用状态的固定资产，可以立即形成企业的固定资产。如购入的固定资产需要安装，就要先通过“在建工程”账户核算，待工程达到可使用状态，才能从“在建工程”账户转入“固定资产”账户。

（二）账务处理

【例 5-12】长城公司购入一台不需要安装的设备，该设备买价 125 000 元，增值税 20 000 元，运杂费 1 000 元，货款已付，设备当即投入使用。

该项经济业务发生，一方面使公司的固定资产增加 126 000（125 000+1 000）元，增值税进项税增加 20 000 元；另一方面使银行存款减少 146 000 元。固定资产增加属于资产的增加，应记“固定资产”账户的借方；增值税进项税增加属于负债的减少，应记“应交税费——应交增值税”的借方；银行存款减少属于资产的减少，应记“银行存款”账户的贷方。编制会计分录如下：

借：固定资产　　126 000
　　应交税费——应交增值税（进项税额）　　20 000
　贷：银行存款　　146 000

【例 5-13】长城公司购入一台需要安装的设备，该设备买价 480 000 元，增值税 76 800 元，运杂费 3 000 元，货款已付，设备投入安装。

这是一台需要安装的设备，在设备达到预定可使用状态前发生的一切合理的、必要的支出应先在“在建工程”账户核算。该项经济业务的发生，一方面使公司的在建工程成本增加 483 000 元（即 480 000+3 000），增值税进项税增加 76 800 元；另一方面使银行存款减少 559 800 元。在建工程成本增加属于资产的增加，应记“在建工程”账户的借方；增值税进项税增加属于负债的减少，应记“应交税费——应交增值税”的借方；银行存款减少属于资产的减少，应记“银行存款”账户的贷方。编制会计分录如下：

借：在建工程　483 000
　　应交税费——应交增值税（进项税额）　76 800
　贷：银行存款　559 800

【例 5-14】上述自行安装设备发生各种费用：耗用原材料 12 000 元，需支付安装工人工资 22 800 元。

该项经济业务发生，一方面使公司的在建工程成本增加 34 800 元（即 12 000+22 800)；另一方面使原材料减少 12 000 元，应付职工薪酬增加 22 800 元。在建工程成本增加属于资产的增加，应记“在建工程”账户的借方；原材料减少属于资产的减少，应记“原材料”账户的贷方；应付职工薪酬增加属于负债的增加，应记“应付职工薪酬”账户的贷方。编制会计分录如下：

借：在建工程　34 800
　贷：原材料　12 000
　　　应付职工薪酬　22 800

【例 5-15】上述需要安装设备安装完毕，达到预定可使用状态，已交付使用，结转工程成本。

工程完工并交付使用，可以将工程的全部支出从“在建工程”账户转入“固定资产”账户。该项经济业务发生，一方面使公司的固定资产增加 517 800 元（即 483 000+34 800)，另一方面使在建工程成本减少 517 800 元。固定资产增加属于资产的增加，应记“固定资产”账户的借方；在建工程成本的结转属于资产的减少，应记“在建工程”账户的贷方。编制会计分录如下：

借：固定资产　517 800
　贷：在建工程　517 800

二、材料采购业务的核算和材料采购成本的计算

供应业务是指为生产经营活动所做的物质上的准备，其主要内容包括供应劳动资料（固定资产）和劳动对象（材料）。下面主要介绍原材料的供应。企业动用货币资金买回各种原材料，形成储备以供生产之需，将来随着生产的耗费会不断补充各种材料。企业应严格按照企业的生产采购计划采购材料，以免造成超储积压和生产用料不足，给生产经营者造成不良后果。企业从供货单位购买材料，应当按经济合同和结算制度的规定，及时支付货款和各项采购费用，货款加采购费用，就构成了材料的实际采购成本。其中，材料货款是指购买材料的买价；采购费用是指为采购材料发生的费用支出，包括运杂费、运输途中的合

理损耗、入库前的整理挑选费用等。在供应业务中，支付材料的货款，归集和分配采购费用，确定材料的实际采购成本，以及与供货单位发生的货款结算业务，这些都是供应业务核算的内容。

(一) 账户设置

1. "在途物资" 账户

"在途物资" 账户核算企业已经购买但尚未入库的材料物资的采购成本，属于资产类账户。该账户借方登记购入物资的采购成本，包括买价、运输费、装卸费、保险费、包装费、仓储费、运输途中的合理损耗等采购费用，以及购入物资应负担的税金等其他费用。在计算物资采购成本中，凡是能直接计入的各种物资直接费用，应直接计入各种物资的采购成本；凡是不能直接计入的各种间接费用，应按一定标准在有关物资之间分配，分配标准一般按物资重量或买价的比例计算。

该账户贷方登记已验收入库材料、商品的实际成本，余额在借方，表示尚未结转的材料、商品的成本。为了具体反映每一种材料的买价和采购费用，"在途物资" 账户应按购入材料的品种、类别设置明细账，进行明细分类核算。

2. "原材料" 账户

"原材料" 账户属于资产类账户，是指用来核算企业库存材料的收入、发出和结存情况的账户。其借方反映验收入库材料的实际采购成本，贷方反映发出材料的实际成本。期末余额在借方，表示结存材料的实际成本。企业购入并已验收入库的原材料，按其成本借记本账户，贷记 "在途物资" 账户；企业生产经营领用原材料，按其用途，借记 "生产成本" "制造费用" "管理费用" 等账户，贷记本账户。

企业应按照材料的类别、品种、规格分别设置材料明细账，进行明细分类核算，以具体地核算和监督各种库存材料的增减变动情况。材料的明细分类核算，既要采用货币计量，又要采用实物计量，从金额和数量两方面对材料进行双重核算和监督，以加强对材料的管理。

3. "库存现金" 账户

"库存现金" 账户用于反映企业库存现金的收、付和结存情况，属于资产类账户。其借方登记实际收到的金额；贷方登记实际支出的金额；期末借方余额表示库存现金的实际数额。

4. "应付账款" 账户

"应付账款" 账户属于负债类账户，是指用来核算企业因购买材料、物资和接受劳务供应等与供应单位发生的债务结算关系的账户。"应付账款" 是指企业以商业信用的方式筹集的借入资金。该账户贷方反映购入材料、物资和劳务等尚未支付的账款；借方反映已偿付的应付账款；期末贷方余额，表示尚欠供应单位的账款。该账户应按供货单位名称设置明细账，进行明细分类核算。

5. "预付账款" 账户

"预付账款" 账户是指用来反映和监督企业向供货单位支付的预付购买材料定金等款项而与供货单位发生的债权结算情况的账户。其借方反映预付给供货单位的购货款；贷方反映收到所购的物资后结算的货款；期末如有余额一般在借方，表示尚未结算的预付款项。该账户应按供货单位名称设置明细账，进行明细分类核算。

6. “应付票据”账户

“应付票据”账户是负债类账户，核算企业购买材料、商品和接受劳务供应等而开出、承兑的商业汇票，包括银行承兑汇票和商业承兑汇票。账户的贷方登记企业开出、承兑商业汇票或以承兑商业汇票抵付货款、应付账款等；账户的借方登记票据到期支付票据本息；期末余额在贷方，反映企业持有尚未到期的应付票据本息。

7. “应交税费”账户

“应交税费”账户是负债类账户，设置和运用这个账户，是为了核算和监督企业应交纳的各种税费，如消费税、增值税、营业税、城市维护建设税、房产税、车船税、土地使用税、所得税、教育费附加、矿产资源补偿费等。该账户贷方登记应交纳的各种税费，借方登记实际交纳的各种税费。期末余额在贷方，反映企业尚未交纳的各种税费；期末余额在借方，反映多交纳或尚未抵扣的税费。该账户应按税费项目设置明细账。企业交纳的印花税、耕地占用税以及其他不需要预计应交数的税费，不在该账户核算。

关于增值税的问题，需要做以下说明：凡在中国境内销售货物或提供劳务以及进口货物的单位和个人，应当交纳增值税。为此，在“应交税费”账户下设置“应交增值税”明细账户，借方发生额反映企业购进货物及进口货物支付或负担的增值税进项税额，贷方发生额反映企业销售货物或提供应税劳务应交纳的增值税销项税额，转出已支付或应分担的增值税。纳税人从销项税额中抵扣进项税额后即是应向税务部门交纳的增值税。期末借方余额，反映多上交或尚未抵扣的增值税，期末贷方余额，反映企业尚未交纳的增值税。企业应交纳的增值税计算如下：

$$应交增值税=销项税额-进项税额$$

增值税纳税人分为一般纳税人和小规模纳税人。一般纳税人的增值税税率为 17%和13%，小规模纳税人按销售额征收（征收率为 3%）的增值税，不抵扣进项税额。

（二）账务处理

【例 5-16】2 月 1 日，用银行存款向阳光公司预付货款 20 000 元，用于购买丙材料。

借：预付账款——阳光公司　　20 000

　贷：银行存款　　20 000

【例 5-17】2 月 7 日，从旭日公司购进甲材料 100t，每吨 500 元，计价款 50 000 元，增值税进项税额 8 000（50 000×16%）元，另支付采购过程中的运费 2 020 元，材料尚未验收入库，所有款项均以银行存款支付。

该项经济业务发生，一方面使甲材料的采购成本（买价+运杂费）增加 52 020 元，增值税进项税额增加 8 000 元；另一方面使银行存款减少 60 020 元。材料采购成本增加属于资产的增加，应记“在途物资”账户的借方；进项税额增加属于负债的减少，应记“应交税费——应交增值税”的借方；银行存款减少属于资产的减少，应记“银行存款”账户的贷方。编制会计分录如下：

借：在途物资——甲材料　　52 020
　　应交税费——应交增值税（进项税额）　　8 000
　贷：银行存款　　60 020

【例 5-18】2 月 9 日，从金华公司购入乙材料 20 t，每吨 1 000 元，计价款 20 000 元，增值税进项税额 3 200 元，材料尚未运达企业，款项尚未支付。

该项经济业务发生，一方面使乙材料的采购成本增加 20 000 元，增值税进项税额增加 3 200 元，另一方面使应付账款增加 23 200 元。材料采购成本增加属于资产的增加，应记“在途物资”账户的借方；进项税额增加属于负债的减少，应记“应交税费——应交增值税”的借方；应付账款增加属于负债的增加，应记“应付账款”账户的贷方。编制会计分录如下：

借：在途物资——乙材料　　20 000
　　应交税费——应交增值税（进项税额）　　3 200
　贷：应付账款——金华公司　　23 200

【例 5-19】2 月 10 日，以现金支付上一项购入乙材料的装卸搬运费 260 元。

该项经济业务发生，一方面使乙材料的采购成本增加 260 元，另一方面使企业库存现金减少了 260 元。编制会计分录如下：

借：在途物资——乙材料　　260
　贷：库存现金　　260

【例 5-20】2 月 11 日，向民丰公司购进甲材料 40 t，每吨 450 元，计价款 18 000 元；购进乙材料 10 t，每吨 980 元，计价款 9 800 元；增值税进项税额 4 448 元，材料尚未入库，企业向民丰公司开出一张期限为 3 个月，金额为 32 248 元的商业汇票。

该项经济业务发生，一方面使甲、乙材料的采购成本增加 27 800 元，增值税进项税额增加 4 448 元，另一方面使企业的应付票据增加 32 248 元。编制会计分录如下:

借：在途物资——甲材料　　18 000
　　　　　　——乙材料　　9 800
　　应交税费——应交增值税（进项税额）　　4 448
　贷：应付票据——民丰公司　　32 248

【例 5-21】2 月 12 日，以银行存款支付上项购入甲、乙材料运输费 1 200 元。

一批购入的材料品种在两种以上时，对所发生的共同性采购费用，应选择恰当的分配标准，在该批材料各品种间进行合理分配，以便确定各种材料的实际采购费用。分配时一般按照三个步骤进行：第一，选择恰当分配标准，就材料而言，分配标准有重量、体积、数量、价值等；第二，计算分配率（分配率等于共同费用与分配标准的比值）；第三，确定各材料应分配的费用数额。假定该公司选择以材料重量为分配标准。计算如下：

分配率=运输费/甲、乙材料重量=1 200/（40+10）=24（元/t）

甲材料应负担的运输费=40×24=960（元）

乙材料应负担的运输费=10×24=240（元）

也就是说，该项经济业务的发生，一方面使甲材料的采购费用增加 960 元，乙材料的采购费用增加 240 元，另一方面使企业银行存款减少 1 200 元。编制会计分录如下：

借：在途物资——甲材料　　960
　　　　　　——乙材料　　240
　贷：银行存款　　1 200

【例 5-22】2 月 15 日，以银行存款偿还前欠金华公司货款和税款 23 200 元。

该项经济业务的发生，使银行存款和应付账款同时减少 23 200 元，编制会计分录如下：

借：应付账款——金华公司　　23 200
　贷：银行存款　　23 200

【例 5-23】结转本月购进已入库材料的采购成本。

结转实际采购成本就是将通过“在途物资”账户归集的各种材料的采购成本结转入“原材料”账户。结转材料实际采购成本之前，应先计算出各种材料的采购成本，以便于结转。

甲材料实际采购成本=68 000+2 980=70 980（元）

乙材料实际采购成本=29 800+500=30 300（元）

当月购入材料的实际采购成本确定后，就可以将其从“在途物资”账户的贷方转入“原材料”账户的借方。编制会计分录如下：

借：原材料——甲材料　　70 980
　　　　　——乙材料　　30 300
　贷：在途物资——甲材料　　70 980
　　　　　　　——乙材料　　30 300

第四节　生产业务的核算与产品生产成本的核算

生产业务是制造企业的核心经济业务。产品的生产过程是指从原材料投入生产到产成品完工入库的过程，是制造企业经营活动的主要过程。在生产过程中，企业一方面制造出社会所需要的产品，另一方面为进行产品的制造会发生各种耗费，包括物化劳动和活劳动的耗费，如原材料的投入、工人工资的支付、固定资产价值的损耗以及为制造产成品而耗费的水电费、保险费等其他费用。这些在生产过程中的耗费，在产品完工之前，构成产品的生产成本，以半成品和在产品的形式存在；产品完工验收入库后，就构成产品的生产成本。所以，生产过程中的主要核算任务是：按一定的成本计算对象，归集生产过程中的各种耗费，以确定完工产品的生产成本。

生产过程中发生的各种耗费，统称为费用。费用按是否计入产品生产成本，分为生产费用和期间费用。生产费用又按其计入产品成本的方式不同，分为直接费用和间接费用。期间费用包括管理费用、财务费用和销售费用。制造企业生产业务的各种耗费如图 5-1 所示。

- 费用
  - 生产费用
    - 直接费用
      - 直接材料
      - 直接人工
      - 其他直接支出
    - 间接费用——制造费用
  - 期间费用
    - 管理费用
    - 财务费用
    - 销售费用

图 5-1　制造企业生产业务的各种耗费

为了按照用途归集各项开支，划清有关成本的界限，正确计算产品成本，应设置“生产成本”“制造费用”“管理费用”“应付职工薪酬”“库存商品”等账户。

一、账户设置

1.“生产成本”账户

“生产成本”账户属于成本类账户，是指用来核算企业生产经营活动中所发生的各项应记入产品成本的费用支出的账户，如生产各种产成品、自制半成品、提供劳务、自制材料、自制工具以及自制设备等所发生的各项成本。其借方反映企业生产过程中为生产产品发生的各项生产费用（包括直接材料、直接人工、其他直接支出、制造费用等）；贷方反映转入“库存商品”账户借方的完工产品的成本。企业为生产产品发生的各项直接生产费用，借记本账户，贷记“库存现金”“银行存款”“原材料”“应付职工薪酬”等账户。其他间接费用，先在“制造费用”账户汇集，月度终了，再按一定的分配标准，分配计入有关产品成本中，借记本账户，贷记“制造费用”账户。企业已经生产完成并已验收入库的产成品，应在月末按实际成本转账，借记“库存商品”账户，贷记本账户。

为了具体地反映企业生产过程中生产费用发生的详细情况，计算出各成本计算对象的生产成本，应按成本计算对象设置明细分类账，进行明细核算；也可以根据需要，在“生产成本”账户下，开设“基本生产”和“辅助生产”两个明细分类账户进行明细核算。

2.“制造费用”账户

“制造费用”账户属于成本类账户，用来核算各生产车间为生产产品和提供劳务而发生的各项间接费用。其借方反映按一定方法归集的各项间接费用，如车间行政管理人员工资，车间各种行政费用等；贷方反映已用来分配计入有关产品成本中去的制造费用，本账户月末一般应无余额。当生产车间发生间接费用时，借记本账户，贷记“原材料”“应付职工薪酬”“累计折旧”“银行存款”等账户；当期末分配制造费用时，借记“生产成本”账户，贷记本账户。为了具体地反映制造费用的支出情况，考核制造费用预算的执行情况，制造费用还需要按照车间、部门进行明细分类核算。

3.“管理费用”账户

管理费用是指企业为组织和管理生产经营活动而发生的费用，包括企业的董事会和行政管理部门在企业的经营管理中发生的或者应由企业统一负担的公司经费，包括行政管理部门职工的工资、福利费、固定资产的折旧费、修理费、物料消耗、低值易耗品摊销、办公费、差旅费、工会经费、待业保险费、劳动保险费、董事会费、咨询费、诉讼费、业务招待费、房产税、车船使用税、印花税、无形资产摊销、职工教育经费、财产保险费用等。

“管理费用”账户属于损益类中费用类账户。其借方反映企业发生的各项管理费用，期末该期间归集的管理费用全部从本账户的贷方结转至“本年利润”账户的借方，期末结转后该账户一般无余额。企业行政管理部门发生各种管理费用时，借记本账户，贷记“银行存款”“应付职工薪酬”“累计折旧”“原材料”等账户。

4.“应付职工薪酬”账户

“应付职工薪酬”账户属于负债类账户，用来核算企业按照规定应付给职工的各种薪酬。在各种薪酬内的各种工资、奖金、津贴等，不论是否在当月支付，都应通过本账户核算。其贷方反映应分配的各种薪酬总额，借方反映实际支付的各种薪酬总额。一般情况下，期末无余额。当企业支付各种薪酬时，借记本账户，贷记“库存现金”或“银行存款”账户；月终，将本月应发放的各种薪酬进行分配，其中：生产、管理部门人员的各种薪酬，借记“生产成本”“制造费用”“管理费用”等账户，贷记本账户；采购、销售部门人员的工资，借记“销售费用”账户，贷记本账户。为了具体反映各种薪酬的发放及分配情况，应设置“应付职工薪酬明细账”、按照职工类别分设账页，按照薪酬的组成内容分设专栏，进行明细分类核算。

5.“库存商品”账户

“库存商品”账户属于资产类账户，是指用来核算生产完工入库商品的实际成本的账户。制造企业的库存商品主要是指产成品，包括库存的商品、已经发出但尚未实现销售的商品、存放在门市部准备出售的商品等。其借方反映生产完成验收入库的库存商品的实际成本，贷方反映售出库存商品的实际成本，期末借方金额，表示库存商品的实际成本。当产品生产完成验收入库时，按实际成本借记本账户，贷记“生产成本”账户；当结转已售产品的生产成本时，借记“主营业务成本”账户，贷记本账户。为了具体详细地反映库存产品入库、售出和结存的情况，应按产品的种类、名称、规格和存放地点设置明细分类账，进行明细分类核算。

6.“累计折旧”账户

固定资产是制造企业的主要劳动资料，它在使用过程中，始终保持其原有的实物形态，它的价值通过计提折旧方式，逐渐、部分地转入产品成本中。所谓固定资产折旧，就是固定资产在企业生产经营过程中由于使用而逐渐损耗的价值，它一般是根据月初固定资产的账面原价和规定的折旧率按月计提的。为了反映固定资产的损耗价值，需要设置和应用“累计折旧”账户。

“累计折旧”账户是“固定资产”账户的备抵账户。该账户的性质和“固定资产”账户相同，属于资产类账户；但它的账户结构和“固定资产”的账户结构相反。该账户核算和监督企业固定资产折旧的提取情况。账户的贷方登记按月计提的固定资产折旧额；借方登记因固定资产清理、出售、盘亏等而减少的固定资产折旧额；期末余额在贷方，表示已计提固定资产折旧的累计数额。

企业按月计提的固定资产折旧，按固定资产的使用部门，借记“制造费用”“管理费用”等账户，贷记本账户；当固定资产调出或报废时，借记本账户和“固定资产清理”，贷记“固定资产”账户。

二、账务处理

【例 5-24】3 月，仓库发出材料汇总表，如表 5-1 所示。

表 5-1 发出材料汇总表

用途		甲材料		乙材料		丙材料		合计
		数量（t）	金额（元）	数量（t）	金额（元）	数量（t）	金额（元）	
基本生产车间	A 产品	100	30 100	50	11 050			41 150
	B 产品	100	30 100	50	11 050			41 150
车间一般耗用						150	18 150	18 150
合计		200	60 200	100	22 100	150	18 150	100 450

借：生产成本——A 产品　　41 150
　　　　　——B 产品　　41 150
　　制造费用　　18 150
　贷：原材料——甲材料　　60 200
　　　　　——乙材料　　22 100
　　　　　——丙材料　　18 150

【例 5-25】3 月末，结算当月应付职工薪酬 55 000 元。其中：生产 A 产品人员薪酬 17 000 元，生产 B 产品人员薪酬 13 000 元，车间管理人员薪酬 10 000 元，行政管理部门人员薪酬 15 000 元。

借：生产成本——A 产品　　17 000
　　　　　——B 产品　　13 000
　　制造费用　　10 000
　　管理费用　　15 000
　贷：应付职工薪酬　　55 000

【例 5-26】3 月 20 日，生产车间管理人员以现金 500 元购买办公用品。

借：制造费用　　500
　贷：库存现金　　500

【例 5-27】3 月 31 日，计算提取车间固定资产折旧费用 5 000 元。

借：制造费用　　5 000
　贷：累计折旧　　5 000

【例 5-28】3 月生产车间发生设备日常修理维护费用 2 000 元，以银行存款支付。

设备日常修理维护费用，不满足资本化条件，不需要增加固定资产的成本，作为管理费用确认。

借：管理费用 2 000

贷：银行存款 2 000

【例 5-29】汇总 3 月发生的制造费用 33 650 元，以两种产品生产过程中耗费的原材料费用作为标准分配制造费用，并结转。

A 产品在生产过程中耗费的原材料费用为 41 150 元，B 产品在生产过程中耗费的原材料费用为 41 150 元。

分配率=33 650/（41 150+41 150）=0.41

A 产品应分配的制造费用=0.41×41 150=16 825（元）

B 产品应分配的制造费用=0.41×41 150=16 825（元）

借：生产成本——A 产品 16 825

——B 产品 16 825

贷：制造费用 33 650

注：产品完工验收入库时，编制会计分录如下：

借：库存商品

贷：生产成本

第五节 销售业务的核算

产品销售过程是制造企业生产经营活动的最后一个阶段，通过产品销售业务，企业将成品资金转化为货币资金，以保证企业再生产的资金需要。制造企业销售业务主要包括产品销售、材料销售、包装物出租和对外提供劳务等业务。其中，产品销售是销售阶段的主营业务。在销售过程中，企业要按国家有关价格政策，根据市场需求状况确定价格；同时，按照经济合同和规定的结算制度，组织销售，获取销售收入。月终，将本月取得的主营业务收入、其他业务收入转入“本年利润”账户的贷方，将本期主营业务成本、其他业务成本、销售费用、营业税金及附加转入“本年利润”账户的借方。为了将产品销售出去，在销售过程中还会发生诸如广告费、包装费、装卸费、运输费以及销售人员工资、奖金等销售费用，应作为期间费用，在营业利润中抵扣。

一、账户设置

1.“主营业务收入”账户

“主营业务收入”账户是损益类中的收入类账户。该账户用来核算企业销售商品、提供劳务以及让渡资产使用权等日常活动中形成的收入。账户的贷方登记企业本期实现的主营业务收入；借方登记企业本期发生的销售退回、销售折让等冲减的主营业务收入，以及期末结转到“本年利润”账户的主营业务收入净额。期末结转后该账户无余额，如有余额，表示尚未结转的销售收入。当企业确认本期实现的营业收入和劳务收入时，应按实际收到或应收的价款，借记“银行存款”“应收账款”“应收票据”等账户。该账户按主营业务收入的种类设置明细账，进行明细分类核算。

2.“主营业务成本”账户

“主营业务成本”账户是损益类中的费用类账户。该账户用来核算企业销售商品、提供劳务以及让渡资产使用权等日常活动中所发生的实际成本。账户的借方登记本期结转已销售产品的成本；贷方登记期末结转到“本年利润”账户的主营业务成本；期末结转后该账户无余额，如有余额，表示尚未结转的售出产品成本。该账户按主营业务成本的种类设置明细账，进行明细分类核算。

3.“其他业务收入”账户

“其他业务收入”账户属于损益类中的收入类账户，用来核算企业除销售商品、提供劳务以外的其他销售或其他业务收入，如材料销售、代购代销、包装物出租等收入。其贷方反映企业实现的其他业务收入；借方反映应转入“本年利润”账户贷方的其他业务收入。期末结转后，该账户应无余额。本账户应按其他业务的种类，如“材料销售”“包装物出租”等设置明细科目，进行明细核算。

4.“其他业务成本”账户

“其他业务成本”账户是损益类中的费用类账户，用来核算企业除主营业务活动以外其他销售或其他业务所发生的支出，如材料销售的成本、提供劳务等发生的相关成本、费用，以及相关的税金及附加、出租固定资产的折旧额等。本账户借方登记发生的其他业务成本，期末将本账户余额转入“本年利润”账户，结转后本账户没有余额。企业发生其他业务成本时，借记本账户，贷记“库存现金”“银行存款”等账户。企业月终结转销售材料的实际成本时，借记本账户，贷记“原材料”账户。

为了具体反映企业其他业务成本的情况，应按其他业务销售的种类，如“材料销售”等设置明细账，进行明细分类核算。

5.“销售费用”账户

“销售费用”账户核算企业销售商品、提供劳务过程中发生的费用，如运输费、装卸费、包装费、保险费、展览费和广告费以及专设销售机构发生的职工薪酬、业务费等销售费用，属于损益类中的费用类账户。本账户借方登记实际发生的相关费用；贷方登记期末转入“本年利润”账户同销售收入相配比的金额；结转后期末应无余额。企业在销售商品过程中发生的各项销售费用，借记本账户，贷记“库存现金”“银行存款”等账户。

为了具体反映销售过程中各项费用的发生情况，应按费用项目设置明细账，进行明细分类核算。

6.“营业税金及附加”账户

“营业税金及附加”账户是用来反映和监督因销售产品和提供劳务等经济活动，应由企业负担的各种销售税金计算与缴纳的账户。缴纳的税金属于销售收入的抵减项目，因此本账户属于损益类中的费用类账户。本账户的借方登记企业按照规定计算与经营活动相关的税金；期末应在本账户的贷方登记转入“本年利润”账户的销售税金，结转后本账户没有余额。企业计提税金时，应借记本账户，贷记“应交税费——应交消费税”“应交税费——应交城市维护建设税”等账户。计提教育费附加时，应借记本账户，贷记“其他应交款——教育费附加”等账户。该账户应按照税种设置明细账，进行明细分类核算。

7.“应收票据”账户

“应收票据”账户用来反映和监督由于销售产品或提供劳务等原因购买单位开出的商业汇票的结算情况。商业汇票，包括银行承兑汇票和商业承兑汇票。该账户属于资产类账户。本账户借方登记因销售商品、提供劳务等收到、开出、承兑的商业汇票的票面金额；贷方登记商业汇票到期或背书转让时收回的票面金额；借方余额反映企业持有尚未到期的商业汇票的票面金额。本账户可按开出、承兑商业汇票的单位进行明细核算。

8.“应收账款”账户

“应收账款”账户用来反映和监督企业因销售产品或提供劳务，应向购买单位收取货款的结算情况，属于资产类账户。其借方登记因经营活动发生的应收账款的金额，反映一种债权；贷方登记已经收回的应收款项，反映债权的收回。如果企业未设置“预收账款”的账户，则“应收账款”账户的贷方还登记预收的款项。本账户期末若为借方余额，反映企业尚未收回的应收账款；若为贷方余额，反映企业预收的款项。该账户应按不同的应收账款单独设置明细账，进行明细分类核算。

9.“预收账款”账户

“预收账款”账户核算企业按照合同规定预收的款项，属于负债类账户。本账户贷方登记预收购货单位的款项。由于还没有履行合同规定的发出商品等义务，无法确认销售收入，因此预收的款项实际上是负债，以后需要提供商品或劳务进行偿还。待履行了相关义务，实现销售时，应按实现的收入借记本账户。本账户期末余额若在贷方，反映企业尚未用产品或劳务偿付的预收账款；如为借方余额，则反映应由购货单位补付的款项。

企业向购货单位预收款项时，借记“银行存款”账户，贷记本账户；销售实现时，按实现的收入，借记本账户，按实现的主营业务收入，贷记“主营业务收入”账户。若预收款小于销货款时，对购货单位补交的款项，借记“银行存款”账户，贷记本账户；若预收款大于销货款，需退回对方多交的款项，做相反的会计分录。

为了具体反映预收账款的增减变动情况，应按购货单位设置明细账，进行明细分类核算。

二、账务处理

【例 5-30】5 月 17 日，赊销给美华公司 A 产品 300 件，每件售价 680 元，共计 204 000 元。

借：应收账款——美华公司　　236 640

　贷：主营业务收入　　204 000

　　　应交税费——应交增值税（销项税额）　　32 640

【例 5-31】5 月 18 日，销售给家全公司 A 产品 200 件，每件售价 680 元，款项 136 000 元存入银行存款账户。

借：银行存款　　157 760

　贷：主营业务收入　　136 000

应交税费——应交增值税（销项税额）　　21 760

【例5-32】5月19日，销售给新健公司B产品200件，每件售价550元，收到新健公司签发并承兑的面值110 000元的不带息商业汇票一张。

借：应收票据——新健公司　　127 600
　贷：主营业务收入　　110 000
　　应交税费——应交增值税（销项税额）　　17 600

【例5-33】5月20日，预收美达公司购买B产品的货款55 000元。

借：银行存款　　55 000
　贷：预收账款——美达公司　　55 000

【例5-34】5月22日，销售给美达公司B产品100件，每件售价550元，共计55 000元，预收货款55 000元。

借：预收账款——美达公司　　63 800
　贷：主营业务收入　　55 000
　　应交税费——应交增值税（销项税额）　　8 800

【例5-35】5月23日，以银行存款支付销售A、B产品的广告费3 000元，以现金支付运费400元。

借：销售费用　　3 400
　贷：银行存款　　3 000
　　库存现金　　400

【例5-36】5月31日，结转已售A、B产品的销售成本，A产品500件，单位成本431元，共计215 500元；B产品300件，单位成本337元，共计101 100元。

借：主营业务成本——A产品　　215 500
　　　　　　　　——B产品　　101 100
　贷：库存商品——A产品　　215 500
　　　　　　——B产品　　101 100

【例5-37】5月31日，提取销售产品应承担的城市维护建设税6 000元。

借：营业税金及附加　　6 000
　贷：应交税费——应交城市维护建设税　　6 000

第六节 投资业务的核算

企业在生产经营过程中，为了更有效地利用资金，控制其他企业的生产经营，或是出于其他目的，可能从事一些投资业务。投资按其形式不同可以分为直接投资与间接投资两类。由于直接投资的投资期限较长，投资项目单一，投资金额较大，投资内容变动很少，又有合同、章程等法律文件的严格约束，因而业务处理程序比较简单，这里不再详细说明。而通过购买有价证券进行的间接投资则不同。因为有价证券的高度流动性，尤其是短期投资的交易频繁，投资企业必须建立规范、严密的投资业务处理程序，以便对交易活动实施有效控制，防止舞弊行为，并保证投资会计核算资料的真实、完整。

一、账户设置

为了核算各种类型的投资，企业应设置“交易性金融资产”“持有至到期投资”“长期股权投资”等账户；为了核算企业在投资过程中取得收益或发生的损失，应设置“应收利息”“应收股利”“投资收益”等账户。

1.“交易性金融资产”账户

交易性金融资产主要是指企业为了近期内出售而持有的金融资产。“交易性金融资产”账户属于资产类账户，核算企业持有的以公允价值计量且其变动计入当期损益的金融资产，包括为交易目的所持有的债券投资、股票投资、基金投资、权证投资等和直接指定为以公允价值计量且其变动计入当期损益的金融资产。本账户借方登记取得的交易性金融资产的公允价值，以及持有的交易性金融资产公允价值的增加额；贷方登记出售转出的交易性金融资产的账面余额，以及持有的交易性金融资产公允价值的减少额。本账户期末借方余额反映企业持有的交易性金融资产的公允价值。本账户应当按照交易性金融资产的类别和品种，分别对“成本”“公允价值变动”进行明细核算。

企业取得交易性金融资产时，按交易性金融资产的公允价值，借记本账户，按发生的交易费用，借记“投资收益”科目；按实际支付的金额，贷记“银行存款”等科目。在持有交易性金融资产期间收到被投资单位宣告发放的现金股利或债券利息，借记“银行存款”科目，贷记“应收利息”科目。对于收到的属于取得交易性金融资产支付价款中包含的已宣告发放的现金股利或债券利息，借记“应收利息”科目，贷记“投资收益”科目。资产负债表日，交易性金融资产的公允价值高于其账面余额的差额，借记本账户（公允价值变动），贷记“公允价值变动损益”科目；公允价值低于其账面余额的差额，做相反的会计分录。出售交易性金融资产时，应按实际收到的金额，借记“银行存款”等科目，按该项交易性金融资产的成本，贷记本账户；按该项交易性金融资产的公允价值变动，贷记或借记本账户；按其差额，贷记或借记“投资收益”科目。同时，按该项交易性金融资产的公允价值变动，借记或贷记“公允价值变动损益”科目，贷记或借记“投资收益”科目。

2.“持有至到期投资”账户

“持有至到期投资”账户核算企业持有至到期投资的价值。企业委托银行或其他金融机构向其他单位贷出的款项，也在本账户核算。本账户借方登记企业取得持有至到期投资的成本，以及按期计提的利息；贷方登记收回持有至到期投资时结转的账面余额。本账户借方余额反映企业持有至到期投资的摊余成本。本科目应当按照持有至到期投资的类别和品种，分别对“投资成本”“溢折价”“应计利息”进行明细核算。

企业取得持有至到期投资，应按取得该投资的公允价值与交易费用之和，借记本账户，贷记“银行存款”“应交税费”等科目。购入的分期付息、到期还本的持有至到期投资，已到付息期按面值和票面利率计算确定的应收未收的利息，借记“应收利息”科目，按摊余成本和实际利率计算确定的利息收入的金额，贷记“投资收益”科目，按其差额，借记或贷记本账户。到期一次还本付息的债券等持有至到期投资，在持有期间内按摊余成本和实际利率计算确定的利息收入的金额，借记本账户，贷记“投资收益”科目。收到持有至到期投资按合同支付的利息时，“借记银行存款”等账户，贷记“应收利息”账户或本账户。收到取得持有至到期投资支付的价款中包含的已宣告发放债券利息，借记“银行存款”账户，贷记本账户。持有至到期投资在持有期间按采用实际利率法计算确定的折价摊销额，借记本账户，贷记“投资收益”账户；溢价摊销额，做相反的会计分录。出售持有至到期投资时，应按收到的金额，借记“银行存款”等账户；已计提减值准备的，借记“持有至到期投资减值准备”账户，按其账面余额，贷记本账户；按其差额，贷记或借记“投资收益”账户。

3.“应收利息”账户

“应收利息”账户核算企业交易性金融资产、持有至到期投资、可供出售金融资产等应收取的利息。本账户可按借款人或被投资单位进行明细核算。本账户借方登记按规定应收取的利息；贷方登记实际收取的利息。本账户期末借方余额反映企业尚未收回的利息。本科目可按借款人或被投资单位进行明细核算。

企业取得的交易性金融资产，按支付的价款中所包含的、已到付息期但尚未领取的利息，借记本账户；按交易性金融资产的公允价值，借记“交易性金融资产——成本”账户；按发生的交易费用，借记“投资收益”账户；按实际支付的金额，贷记“银行存款”等账户。取得的持有至到期投资，应按该投资的面值，借记“持有至到期投资——成本”账户；按支付的价款中包含的、已到付息期但尚未领取的利息，借记本账户；按实际支付的金额，贷记“银行存款”等账户；按其差额，借记或贷记“持有至到期投资——利息调整”账户。资产负债表日时，持有至到期投资为分期付息、一次还本债券投资的，应按票面利率计算确定的应收未收利息。借记本账户，按持有至到期投资摊余成本和实际利率计算确定的利息收入，贷记“投资收益”账户，按其差额，借记或贷记“持有至到期投资——利息调整”账户。持有至到期投资为一次还本付息债券投资的，应于资产负债表日按票面利率计算确定的应收未收利息，借记“持有至到期投资——应计利息”账户。按持有至到期投资摊余成本和实际利率计算确定的利息收入，贷记“投资收益”账户，按其差额，借记或贷记“持有至到期投资——利息调整”账户。

4.“应收股利”账户

应收股利是指企业因股权投资而应收取的现金股利以及应收其他单位的利润，包括企业购入股票实际支付的款项中所包括的，已宣告发放但尚未领取的现金股利和企业因对外投资应分得的现金股利或利润等，但不包括应收的股票股利。“应收股利”账户核算企业应收取的现金股利和应收取其他单位分配的利润。本账户借方登记应收取的股利；贷方登记实际收到的金额；期末借方余额反映企业尚未收回的现金股利或利润。本账户可按被投资单位进行明细核算。

5.“投资收益”账户

“投资收益”账户是损益类账户。该账户用来核算企业对外投资所取得的收益或发生的损失。投资收益包括对外投资分得的利润、股利和债券利息，投资收回取得的款项高于账面价值的差额等；投资损失包括投资收回取得的款项低于账面价值的差额等。账户的贷方登记企业出售股票、债券等增加的投资收益；借方登记期末结转到“本年利润”账户贷方的数额；期末如果贷方发生额大于借方发生额合计，则为投资净收益，应从本账户的借方转入“本年利润”账户的贷方，增加当期利润；如果借方发生额的合计大于贷方发生额的合计，则为投资净损失，应从本账户的贷方转入“本年利润”账户的借方，减少当期利润。结转后本账户应无余额。

企业出售或收回的股票、债券，按实际收到的金额，借记“银行存款”账户，按投资的账面金额，贷记“短期投资”或“长期股权投资”“长期债权投资”等账户，按其差额借或贷记本账户。该账户应按“股票投资收益”“债券投资收益”等设置明细账，进行明细分类核算。

6.“公允价值变动损益”账户

“公允价值变动损益”账户核算企业在初始确认时划分为以公允价值计量且其变动计入当期损益的金融资产或金融负债（包括交易性金融资产等）。本账户的借方登记确认的公允价值变动损失；贷方登记确认的公允价值变动收益。期末应将本账户余额结转至“本年利润”账户，结转后本账户没有余额。本账户应当按照交易性金融资产、交易性金融负债等进行明细核算。

资产负债表日时，企业应按交易性金融资产的公允价值高于其账面余额的差额，借记“交易性金融资产——公允价值变动”科目，贷记本账户；公允价值低于其账面余额的差额，做相反的会计分录。出售交易性金融资产时，应按实际收到的金额，借记“银行存款”等账户，按其账面余额，贷记“交易性金融资产——成本、公允价值变动”账户。同时，按“交易性金融资——公允价值变动”账户的余额，借记或贷记本账户，贷记或借记“投资收益”账户。

二、账务处理

【例 5-38】1 月，长城公司根据被投资企业的利润分配情况，确认应收取分配利润 10 000 元。

借：应收股利　　　　10 000

　贷：投资收益　　　　10 000

【例 5-39】2 月，长城公司通过银行结算收回应收取的被投资企业的分配利润 10 000 元。

借：银行存款　　　　10 000

　贷：应收股利　　　　10 000

【例 5-40】1 月 25 日，长城公司购买南方公司 1 万股股票，为交易目的准备短期持有，购入时该股票每股市价 10 元，款项用银行存款支付。

借：交易性金融资产——成本　　　　100 000

　贷：银行存款　　　　100 000

【例 5-41】1 月 30 日，购买的南方公司的股票市价上涨到 20 元。

借：交易性金融资产——公允价值变动　　　　100 000

　贷：公允价值变动损益　　　　100 000

【例 5-42】 1 月 1 日，长城公司用银行存款 100 000 元，购入东方公司当天发行的 1 年期，半年付息、到期还本债券，面值 100 000 元，准备持有至到期。该债券票面利率为 10%，假定票面利率与实际利率相等。

借：持有至到期投资 100 000

　贷：银行存款 100 000

【例 5-43】 6 月 30 日，确认持有的东方公司债券的半年期应收利息 5 000 元。

借：应收利息——东方公司 5 000

　贷：投资收益 5 000

【例 5-44】 7 月 10 日，通过银行结算收到东方公司的利息 5 000 元。

借：银行存款 5 000

　贷：应收利息——东方公司 5 000

【例 5-45】 12 月 31 日，通过银行结算收回东方公司债券的本金 100 000 元和下半年利息 5 000 元。

借：银行存款 105 000

　贷：持有至到期投资 100 000

　　投资收益 5 000

第七节 财务成果的形成与分配业务的核算

财务成果是企业在一定时期内从事经济活动所取得的结果，表现为利润或亏损。企业在一定会计期间内实现的利润或发生的亏损取决于该期间全部收入和全部费用的对比。利润包括营业利润、利润总额和净利润。

营业收入=主营业务收入+其他业务收入

营业成本=主营业务成本+其他业务成本

营业利润（负数表示营业亏损）=营业收入−营业成本−营业税金及附加−销售费用−管理费用−财务费用−资产减值损失+公允价值变动损益+投资损益

利润总额（负数表示亏损总额）=营业利润+营业外收入−营业外支出

净利润（负数表示净亏损）=利润总额−所得税费用

企业在一定时期内形成的财务成果在企业以前年度发生亏损情况下，首先应用利润总额弥补亏损，剩余利润应按国家规定交纳所得税。缴纳所得税后剩余的利润叫作净利润。净利润应按国家规定提取法定盈余公积金、任意盈余公积金和法定公益金，然后经董事会讨论决定向投资者分配利润。

一、账户设置

1.“营业外收入”账户

营业外收入是指企业发生的与某生产经营无直接关系的各项收入，主要包括固定资产盘盈、处理固定资产净收益、罚款收入、出售无形资产收益、因债权人原因确实无法支付的应付款项、教育费附加返还款、非货币性交易中发生非货币性交易（与关联方交易除外）。

“营业外收入”账户属于损益类账户中收入类账户。贷方登记企业发生的各项营业外收入；借方登记转入“本年利润”账户的结转额；期末结转后应无余额。本账户应按收入项目设置明细账，进行明细核算。

2.“营业外支出”账户

营业外支出是指企业发生的与某生产经营无直接关系的各项支出，主要包括固定资产盘亏、处理固定资产净损失、出售无形资产净损失、罚款支出、捐赠支出、非常损失、计提无形资产、固定资产和在建工程的减值准备、职工子弟学校经费和技工学校经费、债务重组损失。

“营业外支出”账户属于损益类账户中费用类账户。借方登记企业发生的各项营业外支出；贷方登记转入“本年利润”账户的结转额；期末结转后应无余额。本账户应按支出项目设置明细账，进行明细核算。

3.“资产减值损失”账户

企业在对资产做了减值测试并计算了资产可收回金额后，如果资产的可收回余额低于其账面价值，应当将资产的账面价值减记至可收回金额。减记的金额确认为资产减值损失，计入当期损益，同时计提相应的资产减值准备。因此，资产减值损失的确定应当在取得资产可收回金额后，根据可收回金额和账面价值相比较后获得。

“资产减值损失”账户属于损益类中的费用类账户，用来核算企业计提各项资产减值准备所形成的损失。对于固定资产、无形资产、商誉、长期股权投资等资产发生减值的，企业应当按照所确认的可收回金额低于其账面价值的金额，借记“资产减值损失”科目，贷记“固定资产减值准备”“无形资产减值准备”“商誉减值准备”“长期股权投资减值准备”等科目。

4.“所得税费用”账户

“所得税费用”账户是损益类中的费用类账户，用来核算企业按规定从当期损益中扣除的所得税费用。借方登记企业按规定应当从当期损益中扣除的所得税费用，贷方登记企业期末转入“本年利润”账户的所得税费用。在期末，本账户的发生额应全部转入“本年利润”账户，结转后本账户应无余额。

5.“本年利润”账户

“本年利润”账户属于所有者权益类账户，用来核算企业实现的净利润（或发生的净亏损）。期末结转利润时，应将“主营业务收入”“其他业务收入”“营业外收入”等账户的期末余额，分别转入本年利润账户贷方；将“主营业务成本”“其他业务成本”“营业税金及附加”“销售费用”“管理费用”“财务费用”“所得税费用”等账户的期末余额，分别转入本年利润账户的借方。

年度终了，应将本年收入和支出相抵后结出的本年实现的净利润，转入“利润分配”账户贷方；如为净亏损，转入“利润分配”账户借方，结转后本年利润账户无余额。

6.“利润分配”账户

“利润分配”账户是所有者权益类账户。“利润分配”账户用来核算企业利润的分配（或亏损的弥补）和历年分配（或弥补）后的余额。它的借方登记提取的盈余公积、公益金、应付股利等以及应由“本年利润”账户转入的本年累计亏损数；贷方登记盈余公积弥补的亏损数以及年末由“本年利润”账户转来的本年累计的净利润数。其贷方余额表示未分配利润；借方余额表示未弥补亏损。

“利润分配”账户下设“未分配利润”“提取法定盈余公积”“提取法定公益金”“提取任意盈余公积金”“应付普通股股利”“其他转入”等明细账户。

年终，将“利润分配”各明细账户余额反方结转到“利润分配——未分配利润”账户。结转后，除“未分配利润”明细账户外，“利润分配”账户的其他明细账户应无余额。

7.“应交税费”账户

“应交税费”账户反映和监督企业与税务机关之间各种税金的应交和实交情况，包括增值税、消费税、营业税、所得税和资源税等。该账户属于负债类账户，由于实际计算税金（或申报税金）发生税赋的时间与企业缴纳的时间不一致，因此税款在企业应交未交前，构成了企业的一项负债。该账户贷方登记企业实际发生的应交纳的各种税金，借方登记实际上交的各种税金，期末贷方余额为尚未交纳的税金，借方余额为多交的税金。

8.“盈余公积”账户

企业税后净收益中，通常对其中一部分指定用途，以利于企业持续经营、维护债权人利益以及改善职工生活福利条件等。这部分从税后净收益中提取的积累资金，称为盈余公积。

“盈余公积”账户是所有者权益类账户。“盈余公积”账户用来核算企业从净利润中提取的公积金、公益金、储备基金、企业发展基金以及利润归还投资等。账户的贷方登记从净利润中提取的法定盈余公积金、任意盈余公积金和公益金；借方登记用盈余公积弥补亏损及盈余公积转增资本金；期末余额在贷方，表示提取的盈余公积金的数额。

9.“应付股利”账户

“应付股利”账户主要用于核算企业根据股东大会确定分配的利润或股利。该账户属于负债类账户。贷方登记企业应付给投资者的利润额；借方登记企业实际已支付给投资者的利润额；期末余额在贷方，表示尚未发放的现金股利或利润的数额。企业根据通过的利润分配方案，借记“利润分配”账户，贷记本账户；企业实际支付股利时，借记本账户，贷记“库存现金”或“银行存款”等账户。

10.“坏账准备”账户

“坏账准备”是指对应收账款预提的，对不能收回的应收账款用来抵销，是应收账款的备抵账户。企业应设置“坏账准备”会计账户，用以核算企业提取的坏账准备。该账户属于资产类账户。企业提取坏账准备时，借记“资产减值损失——计提的坏账准备”账户，贷记“坏账准备”账户。“坏账准备”科目期末贷方余额，反映企业已提取的坏账准备。

二、账务处理

【例 5-46】 11 月 5 日，用银行存款支付罚款 5 000 元。

借：营业外支出　　5 000
　贷：银行存款　　5 000

【例 5-47】 原来欠光明公司的货款 6 000 元，因为光明公司已经撤销，无法偿还。

借：应付账款——光明公司　　6 000
　贷：营业外收入　　6 000

【例 5-48】 12 月 31 日，根据应收账款的余额确认本年应计提的坏账准备 2 000 元。

借：资产减值损失——计提的坏账准备　　2 000
　贷：坏账准备　　2 000

【例 5-49】 12 月 31 日，根据【例 5-1】～【例 5-48】，结转各损益账户余额。

借：主营业务收入　　505 000
　　公允价值变动损益　　100 000
　　营业外收入　　6 000
　　投资收益　　20 000
　贷：本年利润　　631 000

借：本年利润　　518 000
　贷：主营业务成本　　316 600
　　　营业税金及附加　　6 000
　　　销售费用　　3 400
　　　管理费用　　17 000
　　　财务费用　　168 000
　　　资产减值损失　　2 000
　　　营业外支出　　5 000

【例 5-50】 12 月 31 日，假定该公司适用的所得税税率为 25%，计算并结转该公司 20×× 年应交的所得税，且计算净利润。

利润总额=“本年利润”账户贷方余额−“本年利润”账户借方余额
=631 000−518 000=113 000（元）

本年应交所得税=利润总额×所得税税率
=113 000×25%=28 250（元）

借：所得税费用　　28 250
　贷：应交税费——应交所得税　　28 250

净利润=利润总额−本年应交所得税=利润总额×（1−所得税税率）

=113 000×（1–25%）=84 750（元）

为了确认税后净利润，应将“所得税费用”账户的余额转入“本年利润”账户。

借：本年利润　　　　28 250

　贷：所得税费用　　　　28 250

【例 5-51】12 月 31 日，将“本年利润”账户余额，即本年净利润结转至“利润分配”账户。

借：本年利润　　　　84 750

　贷：利润分配　　　　84 750

【例 5-52】12 月 31 日，根据法律规定，按净利润的 10%提取法定盈余公积金，按净利润的 5%提取任意盈余公积金。

法定盈余公积金=净利润×10%=84 750×10%=8 475（元）

任意盈余公积金=净利润×5%=84 750×5%=4 237.50（元）

借：利润分配　　　　12 712.50

　贷：盈余公积——法定盈余公积金　　　　8 475

　　　　　　——任意盈余公积金　　　　4 237.50

【例 5-53】经董事会批准，净剩余利润的 60%分配给股东。

剩余可供分配利润=净利润–法定盈余公积金–任意盈余公积金

=8 4750–8 475–4 237.50

=72 037.50（元）

分配给股东的红利=72 037.50×60%=43 222.50（元）

借：利润分配　　　　43 222.50

　贷：应付股利　　　　43 222.50

【例 5-54】用银行存款向投资者支付本年应分配的利润。

借：应付股利　　　　43 222.50

　贷：银行存款　　　　43 222.50

【例 5-55】用银行存款支付本年应交的税金，包括销售过程中应交的税金和所得税。

借：应交税费——应交城市维护建设税　　　　6 000

　　　　　——应交所得税　　　　28 250

　贷：银行存款　　　　34 250

本章小结

企业主要经济业务核算包括资金筹集、供应、生产、销售、投资、财务成果及分配等六个阶段。本章讲解了制造企业这六个阶段的核算内容以及所涉及的各会计账户的设置。通过对本章内容的学习，应该重点掌握制造企业生产业务的会计核算方法，掌握制造企业工业业务、销售业务及财务成果业务的会计核算方法，理解筹资业务、投资业务的会计核算方法。

思考题

1．企业筹集资金有哪些主要渠道？分别采用哪些方式？
2．企业采购成本包括哪些组成部分？如何计算采购成本。
3．讲述产品生产成本计算的一般程序，并分析计算过程。
4．期间费用包括哪些内容？
5．销售过程有哪些主要经济业务？
6．企业已开设“本年利润”账户，为什么还要开设“利润分配”账户？
7．利润总额由哪几部分组成？

练习题

一、单项选择题

1．职工出差预借差旅费时，应借记（ ）账户。
A．“管理费用” B．“库存现金” C．“其他应收款” D．“银行存款”
2．与“制造费用”账户不可能发生对应关系的账户是（ ）。
A．“管理费用” B．“生产成本” C．“应付职工薪酬” D．“银行存款”
3．已经完成全部生产过程并已经验收入库，可供对外销售的产品即为（ ）。
A．库存商品 B．已销商品 C．销售成本 D．生产成本
4．丙企业销售商品一批，增值税专用发票上表明的价款为 60 万元，适用的增值税税率为 17%；为购买方代垫运费 2 万元，款项尚未收到。该企业应确认的应收账款为（ ）万元。
A．60 B．62 C．70.2 D．72.2
5．企业如果收回代客户垫付的运费时，应贷记（ ）账户。
A．“库存现金” B．“其他应收款” C．“应收账款” D．“银行存款”
6．下列各项中属于企业产品成本核算内容的是（ ）。
A．用现金支付销售人员的工资
B．用银行存款支付短期借款利息
C．用现金支付行政管理部门的办公费
D．生产车间厂房的自然磨损
7．“财务费用”账户期末应（ ）。
A．有借方余额 B．有贷方余额
C．同时有借方和贷方余额 D．没有余额

8．下列费用中，不构成产品成本的是（　　）。

A．直接人工费　　B．直接材料费　　C．制造费用　　D．期间费用

9．“本年利润”账户内的贷方余额表示（　　）。

A．纯利润额　　B．利润分配额　　C．未分配利润　　D．亏损额

10．年末结算后，“利润分配账户的贷方余额”表示（　　）。

A．实现的利润总额　　B．未分配利润　　C．净利润额　　D.利润分配总额

11．净利润是企业利润总额扣除（　　）后的余额。

A．所得税　　B．盈余公积　　C．公益金　　D．股利

12．“利润分配”账户是（　　）。

A．资产类账户　　B．负债类账户

C．费用类账户　　D．所有者权益类账户

13．下列可以直接计入“生产成本”账户的费用是（　　）。

A．厂长的工资　　B．车间工人的工资

C．车间主任的工资　　D．销售人员的工资

14．某企业购进甲材料 200t，每吨 85 元，乙材料 100 t，每吨 50 元，购进两种材料支付运费 420 元，运费按重量比例分配，甲材料的采购成本是（　　）。

A．17 280 元　　B．17 000 元　　C．5 000 元　　D．5 140 元

15．接受外单位的设备，设备原价 89 000 元，九成新，记入“实收资本”账户的金额应是（　　）。

A．9 000 元　　B．71 200 元　　C．89 000 元　　D．80 100 元

16．某企业期初的资产总额为 1 000 万元，本期发生如下经济业务：用现金购置设备 8 万元，接受投资 10 万元，发放股利 50 万元，盈余公积转增资本 20 万元。某企业的期末资产总额为（　　）。

A．960 万元　　B．1 018 万元　　C．1 068 万元　　D．1 088 万元

17．下列项目中不属于产品直接生产费用的是（　　）。

A．为生产产品耗用的原材料　　B．车间设备的维修费

C．支付给生产工人的工资　　D．为生产工人计提的福利费

18．不应该记入产品成本的费用是（　　）。

A．制造费用　　B．直接材料费用　　C．直接人工费用　　D．管理费用

19．下列账户期末结账后，可能有余额的是（　　）。

A．生产成本　　B．财务费用　　C．制造费用　　D．销售费用

20．下列账户中同“主营业务收入”账户发生对应关系的账户是（　　）。

A．“主营业务收入”　B．“本年利润”　C．“营业税金及附加”　D．“库存商品”

21．从外地采购的材料验收入库应记入（　　）账户的借方。

A．“原材料”　　B．“制造费用”　　C．“销售费用”　　D．“管理费用”

22．销售产品一批，货款尚未收回，应记入（　　）账户的贷方。

A．“主营业务收入”　B．“应收账款”　C．“主营业务成本”　D．“库存商品”

23．制造费用的分配结果应体现（　　）的分配原则。
A．受益大的产品多分摊　　B．受益小的产品多分摊
C．平均分摊　　D．随意分摊
24．产品生产成本的计算在（　　）中进行。
A．“生产成本”总分类账户　　B．“生产成本”明细分类账户
C．“库存商品”总分类账户　　D．“库存商品”明细分类账户
25．短期借款利息核算不涉及的账户是（　　）。
A．“短期借款”　　B．“应付利息”　　C．“银行存款”　　D．“财务费用”

二、多项选择题

1．企业投资者对企业进行投资，可以采用的资产有（　　）。
A．货币资金　　B．固定资产　　C．无形资产
D．有价证券　　E．原材料
2．关于资金筹集业务，下列说法中正确的有（　　）。
A．企业筹集资金的渠道，一是企业的所有者，二是企业的债权人
B．从企业所有者处筹集的资金形成企业的所有者权益
C．从企业的债权人处筹集的资金形成企业的负债
D．企业除了可以从银行借款筹集资金外，还可以发行有价证券筹资
3．运杂费的分配标准有（　　）。
A．材料的数量　　B．材料的重量　　C．材料的体积
D．材料的买价金额　　E．材料的采购成本
4．下列有关“材料采购”账户的正确说法有（　　）。
A．计算材料采购成本的账户　　B．资产类账户
C．借方是采购成本的归集　　D．贷方是入库材料实际成本的结转
5．外购材料的采购成本应包含（　　）。
A．材料的买价　　B．运杂费
C．途中的合理耗损　　D．采购机构的费用
6．制造企业原材料供应过程中涉及的账户有（　　）。
A．“应付账款”　　B．“材料采购”　　C．“原材料”
D．“银行存款”　　E．“应交税费——应交增值税”
7．下列应计入“制造费用”账户的有（　　）。
A．生产车间领用的原材料　　B．车间机器的维修费用
C．车间工人的工资　　D．行政管理部分的水电费
8．期末结转损益科目，可能贷记（　　）账户。
A．“主营业务收入”　　B．“主营业务成本”　　C．“销售费用”　　D．“本年利润”
9．“营业税金及附加”账户借方登记的内容有（　　）。
A．增值税　　B．所得税　　C．消费税
D．资源税　　E．城市维护建设税

10．下列属于期间费用的是（　　）。

A．管理费用　　B．销售费用　　C．财务费用

D．直接工资　　E．直接材料

11．下列账户应将本期发生额转入“本年利润”账户的有（　　）。

A．“主营业务收入”　　B．“主营业务成本”　　C．“财务费用”

D．“销售费用”　　E．“管理费用”

12．“生产成本”账户登记（　　）。

A．直接材料　　B．直接工资　　C．制造费用

D．管理人员的工资　　E．采购材料的运杂费

13．为了正确计算产品的生产成本，一般应设置（　　）账户。

A．“生产成本”　　B．“制造费用”　　C．“主营业务收入”

D．“管理费用”　　E．“财务费用”

14．企业在接受存货投资时，与存货相关账户产生对应关系的账户有（　　）。

A．“实收资本”　　B．“资本公积”　　C．“应交税费”　　D．“盈余公积”

15．下列引起资产和所有者权益同时增加的经济业务有（　　）。

A．收到国家投资存入银行　　B．提取盈余公积

C．将资本公积转增资本金　　D．收到外商投入设备一台

16．企业外购存货的成本一般可包括运杂费、装卸费和（　　）。

A．买价　　B．保险费　　C．进口关税　　D．增值税

17．下列各项费用，应通过“管理费用”科目核算的是（　　）。

A．利息费　　B．诉讼费　　C．研究费用　　D．招待费

18．企业销售商品时缴纳的下列各项税费，记入“营业税金及附加”科目的有（　　）。

A．增值税　　B．消费税

C．教育费附加　　D．城市维护建设税

19．企业在销售产品或提供劳务时，可能贷记的账户包括（　　）。

A．“主营业务收入”　　B．“应交税费——应交增值税（销项税额）”

C．“主营业务成本”　　D．“营业外收入”

20．下列项目中，属于营业外收入核算内容的有（　　）。

A．罚没收入　　B．接受现金捐赠

C．出售固定资产取得净利润　　D．无法支付的应付账款

21．计算分配制造费用的标准可以采用（　　）。

A．机时比例　　B．工时比例

C．生产工人工资比例　　D．用电比例

22．利润总额由（　　）组成。

A．营业利润　　B．投资收益　　C．利得和损失　　D．所得税

23．构成产品成本的费用有（　　）。

A．直接材料费用　　B．直接人工费用　　C．制造费用　　D．管理费用

24．利润分配的途径有（　　）。

A．提取法定盈余公积　　B．提取法定公益金

C．分配股利　　D．提取资本公积金

25．生产费用按其计入产品成本的方式不同，分为（　　）。

A．直接费用　　B．间接费用　　C．销售费用　　D．财务费用

三、判断题

1．发生本单位职工因公借款时，会计分录应为借记“其他应收款”，贷记“库存现金”。（　　）

2．企业的筹集资金业务包括接受外单位或个人的捐赠资产。（　　）

3．“管理费用”账户的借方发生额，应于期末采用一定的方法计入产品成本。（　　）

4．外购材料的单位采购成本就是供货单位发票上的单价。（　　）

5．制造费用是指企业各生产车间等生产单位为组织和管理生产而发生的各项间接费用。（　　）

6．企业职工的薪酬应直接计入产品的成本。（　　）

7．最基本的成本项目有三项：直接材料、直接人工和制造费用。（　　）

8．企业购入原材料的采购成本中包括增值税进项税额。（　　）

9．“管理费用”是用来核算生产和非生产管理部门发生的工资、福利费、折旧费等的账户。（　　）

10．按照基本生产车间管理工人工资比例计提的社会保险费，应借记“管理费用”科目。（　　）

11．企业销售一批产品实现收入，应贷记“库存商品”账户。（　　）

12．“材料采购”账户用以核算企业库存的各种材料。（　　）

13．“短期借款”账户属于负债类账户，贷方登记企业借入本金及利息调整，借方登记归还的借款本金，期末贷方余额，反映企业尚未偿还的借款。（　　）

14．生产车间领用原材料投入产品生产的会计分录为，借：制造费用；贷：原材料。（　　）

15．车间主任的工资、奖金和津贴等应记入“生产成本”账户的借方。（　　）

16．企业为销售A产品支付广告费2 000元，应记入“管理费用”账户。（　　）

17．外单位捐赠现金50 000元，应记入“实收资本”账户的贷方。（　　）

18．企业收到银行存款利息，应记入“财务费用”账户的贷方。（　　）

19．企业的制造费用应该按照一定的标准分配计入生产成本。（　　）

20．财务成本的汇总是通过设置“本年利润”账户来核算的。（　　）

21．结转所得税费用的分录为：借记“所得税费用”账户，贷记“本年利润”账户。（　　）

22．企业实现的利润按规定依法缴纳所得税之后，一般按下列顺序进行分配：弥补以前年度的亏损，向投资者分配利润，提取公积金和公益金。（　　）

23．发生营业外支出，在相对应的会计期间，应当减少企业当期的营业利润。（　　）

四、业务题

1．某企业 20××年 9 月的有关收入和费用如下表所示。

项　　目	生产成本	费　　用	收　　入	会计科目
1．甲产品的销售收入				
2．生产甲产品的工人的薪酬				
3．生产甲产品耗用的直接材料				
4．获得政府补助				
5．银行借款利息支出				
6．技术转让费收入				
7．企业管理人员的薪酬				
8．生产车间机器的折旧费				
9．出租房屋的租金收入				
10．产品销售展览费				
11．持有债券的利息收入				
12．公益性捐款支出				
13．本期产品的销售税金				
14．乙产品的销售收入				
15．已销甲乙产品的生产成本				
16．生产工人的薪酬				
17．车间日常办公费用				
18．厂部办公费				
19．已售出材料的成本				

要求:（1）根据上述项目的内容，区分生产成本、费用和收入，并在合适的栏目内画○。

（2）在表格中写出上述各项目所适应的会计科目。

2．某企业 20××年 7 月发生以下经济业务。

（1）接受甲公司投资 70 000 元存入银行；

（2）收到国家增拨的投资 200 000 元存入银行；

（3）收到乙公司投资，其中设备协议价 80 000 元交付使用，材料价值 100 000 元验收入库；

（4）从银行取得借款 50 000 元并存入银行账户中；

（5）收到丙公司投资的全新机器一台，发票上显示设备买价 300 000 元，增值税 51 000 元，设备交付使用；

（6）将资本公积金 20 000 元转增资本；

（7）收到丁公司投入的生产线，原值 600 000 元，已计提折旧 50 000 元，双方协议作价为 580 000 元；

（8）用银行存款500 000元偿还到期的银行短期借款；

（9）经协商签订协议，兴华机械厂将某商标以190 000元向本企业做长期投资。

要求：编制上述经济业务的会计分录。

3．某公司20××年10月发生如下经济业务。

（1）收到A公司投资的现金100 000元，已经存入银行的存款户；

（2）从银行借入期限仅半年，利率为6%，金额为150 000元的短期借款；

（3）B公司以一项专利权进行投资，双方的协议价为28 000元；

（4）方正公司以八成新的一台设备进行投资，设备原价为50 000元；

（5）归还期限为3个月，利率为5%，金额为50 000元的到期银行短期借款本金和利息；

（6）从银行借入500 000元的3年期长期借款，用于公司建造厂房。

要求：根据上述经济业务编制会计分录。

4．兴华公司20××年6月发生如下经济业务。

（1）从南风公司购入乙材料500kg，共计买价5 000元，增值税额800元，款未付；

（2）从银行提取现金300元；

（3）采购员陈宜暂借差旅费2 000元，以现金付讫；

（4）从利民公司购入甲材料1 000kg，计50 000元，增值税额8 000元，以银行存款付讫；

（5）以上甲、乙两种材料验收入库，结转其采购成本；

（6）从中信公司购入丙材料50kg，货款250元，增值税额40元，以银行存款支付，材料当即验收入库；

（7）以银行存款偿还前欠南风公司的货款5 850元；

（8）采购员陈宜出差回来报销前预借的差旅费（预借2 000元），实际报销差旅费2 200元，以现金补付差额。

要求：根据上述经济业务编制会计分录。

5．先锋公司20××年10月从外地永安公司购入下列材料，如下表所示。

品种	重量（kg）	单价（元/kg）	买价（元）
甲材料	4 000	29.5	118 000
乙材料	1 000	9.00	9 000

为购买上述材料，共支付运杂费如下。

水、陆运输费　2 500元

装卸、搬运费　500元

要求：（1）以材料重量为标准，分配材料采购的采购费用。

（2）编制材料采购成本计算表。

6．某企业20××年10月购进甲、乙两种材料，有关资料如下表所示。

材料名称	单价（元/kg）	重量（kg）	买价（元）	运杂费（元）	增值税额（元）
甲材料	5	60 000	30 000		51 000
乙材料	2	50 000	10 000		17 000
合　计			40 000	5 000	68 000

要求：（1）按材料的重量分配运杂费，计算甲、乙材料的采购总成本和单位成本。

（2）按材料的买价分配运杂费，计算甲、乙材料的采购总成本和单位成本。

7．兴华公司20××年12月发生以下经济业务。

（1）向F公司购进甲材料1 000 kg，每千克55元，乙材料1 500kg，每千克68元，货款未付；

（2）以现金500元支付上述甲、乙两种材料的运费，材料运杂费按甲、乙材料的重量分摊；

（3）购进丙材料100 t，单价150元，运杂费300元，货款及运费15 300元以银行存款支付；

（4）上述甲、乙材料验收入库，计算并结转甲、乙两种材料的采购成本；

（5）向M公司购进丁材料800 kg，每千克80元，开出一张金额为64 000元，期限为30天并经银行承兑过的商业汇票承付货款，另以现金200元支付代垫运费；

（6）上述丙、丁材料验收入库，分别结转丙、丁材料的采购成本。

要求：根据上述经济业务编制会计分录。

8．兴华公司20××年3月发生以下经济业务。

（1）公司用银行存款购买办公用品1 350元，其中管理部分用1 000元，车间用350元；

（2）仓库发出材料共40 000元，其中用于甲产品生产20 000元，用于乙产品生产15 000元，车间一般耗用3 000元，企业管理部分耗用2 000元；

（3）公司从银行提取现金26 000元，备发工资；

（4）公司以26 000元现金发放工资；

（5）计提本月固定资产折旧400元，其中车间300元，企业管理部门100元；

（6）公司以银行存款800元，支付车间生产用设备的日常维修；

（7）分配并结转应付工资26 000元，其中生产甲产品工人的工资8 000元，生产乙产品工人的工资12 000元，车间管理人员工资2 000元，企业管理人员工资4 000元；

（8）公司以银行存款5 000元支付电费，其中生产甲产品的动力电为2 00元，生产乙产品的动力电为1 500元，车间照明用电1 000元，企业管理部门照明用电为500元；

（9）分配本月发生的制造费用；

（10）本月生产甲产品200件，成本34 612元，乙产品100件，成本35 418元，均全部完工，结转甲、乙产品的生产成本。

要求：根据上述经济业务，编制会计分录。

9．兴华公司20××年7月发生如下经济业务。

（1）从银行存款中划转 43 000 元到员工的工资卡中，已发放当月的工资；

（2）以银行存款 48 000 元支付全年的财产保险费；

（3）计提车间机器设备修理费 400 元；

（4）月末，仓库送来材料发出汇总表情况如下。

材料名称 / 领用部门	甲种材料			乙种材料			丙种材料			合计
	重量（t）	单价（元）	金额（元）	重量（t）	单价（元）	金额（元）	重量（t）	单价（元）	金额（元）	金额（元）
A 产品	10	1 200	12 000	40	620	24 800	1.8	500	900	37 700
B 产品	20	1 200	24 000	20	620	12 400	2.4	500	1 200	37 600
车间				5	620	3 100				3 100
行政管理							2	500	1 000	1 000
合计	30		36 000	65		40 300	6.2		3 100	79 400

（5）月末，工资薪酬发放情况：A 产品生产工人工资 10 000 元，车间管理人员工资 2 500 元，B 产品生产工人工资 1 200 元，行政管理人员工资 13 500 元；

（6）摊销应由本月负担的报纸杂志费 1 600 元，其中，车间负担 600 元，行政管理部门负担 1 000 元；

（7）计提固定资产折旧费 5 200 元，其中，车间负担设备折旧费 3 500 元，行政部门负担折旧费 1 700 元；

（8）以存款支付水电费共 10 800 元，其中，车间负担水电费 7 500 元，行政管理部门负担水电费 3 300 元；

（9）王庆出差归来，报销差旅费 1 300 元，结清原借支款 1 000 元，另以现金补付王庆 300 元；

（10）摊销本月应由管理部门负担的财产保险费 4 000 元；

（11）将本月发生的制造费用按生产工人的工作比例分配计入 A、B 两种产品的成本；

（12）A、B 两种产品全部生产完工验收入库（期初均无在产品），A 产品 100 件，B 产品投产 200 件。

要求：（1）根据上述经济业务编制会计分录。

（2）开设并登记“制造费用”T 形账户。

（3）开设并登记“生产成本”明细账。

10．兴华公司 20××年 3 月发生以下经济业务。

（1）向金华公司出售 A 产品 100 件，货款 80 000 元及增值税额 12 800 元尚未收到；

（2）以银行存款 1 200 元支付本月产品广告费；

（3）收到金华公司还来的货款 80 000 元，存入银行；

（4）向南山公司出售 B 产品 100 件，货款 60 000 元及增值税额 9 600 元当即收到，存入银行；

（5）以银行存款支付销售产品发生的包装、运杂费 800 元，结转本月出售产品的生产成本，其中 A 产品 52 000 元，B 产品 32 500 元；

（6）以银行存款交纳增值税 14 000 元；

（7）将本月主营业务收入、主营业务成本、销售费用转入“本年利润”账户；

（8）收到大发公司付来的罚款 2 000 元，作为营业外收入，存入银行；

（9）按规定结转实现利润的应交所得税 22 000 元；

（10）将本月所得税费用和营业外收入转入“本年利润”账户。

要求：根据上述经济业务编制有关会计分录。

11．某企业 20××年 12 月发生如下经济业务。

（1）以现金购买管理部门用办公用品 800 元；

（2）业务员王丽报销差旅费 900 元，上个月出差时预借差旅费 1 200 元，余款退回现金；

（3）以银行存款支付债务重组损失 3 000 元（属于营业外支出）；

（4）计提本月的短期借款利息 900 元；

（5）管理部门领用原材料 400 元；

（6）A 公司急需一批甲材料，本企业转让给其一批甲材料，转让款为 7 000 元，款项已由银行收讫；

（7）以银行存款 50 000 元捐赠给希望工程；

（8）企业从联营体中分得利润 1 200 元，存入银行；

（9）开出转账支票支付银行借款利息 11 020 元，其中本月应承担的利息费用为 1 020 元；

（10）从银行提取现金 15 000 元，当天支付行政管理人员工资 9 025 元，剩余现金准备零星支用。

要求：根据上述资料编制会计分录。

第六章　账户的分类

学习目标与要求

本章介绍了账户分类的原则和意义、账户按经济内容的分类、账户按用途和结构的分类及账户的其他分类。通过对本章内容的学习，应掌握不同标准下账户的分类内容，有助于学生更好地学会复式记账法，更好地理解各类账户的用途和结构。

第一节　账户分类的原则与意义

账户的分类是对账户设置和运用规律的再认识。账户是用来核算经济业务增减变化情况及其结果的一种手段和方式。本书第五章应用了许多账户，它们各自核算不同的经济内容，具有不同的用途和结构。由于每个经济核算单位的各项经济业务是相互联系的，因此用来核算这些经济业务的各个账户也并非孤立的，而是相互联系、相互依存的。资金运动作为一个整体，并不是由个别账户而是由全部账户记录和反映的。全部账户共同组成一个统一完整的账户体系，它们分工协作记录和反映资金运动的全貌。在学习复式记账法过程中，既要掌握每一类账户的特性，又要了解账户之间的相互关系。账户的分类就是研究账户体系中各类账户之间存在的相互联系及其共性，以寻求其规律，探明每一类账户在账户体系中的地位和作用，以便加深对账户的认识，更好地运用账户这个手段对企业经济活动进行全面记录和反映。因此，有必要进一步研究账户的分类。

按照不同的分类标准，账户可以从不同的角度进行观察，进而把全部账户划分成各种类别。常见的分类标准有按账户反映的经济内容、按账户的用途和结构、按账户所提供会计核算指标的详细程度等进行分类。本章重点介绍前两种分类标准。

一、账户分类的原则

1. 按反映的经济内容分类

账户的经济内容是账户分类的基础。账户按经济内容的分类是账户最基本的一种分类方法。通过账户按经济内容分类的研究，可以确切地了解各个账户反映和监督的内容，以及全部账户的设置和运用能否适应企业经济活动的特点，能否满足经营管理的需要。这对于正确区分账户的经济性质，以便更完善地建立账户体系，是非常必要的。此外，账户按经济内容分类还可以为编制会计报表提供依据。

2．按用途和结构分类

账户的用途和结构与账户的经济内容有着紧密的联系，应当在按经济内容分类的基础上，再按用途和结构对账户进行分类。账户按其用途和结构分类，有利于正确地使用账户。熟悉账户用途和结构可以明确账户的不同使用方法，正确地运用账户去核算和监督特定的经济内容，避免核算上的技术性差错，这对于提高会计核算工作质量，积极参与企业预测、决策、分析等工作都具有重要意义。

3．按其他标准分类

如按照账户所提供会计核算指标的详细程度等进行分类。

二、账户分类的意义

（1）便于了解每类账户反映和监督的内容，明确区分账户性质。

（2）全面认识各类账户在整体账户体系中的作用。

（3）掌握各种账户在提供核算指标方面的规律性。

（4）便于正确地设置和运用账户。

第二节 账户按经济内容的分类

账户的经济内容是指账户所反映的会计对象的具体内容，即企事业单位的资金运动。因而，账户按经济内容的分类就是按账户所核算和监督的资金运动状态分类。资金运动通常表现为静态运动和动态运动两种。资金运动在静态条件下表现为资产、负债及所有者权益；资金运动在动态条件下表现为收入、费用和利润。所以，有时人们也将账户按经济内容的分类称为账户按会计要素的分类。但是需要指出的是，账户按经济内容的分类并非是简单地按会计要素分类，这是因为：

（1）这里的经济内容通常是以最典型、最复杂的工业企业资金运动为代表的，工业企业资金运动过程中，生产成本是资产的一种特殊形态，反映生产资金运动状态。因此，在账户按经济内容分类时，把生产成本的账户归为一类。

（2）由于企业在一定期间内实现的利润最终要归属于所有者权益，因而，在对账户按经济内容分类时，可将利润并入所有者权益。

（3）由于收入和费用两要素同属于损益计算要素，因而在按经济内容对账户进行分类时，称为损益类。

所以，账户按经济内容的分类可分为资产类账户、负债类账户、所有者权益类账户、成本类账户和损益类账户五大类。

一、资产类账户

资产类账户是指反映资产增减变动及其实有数额的账户。按照资产的流动性和经营管理的需要，资产类账户又分为反映流动资产的账户和反映非流动资产的账户两类。

（1）反映流动资产的账户。按照各项流动资产的经济内容，又可分为反映货币资金的账户，如“库存现金”“银行存款”等账户；反映结算债权的账户，如“应收账款”“其他应收款”等账户；反映存货的账户，如“原材料”“库存商品”“周转材料”等账户，等等。

（2）反映非流动资产的账户。按照各项非流动资产的经济内容，又可分为反映固定资产的账户，如“固定资产”“累计折旧”等账户；反映无形资产的账户，如“无形资产”等账户；反映长期投资的账户，如“长期股权投资”“持有至到期投资”等账户，等等。

二、负债类账户

负债类账户是指反映企业负债增减变动及其实有数额的账户。按照负债的偿还期长短等特性，又可分为反映流动负债的账户和反映非流动负债的账户。

（1）反映流动负债的账户，如“短期借款”“应付账款”“其他应付款”“应付票据”“应付职工薪酬”“应交税费”“应付股利”等账户。

（2）反映非流动负债的账户，如“长期借款”“应付债券”“长期应付款”等账户。

三、所有者权益类账户

所有者权益类账户是指反映企业所有者权益增减变动及其实有数额的账户。按照所有者权益的形成来源，又可分为反映投入资本的账户和反映留存利润的账户。

（1）反映投入资本的账户，如“实收资本”“资本公积”等账户。

（2）反映留存利润的账户，如“盈余公积”“本年利润”“利润分配”等账户。

四、成本类账户

成本类账户是指反映成本的发生和结转的账户。按照成本内容的不同，又可分为反映生产过程中成本的账户和反映对外提供劳务所发生成本的账户。

（1）反映生产过程中成本的账户，如“生产成本”“制造费用”等账户。

（2）反映对外提供劳务所发生成本的账户，如“劳务成本”等账户。

五、损益类账户

损益类账户是指反映企业有关收入和费用发生情况的账户。按照损益发生的不同性质，又可分为反映营业损益的账户、反映投资损益的账户和反映营业外收支的账户。

（1）反映营业损益的账户，如“主营业务收入”“主营业务成本”“其他业务收入”“其他业务成本”“销售费用”等账户。

（2）反映投资损益的账户，如“投资收益”等账户。

（3）反映营业外收支的账户，如“营业外收入”“营业外支出”等账户。

账户按经济内容的分类如图 6-1 所示。

- 账户
  - 资产类账户
    - 反映流动资产的账户
      - 库存现金
      - 银行存款
      - 交易性金融资产
      - 应收票据
      - 应收账款
      - 其他应收款
      - 预付账款
      - 原材料
      - 周转材料
      - 库存商品
    - 反映非流动资产的账户
      - 持有至到期投资
      - 长期股权投资
      - 固定资产
      - 累计折旧
      - 无形资产
  - 负债类账户
    - 反映流动负债的账户
      - 短期借款
      - 应付票据
      - 应付账款
      - 预收账款
      - 应付职工薪酬
      - 应交税费
    - 反映非流动负债的账户
      - 长期借款
      - 应付债券
      - 长期应付款
  - 所有者权益类账户
    - 反映投入资本的账户
      - 实收资本
      - 资本公积
    - 反映留存利润的账户
      - 盈余公积
      - 本年利润
      - 利润分配
  - 成本类账户
    - 反映生产过程中成本的账户
      - 生产成本
      - 制造费用
    - 反映对外提供劳务所发生成本的账户——劳务成本
  - 损益类账户
    - 反映营业损益的账户
      - 主营业务收入
      - 主营业务成本
      - 其他业务收入
      - 其他业务成本
    - 反映投资损益的账户——投资收益
    - 反映营业外收支的账户
      - 营业外收入
      - 营业外支出

图 6-1 账户按经济内容的分类

第三节　账户按用途和结构的分类

为了进一步了解并熟练地运用各种账户，还需要研究账户的用途和结构。账户的用途是指设置各个账户的目的和作用。账户的结构是指账户在使用中怎样来反映它的经济内容，具体地说，就是账户的借方、贷方如何登记，借方、贷方发生额和余额分别反映什么内容。账户按用途和结构分类，可分为十一类：盘存账户、资本账户、结算账户、集合分配账户、成本计算账户、收入账户、费用账户、财务成果账户、暂记账户、计价对比账户和调整账户。下面简要说明各类账户的特点。

一、盘存账户

盘存账户是指用来核算和监督可以实地盘点的各项财产物资和货币资金的增减变动及其结存情况的账户。它是任何企业单位都必须设置的账户。盘存账户的结构特点是：账户借方登记各项财产物资和货币资金的收入、增加额；贷方登记其支出、减少额；余额通常在借方，表示期末各项财产物资和货币资金的结存额。

这类账户可以通过实物盘点方式进行财产清查，核对账实是否相符。除货币资金账户外，其实物明细账户均可以提供实物和货币两种指标。

盘存账户的结构如图 6-2 所示。

借方　　　　盘存账户	贷方
期初余额：期初财产物资和货币资金结存额 发生额：本期财产物资和货币资金增加额	发生额：本期财产物资和货币资金减少额
期末余额：期末财产物资和货币资金结存额	

图 6-2　盘存账户的结构

属于盘存账户的有“固定资产”“原材料”“周转材料”“库存商品”“库存现金”“银行存款”等账户。

二、资本账户

资本账户是指用来核算和监督企业取得资本及提取资金的增减变动及其实有数的账户。资本账户的结构特点是：账户贷方登记各项资本、公积金的增加额或形成数；借方登记其减少额或支用数；余额通常在贷方，表示各项资本、公积金的实有额。

资本账户的结构如图6-3所示。

借方	资本账户　　　　　　贷方
发生额：本期资本和公积金减少额	期初余额：期初资本和公积金实有额 发生额：本期资本和公积金增加额
	期末余额：期末资本和公积金实有额

图6-3　资本账户的结构

属于资本账户的有“实收资本”“资本公积”“盈余公积”等账户。这类账户的总分类账及其明细分类账只能提供货币指标。

三、结算账户

结算账户是指用来核算和监督企业同其他单位或个人之间发生的债权、债务结算情况的账户。就其性质而言，结算账户又可分为债权结算账户、债务结算账户和债权债务结算账户三类。

（一）债权结算账户

债权结算账户是指专门用于核算和监督企业同各个债务单位或个人之间结算业务的账户。债权结算账户的结构特点是：账户借方登记债权的增加额；贷方登记债权的减少额；余额一般在借方，表示期末尚未收回的债权的实有额。

债权结算账户的结构如图6-4所示。

借方　　　　　　债权结算账户	贷方
期初余额：期初尚未收回的应收款项及未结算的预付款 发生额：本期应收款项的增加额和预付款项的增加额	发生额：本期应收款项的减少额和预付款项的减少额
期末余额：期末尚未收回的应收款项和未结算的预付款项	

图6-4　债权结算账户的结构

属于债权结算账户的有“应收账款”“应收票据”“其他应收款”“预付账款”等账户。

（二）债务结算账户

债务结算账户是指专门用于核算和监督企业同各个债权单位或个人之间结算业务的账户。债务结算账户的结构特点是：账户贷方登记债务的增加额；借方登记债务的减少额；余额一般在贷方，表示期末尚未偿还的债务的实有额。

债务结算账户的结构如图 6-5 所示。

借方	债务结算账户　　　　　　　　　贷方
发生额：本期应付款项及预收款项的减少额	期初余额：期初结欠的应付款项及未结算的预收款 发生额：本期应付款项及预收款项的增加额
	期末余额：期末结欠的应付款项及未结算的预收款

图 6-5　债务结算账户的结构

属于债务结算账户的有“短期借款”“应付账款”“应付票据”“其他应付款”“预收账款”“应付职工薪酬”“应交税费”“长期借款”等账户。

（三）债权债务结算账户

债权债务结算账户是指用于核算和监督企业与某一单位或个人之间发生的债权和债务往来结算业务的账户。在实际工作中，与企业经常发生结算业务的往来单位，有时是企业的债权人，有时是企业的债务人。如企业向同一单位销售产品，有些款项是预收的，预收款项时，该单位是企业的债务人。有些款项是应收未收的，应收未收款项构成了企业的债权。为了集中反映企业同某一单位或个人所发生的债权和债务的往来结算情况，可以在一个账户中核算应收款项和应付款项的增减变动和余额。债权债务结算账户的结构特点是：账户借方登记债权的增加额和债务的减少额；贷方登记债务的增加额和债权的减少额；余额可能在借方，也可能在贷方。从明细分类账的角度看，借方余额表示期末债权的实有额，贷方余额表示期末债务的实有额；从总分类账的角度看，借方余额表示期末债权大于债务的差额，贷方余额表示期末债务大于债权的差额。

债权债务结算账户的结构如图 6-6 所示。

借方	债权债务结算账户　　贷方
期初余额：期初债权大于债务的差额 发生额：（1）本期债权增加额 （2）本期债务减少额	期初余额：期初债务大于债权的差额 发生额：（1）本期债务增加额 （2）本期债权减少额
期末余额：期末债权大于债务的差额	期末余额：期末债务大于债权的差额

图 6-6　债权债务结算账户的结构

当企业不单独设置“预收账款”账户时，可以用“应收账款”账户同时反映销售产品和提供劳务的应收款项和预收款项，“应收账款”账户便是债权债务结算账户；当企业不单独设置“预付账款”账户时，用“应付账款”账户同时反映购进材料的应付款项和预付款项，“应付账款”账户也是债权债务结算账户；当企业将其他应收款和其他应付款的增减变动和结果都集中在“其他往来”账户中核算时，“其他往来”账户也是一个债权债务结算账户。债权债务结算账户须根据总分类账户所属明细分类账户的余额方向分析判断其账户的性质。

结算账户只能提供货币指标，都是按发生结算业务的对应单位或个人开设明细分类账户的，以便及时进行结算和核对账目。

四、集合分配账户

集合分配账户是指用来归集和分配企业生产过程中某个阶段所发生的某种费用的账户。企业在生产经营过程中经常会发生一些间接费用，这些费用不能直接计入某种产品成本计算对象，而应由各个产品成本计算对象共同负担，需要先通过集合分配账户进行归集，再按照一定标准分配计入各个产品成本计算对象。企业可以借助集合分配账户来核算和监督有关费用计划的执行情况，加强费用管理；同时还可以用来核算费用的分配情况，以便正确确定产品的生产成本。集合分配账户的结构特点是：账户借方登记各种需要集合分配的费用发生额；贷方登记按受益对象进行费用的分配数额；期末通常无余额。由于各项集合分配费用要在期末全部分配到各受益对象，所以集合分配账户一般没有期末余额。

集合分配账户的结构如图 6-7 所示。

借方	集合分配账户　　贷方
发生额：归集各种费用的发生额	发生额：分配到各受益对象的费用数额

图 6-7　集合分配账户的结构

属于集合分配账户的主要有“制造费用”等账户。

五、成本计算账户

成本计算账户是指用来核算和监督企业经营过程中某一阶段发生的全部费用，并据此计算该阶段各个成本计算对象实际成本的账户。成本计算账户的结构特点是：账户借方汇集经营过程中某个阶段发生的、应计入成本的全部费用；贷方登记转结已完成某个阶段的成本计算对象的实际成本；期末余额通常在借方，表示尚未完成某个阶段成本计算对象的实际成本。

成本计算账户的结构如图 6-8 所示。

借方 成本计算账户	贷方
期初余额：期初尚未完成某个经营阶段的成本计算对象的实际成本 发生额：汇集经营过程中某个阶段发生的全部费用	发生额：结转已完成某个经营阶段的成本计算对象的实际成本
期末余额：尚未完成该阶段的成本计算对象的实际成本	

图 6-8 成本计算账户的结构

属于成本计算账户的主要有“在途物资”“生产成本”等账户。这类账户除设置总分类账户以外，还应按各个成本计算对象分别设置明细分类账进行明细分类核算，提供有关成本计算对象的货币指标和实物指标。

六、收入账户

收入账户是指用来核算和监督企业在一定时期内所取得的各种收入的账户。收入账户的结构特点是：账户贷方登记取得的收入；借方登记收入的减少数和期末转入“本年利润”的收入；由于当期实现的全部收入都要于期末转入“本年利润”账户，所以收入账户期末无余额。

收入账户的结构如图 6-9 所示。

借方 收入账户	贷方
发生额：收入的减少额及期末转入“本年利润”账户的收入数	发生额：本期收入的增加额

图 6-9 收入账户的结构

属于收入账户的有“主营业务收入”“其他业务收入”“营业外收入”等账户。

七、费用账户

费用账户是指用来核算和监督企业在一定时期内所发生的应记入当期损益的各项费用、成本和支出的账户。费用账户的结构特点是：账户借方登记费用支出的增加额；贷方登记费用支出的减少额和期末转入“本年利润”账户的费用支出额；由于当期发生的全部费用支出都要于期末转入“本年利润”账户，所以费用账户期末无余额。

费用账户的结构如图 6-10 所示。

借方	费用账户　　　　贷方
发生额：费用支出的增加额	发生额：费用支出的减少额及期末转入“本年利润”账户的费用支出额

图 6-10　费用账户的结构

属于费用账户的有“主营业务成本”“营业税金及附加”“销售费用”“管理费用”“财务费用”“其他业务成本”“营业外支出”等账户。

八、财务成果账户

财务成果账户是指用来计算并确定企业在一定时期（月份、季度或年度）内全部经营活动最终成果的账户。财务成果账户的结构特点是：账户贷方登记一定期间发生的各项收入；借方汇集一定期间内发生的、与收入相配比的各项费数；期末若为贷方余额则表示收入大于费用的差额，即为企业实现的利润总额，若为借方余额则表示收入少于费用的差额，即为企业发生的亏损总额。

财务成果账户的结构如图 6-11 所示。

借方	财务成果账户　　　　贷方
发生额：转入的各项费用	发生额：转入的各项收入
期末余额：发生的亏损总额	期末余额：实现的利润总额

图 6-11　财务成果账户的结构

属于财务成果账户的主要是“本年利润”账户。这类账户只反映企业在一年内财务成果的形成，平时的余额为本年的累计利润总额或亏损总额，年终结转后无余额。

九、暂记账户

暂记账户是指用来核算和监督某些暂时难以确定其应借记或应贷记账户的经济业务的

账户。显然，暂记账户是一种过渡性账户，一旦确定其应借或应贷账户时，即应进行转账。例如，企业在财产清查中发现了财产物资的溢余或盘亏，在尚未查明原因或未经有关部门批准之前，还不能确定其应借或应贷账户，在这种情况下就需要设置暂记账户予以记录。常见的暂记账户有“待处理财产损溢”账户。暂记账户的结构特点是：账户借方登记企业财产物资盘亏、毁损及本期转销的财产物资盘盈数；贷方登记企业财产物资盘盈数及本期转销的财产物资盘亏、毁损数；处理前的借方余额反映企业尚未处理的各种财产的净损失，处理前的贷方余额反映企业尚未处理的各种财产的净溢余，期末处理后本科目应无余额。

企业清查的各种财产的损益，应于期末前查明原因，并根据企业的管理权限，经股东大会或董事会，或经理（厂长）会议或类似机构批准后，在期末结账前处理完毕。如清查的各种财产的损益，在期末结账前尚未经批准的，在对外提供财务会计报告时先按上述规定进行处理，并在会计报表附注中做出说明；如果其后批准处理的金额与已处理的金额不一致，则应调整会计报表相关项目的年初数。

暂记账户的结构如图 6-12 所示。

暂记账户

借方	待处理财产损溢　　　　贷方
发生额：本期发生的财产物资盘亏、毁损及本期转销的财产盘盈数	发生额：本期发生的财产物资盘盈数及本期转销的财产盘亏、毁损数

图 6-12　暂记账户的结构

十、计价对比账户

计价对比账户是指用来对某项经济业务按两种不同的计价标准进行核算对比，借以确定其业务成果的账户。计价对比账户的结构特点是：借方登记某项经济业务的一种计价；贷方登记该项业务的另一种计价；期末将两种计价对比，确定成果。

计价对比账户的结构如图 6-13 所示。

借方　　　　计价对比账户	贷方
发生额：业务的第一种计价	发生额：业务的第二种计价
期末余额：第一种计价大于第二种计价的差额	期末余额：第二种计价大于第一种计价的差额

图 6-13　计价对比账户的结构

属于计价对比账户的有“材料采购”“固定资产清理”“本年利润”等账户。

十一、调整账户

调整账户是指用来调整相关账户（被调整账户）的余额，以确定被调整账户的实际余额的账户。在会计核算工作中，由于经营管理上的需要或其他原因，要求某些账户反映该项经济活动的原始数据。但在实际工作中，该项经济活动的原始数据又往往会发生增减变化。如固定资产由于使用，其价值不断减少，但从经营管理的角度考虑，需要用“固定资产”账户反映固定资产的原始价值。为反映固定资产不断减少的价值，需开设“累计折旧”账户，通过“累计折旧”账户对“固定资产”账户进行调整，反映固定资产的净值。反映经济活动原始数字的账户，称为“被调整账户”；对被调整账户进行调整的账户，称为“调整账户”。将被调整账户中的原始数额同调整账户中的调整数额相加或相减，即可求得被调整账户调整后的实际数额。调整账户按其调整方式的不同，又可分为备抵账户、附加账户和备抵附加账户三类。

（一）备抵账户

备抵账户亦称抵减账户，是指用来抵减被调整账户的余额，以求得被调整账户的实际余额的账户。其调整方式，可用下列计算公式表示：

被调整账户余额–备抵账户余额=被调整账户的实际余额　　（1）

备抵账户的余额与被调整账户的余额必定方向相反，上述公式才能成立。如果被调整账户的余额在借方，则调整账户的余额一定在贷方，如“固定资产”与“累计折旧”账户；如果被调整账户的余额在贷方，则调整账户的余额一定在借方，如“本年利润”与“利润分配”账户。“累计折旧”账户是“固定资产”账户的备抵账户。根据“固定资产”账户的记录，可以取得固定资产原始价值的数字，从“累计折旧”账户中可以取得固定资产损耗价值的数字，用“固定资产”账户的借方余额减去“累计折旧”账户的贷方余额，其差额就是固定资产的实际价值（净值）。通过“固定资产”账户与“累计折旧”账户余额的对比分析，可以了解固定资产的新旧程度。“利润分配”账户是“本年利润”账户的备抵账户。“利润分配”账户的期末借方余额，反映期末已分配的利润数，用“本年利润”账户的贷方余额减去“利润分配”账户的借方余额，其差额表示企业期末尚未分配的利润数。

备抵账户与被调整账户的抵减方式，如图6-14、图6-15所示。

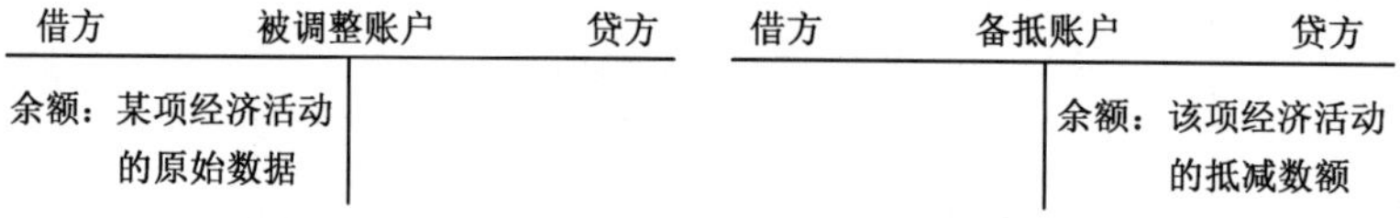

图6-14　备抵账户与被调整账户的抵减方式1

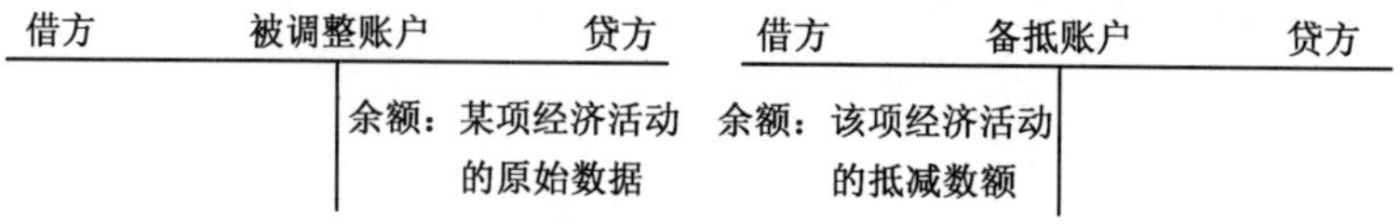

图6-15　备抵账户与被调整账户的抵减方式2

从图 6-14 可以看出这类被调整账户与备抵账户的关系，并可通过下式表示：

被调整账户的借方余额–备抵账户的贷方余额=该项经济活动的实际数额　（2）

从图 6-15 可以看出这类被调整账户与备抵账户的关系，并可通过下式表示：

被调整账户的贷方余额–备抵账户的借方余额=该项经济活动的实际数额　（3）

（二）附加账户

附加账户是指用来增加被调整账户的余额，以求得被调整账户的实际余额的账户。其调整方式可用下列计算公式表示：

被调整账户余额+附加账户余额=被调整账户的实际余额　（4）

附加账户的余额与被调整账户的余额必定在相同的方向，上述公式才能成立。如果被调整账户的余额在借方，附加账户的余额也一定在借方；如果被调整账户的余额在贷方，附加账户的余额也一定在贷方。

附加账户与被调整账户的附加方式，可通过图 6-16 表示。

借方　被调整账户	贷方
余额：某项经济活动的原始数据	

借方　附加账户	贷方
余额：该项经济活动的附加数额	

图 6-16　附加账户与被调整账户的附加方式

从图 6-16 可以看出这类被调整账户与附加账户的关系，并可通过下式表示：

被调整账户的借（贷）方余额+附加账户的借（贷）方余额=该项经济活动的实际数额　（5）

（三）备抵附加账户

备抵附加账户是指既用来抵减，又用来增加被调整账户的余额，以求得被调整账户的实际余额的账户。备抵附加账户既可以作为备抵账户，又可以作为附加账户来发挥作用，兼有两种账户的功能。这类账户在某一时刻执行的是哪种功能，取决于该账户的余额与被调整账户的余额在方向上是否一致，当其余额与被调整账户的余额方向相反时，它所起的是备抵账户的作用，其调整方式与备抵账户相同；当其余额与被调整账户的余额方向一致时，它所起的是附加账户的作用，其调整方式与附加账户相同。例如，“材料成本差异”账户就属于备抵附加账户。

账户按用途和结构的分类，如图 6-17 所示。

- 账户
  - 盘存账户
    - 库存现金
    - 银行存款
    - 原材料
    - 周转材料
    - 库存商品
    - 固定资产
  - 资本账户
    - 实收资本
    - 资本公积
    - 盈余公积
  - 结算账户
    - 债权结算账户
      - 应收账款
      - 应收票据
      - 其他应收款
      - 预付账款
    - 债务结算账户
      - 应付账款
      - 其他应付款
      - 预收账款
      - 应付职工薪酬
      - 短期借款
      - 长期借款
    - 债权债务结算账户
      - 应收账款
      - 应付账款
  - 集合分配账户——制造费用
  - 成本计算账户
    - 在途物资
    - 生产成本
  - 收入账户
    - 主营业务收入
    - 其他业务收入
    - 营业外收入
  - 费用账户
    - 主营业务成本
    - 营业税金及附加
    - 销售费用
    - 管理费用
    - 财务费用
    - 其他业务成本
  - 财务成果账户——本年利润
  - 暂记账户——待处理财产损溢
  - 计价对比账户
    - 材料采购
    - 固定资产清理
    - 本年利润
  - 调整账户
    - 累计折旧
    - 利润分配
    - 坏账准备
    - 材料成本差异

图 6-17　账户按用途和结构的分类

第四节　账户的其他分类

账户除了可以按经济内容、用途和结构进行分类以外，还可以按其他不同的分类标准进行分类。

一、账户按其提供指标详细程度分类

账户按其提供指标详细程度可分为总分类账户和明细分类账户。总分类账户是根据总账科目设置的，又称为一级账户或总账账户，反映的是经济业务的总括资料；明细分类账户是根据明细科目设置的，反映的是经济业务详细而具体的资料。总分类账户对所属明细分类账户具有统驭和控制作用，明细分类账户对总分类账户具有补充和说明作用。

二、账户按记账形式分类

复式记账的一个明显特征是从账户两方面来处理经济业务，把每项经济业务记录分为借贷记录，因此，账户也可按其记账形式分为借方账户和贷方账户。借方账户是指经济业务发生或增加时将其金额记入借方的账户，属于该类账户的有资产账户、费用账户等；贷方账户是指经济业务发生或增加时将其金额记入贷方的账户，属于该类账户的有负债账户、所有者权益账户和收入成果账户。

三、账户按与会计报表的关系分类

账户按与会计报表的关系可分为资产负债表账户和利润表账户。将据以编制资产负债表的账户称为资产负债表账户，将据以编制利润表的账户称为利润表账户。

四、账户按有无期末余额分类

账户按其期末有无余额可分为实账户和虚账户。实账户是指反映企业资产、负债和所有者权益的账户，这些账户在期末结账后通常都有余额，表示企业实际拥有或控制的经济资源和对这些资源的要求权，以后各期都要连续登记，所以又称为永久性账户。同时，由于这些账户是编制资产负债表的依据，所以又称为资产负债表账户。虚账户是指反映企业经营过程中发生的收入、成本、费用、成果的账户，这些账户在期末结账后通常并无余额，下期期初需另行开设，所以又称为临时性账户。同时，由于这些账户是编制利润表的依据，所以又称为利润表账户。实账户和虚账户的实质差别表现在期末是否有余额上。将账户分为实账户和虚账户，可以进一步了解账户的经济内容和用途、结构，以便更正确地运用各种账户，为期末进行结账、编制会计报表起到积极的作用。

本章小结

账户的分类是对账户设置和运用规律的再认识。

账户按经济内容分类，可分为资产类账户、负债类账户、所有者权益类账户、成本类账户和损益类账户五大类。

账户按用途和结构分类，可分为十一类：盘存账户、资本账户、结算账户、集合分配账户、成本计算账户、收入账户、费用账户、财务成果账户、暂记账户、计价对比账户和调整账户。

账户除了可以按经济内容、用途和结构进行分类以外，还可以按其他不同的分类标准进行分类。

思考题

1．如何理解账户按经济内容分类，并非是简单地按照会计要素分类？

2．如何理解暂记账户？

3．如何理解集合分配账户？

练习题

一、单项选择题

1．“利润分配”账户按经济内容分类属于（　　）。

A．资产类　　B．负债类　　C．所有者权益类　　D．损益类

2．下列账户中，按经济内容分类属于损益类的是（　　）。

A．“盈余公积”账户　　B．“本年利润”账户

C．“库存商品”账户　　D．“所得税费用”账户

3．“生产成本”账户按用途和结构分类属于（　　）。

A．跨期摊提账户　　B．集合分配账户

C．成本计算账户　　D．费用账户

4．下列账户中，按用途和结构分类属于资本类账户的是（　　）。

A．“资本公积”账户　　B．“制造费用”账户

C．“利润分配”账户　　D．“应付股利”账户

5．抵减账户的余额同被调整账户的余额（　　）。

A．方向相同　　B．方向相反　　C．有时相同有时相反　　D．无规律

6．“坏账准备”账户按会计要素分类属于（　　）。

A．资产类账户　　B．损益类账户

C．负债类账户　　　　　　　　D．备抵调整账户

7．“应收账款”账户的期末贷方余额表示（　　）。

A．预收的款项

B．已在本期支付应由本期及以后各期负担的费用

C．一定时期的费用支出

D．已在本期及以前几期预提尚未支付的费用

8．“应付账款”账户的期末借方余额表示（　　）。

A．预付的款项　　　　　　　　B．已经预付尚未分摊的费用

C．已经支付且已分摊的费用　　D．已经计入产品成本的生产费用支出

9．企业在不单独设“预付账款”账户的情况下，可用“（　　）”账户代替。

A．应收账款　　B．预收账款　　C．应付账款　　D．其他往来

10．“制造费用”账户按用途结构分属于（　　）。

A．负债账户　　B．成本类账户　　C．集合分配账户 D．成本计算账户

11．以下“（　　）”账户属于调整账户。

A．应付工资　　B．应交税金　　C．累计折旧　　D．预提费用

12．“主营业务收入”账户按其经济内容分类，属于（　　）账户。

A．收入类　　B．利润类　　C．损益类　　D．财务成果类

13．财务成果账户的借方余额表示（　　）。

A．利润总额　　B．亏损总额　　C．收益额　　D．费用额

14．（　　）账户属于计价对比账户。

A．利润　　B．固定资产　　C．材料采购　　D．材料成本差异

15．（　　）账户的借方登记债权增加债务减少。

A．债务结算　　B．负债结算　　C．债权债务结算 D．资产结算

二、多项选择题

1．下列账户中，属于调整账户的有（　　）。

A．“累计折旧”账户　　　　　B．“坏账准备”账户

C．“利润分配”账户　　　　　D．“材料成本差异”账户

E．“应收账款”账户

2．期末无余额的账户有（　　）。

A．盘存账户　　B．资本账户　　C．集合分配账户

D．收入账户　　E．费用账户

3．下列账户中，按经济内容分类属于所有者权益类账户的有（　　）。

A．“实收资本”账户　　　　　B．“资本公积”账户

C．“盈余公积”账户　　　　　D．“本年利润”账户

E．“利润分配”账户

4．下列账户中，按结构和用途分类属于成本计算账户的有（　　）。

A．“销售费用”账户　　　　　B．“管理费用”账户

C．“财务费用”账户　　　　　　D．“生产成本”账户
E．“在途物资”账户
5．下列账户中（　　）属于盘存账户。
A．库存现金　　B．银行存款　　C．库存商品
D．固定资产　　E．材料采购

三、判断题

1．有些账户按经济内容分类并不是绝对的。例如，“材料采购”账户可以划分为反映成本的账户，也可以划分为反映流动资产的账户。（　　）
2．“坏账准备”账户按经济内容分类属于损益类账户。（　　）
3．债权债务结算账户具有双重性质。（　　）
4．在会计实务中，有的企业不设置“预收账款”账户，发生预收账款业务时通过“应付账款”账户结算。（　　）
5．成本计算账户期末如有余额不一定都在借方。（　　）
6．收入账户与费用账户期末无余额。（　　）
7．“累计折旧”账户是“固定资产”账户的备抵账户。（　　）

第七章　会计凭证

学习目标与要求

会计凭证是整个会计信息系统的基础，填制和审核会计凭证是会计核算的基本方法之一。本章阐述了会计凭证的概念、作用，原始凭证与记账凭证的种类、应具备的内容，原始凭证与记账凭证的填制方法、审核的内容与审核结果的处理，以及会计凭证的传递和保管等内容。要求了解会计凭证的概念和编制会计凭证的意义，掌握会计凭证的分类、会计凭证的填制方法等。

第一节　会计凭证概述

一、会计凭证的概念

会计凭证是记录经济业务发生和完成情况的书面证明，也是据以登记账簿的依据。任何单位在进行会计核算时，都以其实际发生的经济业务为依据，必须由执行和完成该项经济业务的有关人员从外部取得或自行填制会计凭证，以书面的形式记录和证明所发生经济业务的性质、内容、数量和金额等，并在凭证上签名和盖章，以对经济业务的真实性、完整性负责。会计凭证只有经审核无误后，才能据此登记账簿。会计凭证对于完成会计核算任务，发挥会计在经济管理中的职能作用，都具有十分重要的意义。

二、会计凭证的作用

合法取得、正确填制和审核会计凭证，是会计核算工作的起点，也是会计核算的基本方法之一。会计凭证的作用主要体现在以下几个方面。

（一）能够正确地反映每一笔经济业务的发生和完成情况

各企业单位在日常的生产经营活动中，会发生各种各样的经济业务，如各项资产的取得和使用、各项债务的发生和偿付、财务成果的形成和分配等，既有货币资金的收付，又有财产物资的进出。通过会计凭证的填制，可以将日常发生的大量经济业务真实地记录下来，及时地反映各项经济业务的发生和完成情况，为经营管理提供有用的会计信息。

（二）可以为登记账簿提供依据

为了保证会计账簿资料的真实性、可靠性，对单位发生的每一项经济业务都必须及时取得或填制会计凭证，然后根据审核无误的会计凭证登记入账，这样就可以把经济业务的发生和完成情况正确及时地反映在会计凭证上，并为登记账簿提供可靠的依据。

（三）有利于明确各职能部门、各经办人员的经济责任

强化了经济管理的岗位责任制。在会计凭证中，列明了经济业务发生的日期、内容、数量、金额以及有关经办人员的签名、盖章等。这样就可以明确各经办单位及人员所负的责任，从而加强他们的责任感。一旦发生了差错和纠纷，也可以借助会计凭证进行正确的裁决，从而增强业务人员的责任心。

（四）有利于发挥会计的监督作用

通过取得和填制会计凭证，可以检查每项经济业务是否真实、正确、合法、合规、合理，及时发现经济管理上的不足之处和各项管理制度上的漏洞，从而采取必要的措施来改进工作。

三、会计凭证的种类

会计凭证是多种多样的，按其填制的程序和用途的不同，可分为原始凭证和记账凭证两大类。

（一）原始凭证

原始凭证又称为单据，是在经济业务发生或完成时取得或填制的，用以记录或证明经济业务发生或完成情况的原始证据，是登记记账凭证的依据。原始凭证是进行会计核算的原始资料和重要的证明文件，凡不能证明经济业务发生或完成的各种单据，均不能作为原始凭证据以记账，如供销合同、银行对账单等。

1．按取得的来源不同分类

按取得的来源不同可分为外来原始凭证和自制原始凭证。

（1）外来原始凭证。它是指在经济业务发生或完成时，从外部企业、单位或个人那里取得的原始凭证，如对外直接支付款项时取得的收据、购买货物取得的增值税专用发票等。其样式如表 7-1、图 7-1 所示。

表 7-1　财政局收据样式

保 定 市 财 政 局 统 一 收 据

年　　月　　日

今收到＿＿＿＿＿＿＿＿＿＿＿＿＿＿＿＿＿＿＿＿ 交　来＿＿＿＿＿＿＿＿＿＿＿＿＿＿＿＿＿＿＿＿ 人民币＿＿＿＿＿＿＿＿＿＿＿＿＿＿＿＿¥＿＿＿＿ 收款单位 公　　章＿＿＿＿＿＿＿＿＿＿	收款人	交款人

第二联交会计

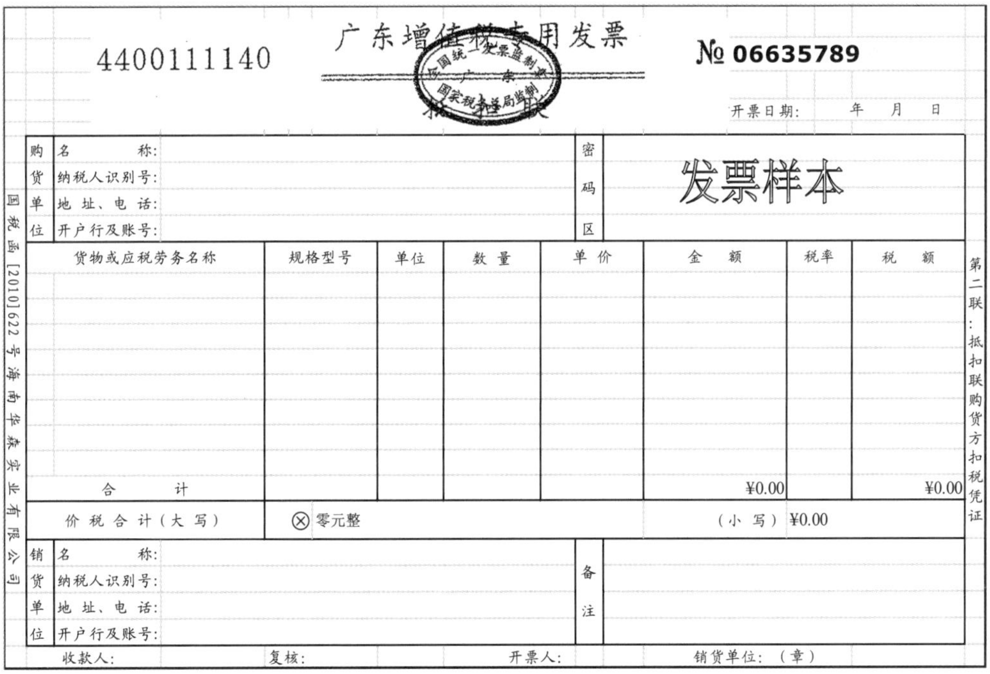

图 7-1　增值税专用发票样本

（2）自制原始凭证。它是指由本单位内部经办业务的部门和人员在执行和完成某项经济业务时填制的，仅供本单位内部使用的原始凭证。如收料单、领料单、限额领料单、产品入库单、产品出库单、借款单、工资发放明细表、折旧计算表等。其格式如表 7-2、表 7-3 所示。

表 7-2 借款单格式

新华机械设备制造厂借款单

年　月　日

<table>
<tr><td>工作单位</td><td>姓名</td><td colspan="2">借款金额</td><td>批准金额</td><td>备注</td></tr>
<tr><td></td><td></td><td colspan="2"></td><td></td><td rowspan="3">（现金付讫）</td></tr>
<tr><td colspan="5">借款金额（大写）　　万　仟　佰　拾　元　角　分</td></tr>
<tr><td>借款理由</td><td></td><td>归还时间</td><td colspan="2"></td></tr>
</table>

批准人：　　审核：　　借款人：　　出纳：

表 7-3 入库单格式

入 库 单

收货单位________　　年　月　日

货　号	品　名	单　位	数　量	单　价	金　额	备　注
合　计						

二交会计

库管员：　　会计：　　经办人：

2．按填制的手续和内容不同分类

按填制的手续和内容不同可分为一次凭证、累计凭证和汇总凭证。

（1）一次凭证。它是指一次填制完成、只记录一项经济业务或若干项同类经济业务的原始凭证。外来的原始凭证几乎都是一次凭证，自制的原始凭证绝大多数也是一次凭证，如收据、领料单、收料单、发货票、借款单、银行结算凭证等。一次凭证是一次有效凭证。

（2）累计凭证。它是指在规定期限内，为了减少凭证数量和简化凭证填制手续，将不断重复发生且性质相同的经济业务登记在一起，进行连续反映的一种自制原始凭证。其特点是：在一张凭证内可以连续登记相同类型的经济业务，随时结出累计数及结余数，并按照费用限额进行费用控制，期末按实际发生额记账。累计凭证是多次有效的原始凭证。具有代表性的累计凭证是限额领料单。其格式如表 7-4 所示。

（3）汇总凭证。汇总原始凭证也称为原始凭证汇总表，是根据一定时期内若干张反映同类经济业务的原始凭证汇总编制而成的凭证。汇总原始凭证合并了同类经济业务，简化了记账工作量。常用的汇总记账凭证有发出材料汇总表、工资结算汇总表、差旅费报销单等。其格式如表 7-5 所示。

表 7-4 限额领料单格式

××× 工厂

限额领料单

年 月 日 编号：

领料部门： 发料仓库：

计量单位： 领用限额：

日 期	请领数量	实发数量	累计实发数量	限额结余	领料人签章
累计实发金额					

供应部门负责人： 生产部门负责人： 仓库管理员：

表 7-5 发料凭证汇总表格式

发料凭证汇总表

借方科目 材料	生产成本	制造费用	管理费用	合计
甲材料				
乙材料				
丙材料				
合 计				

审核： 制单：

3．按格式不同分类

按格式不同可分为通用凭证和专用凭证。

（1）通用凭证。它是指由有关部门统一印制，在一定范围内使用的具有统一格式和使用方法的原始凭证。通用凭证的使用范围，因制作部门不同而异。可以在某一地区、某一行业使用，也可以是全国通用。如某省（市）印制的发货票、收据等，在该省（市）通用；由人民银行制作的银行转账结算凭证，在全国通用等。

（2）专用凭证。它是指由单位自行印制、仅在本单位内部使用的原始凭证，如领料单、差旅费报销单、折旧计算表、工资费用分配表等。

（二）记账凭证

记账凭证是会计人员根据审核无误的原始凭证，按照经济业务的内容加以归类，并据以确定会计分录后所填制的会计凭证。它是登记账簿的直接依据。记账凭证又称为记账凭单，它根据复式记账的基本原理，确定了应借、应贷的会计科目及其金额，将原始凭证中的一般数据转化为会计语言，是介于原始凭证与账簿之间的中间环节，是登记明细分类账户和总分类账户的依据。

1．按其反映的经济内容不同分类

按其反映的经济内容不同可分为收款凭证、付款凭证和转账凭证。

（1）收款凭证。它是指用于记录现金和银行存款收款业务的会计凭证。收款凭证是根据有关现金和银行存款收款业务的原始凭证填制，是登记现金日记账、银行存款日记账以及有关明细账和总账等账簿的依据，也是出纳人员收讫款项的依据。其格式如表 7-6 所示。

表 7-6　收款凭证格式

收款凭证

银收字第×号

借方科目：银行存款　　　　年　月　日　　　　附件×张

摘要	贷方科目		金额（元）	记账“√”
	一级科目	二级或明细科目		
收到光明厂前欠货款	应收账款	光明厂	50 000	√
合计			50 000	

会计主管：　记账：　出纳：　复核：　制证：

（2）付款凭证。它是指用于记录现金和银行存款付款业务的会计凭证。付款凭证是根据有关现金和银行存款付款业务的原始凭证填制，是登记现金日记账、银行存款日记账以及有关明细账和总账等账簿的依据，也是出纳人员支付款项的依据。其格式如表 7-7 所示。

表 7-7　付款凭证格式

付款凭证

现付字第×号

贷方科目：现金　　　　年　月　日　　　　附件×张

摘要	借方科目		金额（元）	记账“√”
	一级科目	二级或明细科目		
购买办公用品	管理费用		300	√
合计			300	

会计主管：　记账：　出纳：　复核：　制证：

（3）转账凭证。它是指用于不涉及记录现金和银行存款业务的会计凭证。转账凭证是根据有关转账业务的原始凭证填制的，是登记有关明细账和总账的依据。其格式如表 7-8 所示。

收款凭证、付款凭证、转账凭证的划分，有利于不同经济业务进行分类管理，有利于经济业务的检查，但工作量较大，适用于规模较大、收付款业务较多的单位。对于经济业务比较简单、规模较小、收付款业务较少的单位，还可以采用通用式记账凭证来记录所有的经济业务。通用记账凭证的格式与转账凭证的格式基本相同，其格式如表 7-9 所示。

表 7-8　转账凭证格式

转账凭证

转字第×号

年　月　日　　附件×张

摘　要	一级科目	二级或明细科目	借方金额（元）	贷方金额（元）	记账“√”
领用材料，其中车间耗用 7 800 元，管理部门耗用 1 200 元	制造费用		7 800		√
	管理费用		1 200		√
	原材料			9 000	√
合　计			9 000	9 000	

会计主管：　记账：　复核：　制证：

表 7-9　通用记账凭证格式

记账凭证

编号：

年　月　日　　附件×张

摘　要	一级科目	二级或明细科目	借方金额（元）	贷方金额（元）	记账“√”
支付材料装卸费	材料采购	××材料	300		√
	银行存款			300	√
合　计			300	300	

会计主管：　记账：　审核：　填制：

2．按填制方式分类

按填制方式可分为复式记账凭证和单式记账凭证。

（1）复式记账凭证。复式记账凭证是将一项经济业务涉及的借方和贷方的各个会计科目都集中填列在一张记账凭证上。如前面列举的收款凭证、付款凭证和转账凭证都是复式记账凭证。复式记账凭证可以集中反映账户的对应关系，便于了解经济业务的全貌，但不便于汇总每一个会计科目的发生额。实际工作中，会计核算一般都采用复式记账凭证。

（2）单式记账凭证。单式记账凭证是指每一张凭证只填列一个会计科目的记账凭证。即把每一项经济业务所涉及的会计科目分别填列在两张或两张以上的借项记账凭证和贷项记账凭证上。单式记账凭证便于分别汇总每一个会计科目的发生额，但不能反映账户的对应关系，在相同经济业务量的条件下，记账凭证的数量也较多，因而一般只在经济业务较多，会计人员分工较细的情况下有选择地采用。例如，2019 年 2 月 5 日，销售商品一批，货款 50 000 元已经通过银行收取（税金略）。这项经济业务所填制的单式记账凭证的格式如表 7-10、表 7-11 所示。

表 7-10 借项记账凭证格式

借项记账凭证

2019 年 2 月 5 日　　凭证编号记字 68

摘　要	总账科目	明细科目	账页	金额（元）
销售给 A 工厂甲产品一批	银行存款			50 000
对应总账科目：主营业务收入	合　计			50 000

表 7-11 贷项记账凭证格式

贷项记账凭证

2019 年 2 月 5 日　　凭证编号记字 68

摘　要	总账科目	明细科目	账页	金额（元）
销售给 A 工厂甲产品一批	主营业务收入	甲产品		50 000
对应总账科目：银行存款	合　计			50 000

在实际工作中，为了简化登记总账的工作，可以将一定时期内全部记账凭证汇总编制科目汇总表（见表 7-12）；或者将一定时期内的各种记账凭证分别按照科目编制汇总收款凭证、汇总付款凭证和汇总转账凭证（见表 7-13）。

科目汇总表与汇总记账凭证也属于记账凭证。

表 7-12 科目汇总表

科目汇总表

年　月　日至　日　　编号：

科　目	凭证张数	借方金额（元）	贷方金额（元）	总账页次
银行存款		485 600	324 800	3
物资采购		163 200	152 100	8
（以下内容略）				
合　计		980 660	980 660	

会计主管：　　记账：　　审核：　　制表：

表 7-13 记账凭证汇总表

（收款）
（付款）凭证汇总表
（转账）

年 月 日至 日

（收）
（付）字第 号
（转）

会计科目	账页号	本期发生额		记账凭证号
		借 方	贷 方	
合 计				

会计主管： 记账： 审核： 制表：

第二节 原始凭证的填制与审核

一、原始凭证的基本内容

由于经济业务的种类和内容及经营管理的要求不同，原始凭证的格式和内容也千差万别。但无论是何种原始凭证，都必须做到所载明的经济业务清晰，经济责任明确。因此，其一般应具备以下基本内容。

（1）原始凭证的名称。（如“海口市服务行业专用发票”“中国银行转账支票”等）

（2）填制原始凭证的日期。（如办理转账支票的日期）

（3）接受原始凭证的单位名称。（如发票上填写的购货单位名称、领料单上填写的领料部门名称等）

（4）经济业务的内容（含数量、单价、金额等）。（如发票上填写的所售商品的货号、品名和规格等）

（5）填制单位签章。

（6）有关人员签章。

（7）凭证附件。

二、原始凭证的填制要求

原始凭证是编制记账凭证的依据，是会计核算最基础的原始资料。要保证会计核算工作的质量，就必须保证原始凭证的质量，正确地填制原始凭证。为了保证原始凭证正确、及时、清晰地反映经济业务的真实情况，具体来说，原始凭证的填制必须符合以下要求。

（1）记录要真实。要实事求是地填写经济业务，原始凭证上填制的日期、业务内容、数量、金额等必须与实际情况完全符合，确保凭证内容真实可靠。

（2）内容要完整。原始凭证所要求填制的项目必须逐项填列齐全，不得遗漏和省略。需要注意的是，年、月、日要按填制原始凭证的实际日期填写；名称要齐全，不能简化；品名和用途要填写明确，不得含混不清；有关人员的签章必须齐全。

（3）手续要完备。单位自制的原始凭证必须有经办业务部门和人员的签名、盖章；对外开出的原始凭证必须加盖单位公章；从外部取得的原始凭证，必须盖有填制单位的公章。总之，取得的原始凭证必须符合手续完备的要求，以明确经济责任，确保凭证的合法性、真实性。

（4）书写要规范、清楚。原始凭证要按规定填写，文字要简练，字迹要清楚，易于辨认，不得使用未经国务院公布的简化汉字。凡填有大写和小写金额的原始凭证，大写与小写金额必须相符，且填写规范，小写金额用阿拉伯数字逐个书写，不得写连笔字，在金额的前面要填写人民币符号“¥”。人民币符号“¥”与阿拉伯数字之间不得留有空白，金额数字一律填写到角分，无角分的，写“00”或符号“—”，有角无分的，分位写“0”，不得用符号“—”；大写金额用汉字壹、贰、叁、肆、伍、陆、柒、捌、玖、拾、佰、仟、万、亿、元、角、分、零、整等，一律用正楷或行书字体书写；大写金额前无“人民币”字样的，应加写“人民币”三个字，“人民币”字样和大写金额之间不得留有空白，大写金额到元或角为止的，后面要写“整”或“正”字。如小写金额为¥1 008.00，大写金额应写成“壹仟零捌元整”。

（5）编号要连续。各种凭证要连续编号，以便查考。如果凭证已预先印定编号，如发票、支票等重要凭证，在写错作废时，应加盖“作废”戳记，妥善保管，不得撕毁。

（6）不得涂改、挖补、刮擦。原始凭证有错误的，应当由出具单位重开或更正，更正处应加盖出具单位印章。原始凭证金额有错误的，应当由出具单位重开，不得在原始凭证上更正。

（7）填制要及时。各种原始凭证一定要及时填写，并按规定的程序及时送交会计机构、会计人员进行审核。

另外还需要注意，一式几联的原始凭证，应当注明各联的用途，只能以一联作为报销凭证。一式几联的发票和收据，必须用双面复写纸套写，并连续编号，作废时应当加盖“作废”戳记，连同存根一起保存，不得撕毁。

发生销货退回的，除填制退货发票外，还必须有退货验收证明；退款时，必须取得对方的收款收据或者汇款银行的凭证，不得以退货发票代替收据。

职工公出借款凭据，必须附在记账凭证之后。收回借款时，应当另开收据或者退还借据副本，不得退还原借据收据。

三、原始凭证的审核

为了如实地反映经济业务的发生和完成情况，充分发挥会计的监督职能，保证会计信息的真实性、可靠性和正确性，会计机构、会计人员必须对原始凭证进行严格审核。具体内容包括：

（1）审核原始凭证的真实性。原始凭证作为会计信息的基本信息源，其真实性对会计信息的质量具有至关重要的影响。其真实性的审核包括凭证日期是否真实、业务内容是否真实、数据是否真实等内容。对外来原始凭证，必须有填制单位公章和填制人员签章；对自制原始凭证，必须有经办部门和经办人的签名和盖章。此外，对通用原始凭证，还应审核凭证本身的真实性，以防假冒。

（2）审核原始凭证的合法性。审核原始凭证所记录经济业务是否有违反国家法律法规的情况，是否履行了规定的凭证传递和审核程序，是否有贪污腐化行为。

（3）审核原始凭证的合理性。审核原始凭证所记录的经济业务是否符合企业生产经营活动的需要，是否符合企业有关的计划和预算等。

（4）审核原始凭证的完整性。审核原始凭证各项基本要素是否齐全，是否有漏项的情况，日期是否完整，数字是否清晰，文字是否工整，有关人员的签章是否齐全，凭证联次是否正确等。

（5）审核原始凭证的正确性。审核原始凭证各项金额的计算及填写是否正确，具体包括：阿拉伯数字分位填写，不得连写；小写金额前要标明“¥”字样，中间不能留有空位；大写金额前要加“人民币”字样，大写金额与小写金额要相符；凭证中有书写错误的，应采用正确的方法更正，不能采用涂改、刮擦、挖补等不正确方法。

（6）审核原始凭证的及时性。原始凭证的及时性是保证会计信息及时性的基础。因此，要求在经济业务发生或完成时及时填写有关原始凭证，及时进行原始凭证的传递。审核时应注意审核凭证的填制日期。尤其是支票、银行汇票、银行本票等时效性较强的原始凭证，更应仔细验证其签发日期。

四、原始凭证审核后的处理

经审核的原始凭证根据不同情况进行处理：

（1）对于核对无误、完全符合要求的原始凭证，应及时据以编制记账凭证入账。

（2）对于不真实、不合法的原始凭证有权不予接受，并应当报告单位负责人，要求查明原因，做出处理。

（3）对于真实、合法、合理但内容不够完整、填写有错误的原始凭证，应退回给有关经办人员，由其负责将有关凭证补充完整、更正错误或重开后，再办理正式会计手续。

原始凭证的审核工作是一项严肃细致的重要工作，为了做好这项工作，审核人员必须熟悉国家有关的方针、政策、法令、规定和制度以及本单位的有关规定，并掌握本单位内部各部门的工作情况。另外，审核人员做好宣传解释工作，因原始凭证所证明的经济业务需要由有关的领导和职工经办，只有对他们做好宣传解释工作，才能避免违法乱纪经济业务的发生。

第三节 记账凭证的填制与审核

一、记账凭证的基本内容

记账凭证作为登记账簿的依据，因其所反映经济业务的内容不同，各单位规模大小及其对会计核算繁简程度的要求不同，其格式也有所不同。但为了满足记账基本要求，记账凭证应具备以下基本内容。

（1）记账凭证的名称，如“收款凭证”“付款凭证”“转账凭证”。

（2）填制记账凭证的日期。

（3）记账凭证的编号。

（4）经济业务的内容摘要。

（5）经济业务所涉及的会计科目（总账科目、明细科目）及其记账方向。

（6）经济业务的金额。

（7）记账标记。

（8）所附原始凭证的张数。

（9）会计主管、记账、审核、出纳、制单等有关人员签章。

二、记账凭证的填制

收款凭证是根据有关现金和银行存款收款业务的原始凭证填制的。收款凭证的左上角“借方科目”，应填写“现金”或“银行存款”科目；右上角应填写凭证的编号；“摘要”栏应填写所记录的经济业务的简要内容；“贷方科目”栏应填写与现金收入或银行存款收入相对应的一级科目和二级科目或明细科目；“金额”栏应填写现金与银行存款的收入金额；入账后要在“过账”栏打“√”或注明登记入账的页数，以防止重复记账或漏账；“附件张数”栏记录记账凭证所附的原始凭证张数。

付款凭证是根据有关现金和银行存款付款业务的原始凭证填制的。付款凭证的填制方法与收款凭证基本相同。不同的是凭证左上角应填列相应的贷方科目；“借方科目”栏应填写与现金付出或银行存款付出相应的一级科目和二级科目或明细科目。

对于现金与银行存款之间的相互划转业务，如从银行提取现金或将现金送存银行，一般只填制银行存款或现金的付款凭证，以避免重复记账。

转账凭证是根据转账业务的原始凭证编制的。转账凭证中一级科目和二级科目或明细科目应分别填列应借、应贷的一级科目和所属的二级科目或明细科目，借方科目的应记金额应在同一行的“借方金额”栏填列；贷方科目的应记金额应在同一行的“贷方金额”栏填列。“借方金额”栏的合计数与“贷方金额”栏的合计数应相等。

各种记账凭证都必须按照规定的格式和内容填制，除必须做到记录真实、内容完整、填制及时、书写清楚外，还必须符合下列要求。

（1）摘要是对经济业务内容的简要说明，要求文字说明简练、确切。

（2）应当根据经济业务的内容，按照会计制度的规定，确定应借、应贷科目。科目使用必须正确，不得任意改变、简化会计科目的名称。有关的二级科目和明细科目要填写齐全。应借、应贷账户必须保持清晰的对应关系。

（3）记账凭证必须连续编号，以免凭证散失。如果企业采用通用记账凭证，记账凭证的编号可以采取顺序编号法，即按月编制序号。如果是采取收款凭证、付款凭证和转账凭证的专用记账凭证形式，则记账凭证应该按照字号编号法，即把不同类型的记账凭证用“字”加以区别，再把同类的记账凭证按照顺序加以连续编号，如“收字第××号”“付字第××号”“转字第××号”等。如果一项经济业务需要填制一张以上的记账凭证时，记账凭证的编号可以采取分数编号法。如 1 号会计事项分录需要填制三张记账凭证，即可以编成 $1^{1/3}$ 号、$1^{2/3}$ 号、$1^{3/3}$ 号。

（4）记账凭证可以根据一张原始凭证填制，或者根据若干张同类原始凭证汇总填制，也可以根据原始凭证汇总表填制。但是不得将不同内容和类别的原始凭证汇总填制在一张记账凭证上。

（5）除结账和更正错误的记账凭证可以不附原始凭证外，其他记账凭证必须附有原始凭证。如果一张原始凭证涉及几张记账凭证，可以把原始凭证附在一张主要的记账凭证后面，并在其他记账凭证上注明附有该原始凭证的记账凭证编号或者附原始凭证的复印件。一张原始凭证所列支出需要几个单位共同负担的应当将其他单位负担的部分，开给对方原始凭证分割单，进行结算。原始凭证分割单必须具备原始凭证的内容和费用分摊情况。

（6）如果在填制记账凭证时发生错误，应当重新填制。已经登记入账的记账凭证，在发现填写错误时，可用红字填写一张与原内容相同的记账凭证，同时再用蓝字重新填制一张正确的记账凭证。如果会计科目正确，只是金额错误，也可以将正确数额与错误数额间的差额，另编一张调整的记账凭证，调增数额用蓝字，调减数额用红字。

（7）记账凭证填制后，如果有空行，应当自金额栏最后一笔金额数字下的空行处至合计数上的空行处画线注销。

（8）实行会计电算化的单位，对于机制记账凭证应当符合记账凭证的一般要求，打印出来的机制记账凭证要加盖制单人员、审核人员、记账人员及会计机构负责人、会计主管人员的印章或者签名，以明确经济责任。

三、记账凭证的审核

为了保证会计信息的质量，在记账之前应由有关稽核人员对记账凭证进行严格的审核。其审核的主要内容有：

（1）内容是否真实。审核记账凭证是否有原始凭证为依据，所附原始凭证的内容与记账凭证的内容是否一致，记账凭证汇总表的内容与其所依据的记账凭证的内容是否一致等。

（2）项目是否齐全。审核记账凭证各项目的填写是否齐全，如日期、凭证编号、摘要、会计科目、金额、所附原始凭证的张数及有关人员的签章等。

（3）科目是否正确。审核记账凭证的应借、应贷科目是否正确，是否有明确的账户对应关系，所使用的会计科目是否符合国家统一的会计制度的规定等。

（4）金额是否正确。审核记账凭证所记录的金额与原始凭证的有关金额是否一致，计算是否正确，记账凭证汇总表的金额与记账凭证的金额合计是否相等。

（5）书写是否正确。审核记账凭证中的记录是否文字工整，数字清楚，是否按规定进行更正等。

四、记账凭证审核后的处理

经审核的记账凭证应根据不同情况进行处理。

（1）对于完全符合要求的记账凭证，应及时据以登记账簿。

（2）对于有问题的记账凭证，一般应重新编制。

第四节 会计凭证的传递与保管

一、会计凭证的传递

会计凭证的传递是指从会计凭证的取得或填制时起至归档保管过程中，在单位内部有关部门和人员之间的传递程序。会计凭证的传递是会计核算得以正常、有效进行的前提。会计凭证的传递，要求能够满足内部控制制度的要求，使传递程序合理有效，同时尽量节约传递时间，减少传递的工作量。

企业生产组织的特点、经济业务的内容和管理的要求不同，会计凭证的传递也有所不同。为此，企业应根据具体情况制定每一种凭证的传递程序和方法。如收料单的传递，材料到达企业后应多长时间内验收入库，收料单由谁填制，一式几联，各联次的用途是什么，何时传递到会计部门，会计部门由谁负责收料单的审核工作，由谁据以编制记账凭证、登记账簿、整理归档等。会计凭证的传递是否科学、严密、有效，对于加强企业内部管理，提高会计信息质量具有重要的意义。

二、会计凭证的保管

会计凭证的保管是指会计凭证记账后的整理、装订、归档和存查工作。会计凭证作为记账的依据，是重要的会计档案和经济资料。因此，任何单位在完成经济业务手续和记账以后，必须将会计凭证按规定的立卷归档制度形成会计档案资料，妥善保管，防止丢失，不得任意销毁，以便于日后随时查阅。

会计凭证的保管主要有以下要求。

（1）会计凭证应定期装订成册，防止散失。会计部门在依据会计凭证记账以后，应定期（每天、每旬或每月）对各种会计凭证进行分类整理，将各种记账凭证按照编号顺序，连同所附原始凭证一起加具封面、封底，装订成册，并在装订线上加贴封签，由装订人员在装订线封签处签名或盖章。

（2）从外单位取得的原始凭证遗失时，应取得原签发单位盖有公章的证明，并注明原始凭证的号码、金额、内容等，由经办单位的会计负责人批准后，才能代作原始凭证。若确实无法取得原始凭证的，如车票丢失，则应由当事人写明详细情况，由经办单位会计机构负责人、会计主管人员和单位负责人批准后，代作原始凭证。

（3）会计凭证封面应注明单位名称、凭证种类、凭证张数、起至号数、年份、月份、会计主管人员、装订人员等有关事项，会计主管人员和会计保管人员应在封面上签章。

（4）会计凭证应加贴封条，防止抽换凭证。原始凭证不得外借，其他单位如有特殊原因确实需要使用时，可以复制。向外单位提供的原始凭证复印件，应在专设的登记簿上登记，并由提供人员和收取人员共同签名、盖章。

（5）原始凭证较多时，可以单独装订，但应在会计凭证封面上注明所属记账凭证的日期、编号和种类，同时在所属的记账凭证上应注明“附件另订”及原始凭证的名称和编号，以便查阅。对各种重要的原始凭证，如押金收据、提货单等，以及各种需要随时查阅和退回的单据，应另编目录，单独保管，并在有关记账凭证和原始凭证上分别注明日期和编号。

（6）每年装订成册的会计凭证，在年度终了时可暂由单位会计机构保管一年，期满后应当移交本单位档案机构统一保管；未设立档案机构的，应当在会计机构内部指定专人保管。出纳人员不得兼管会计档案。

（7）严格遵守会计凭证的保管期限要求，期满前不得任意销毁。

本章小结

填制和审核会计凭证是会计核算的专门方法之一。会计凭证是记录经济业务发生和完成情况的书面证明，也是据以登记账簿的依据。会计凭证包括原始凭证和记账凭证。

原始凭证是记载经济业务发生或完成的原始证据，是登记记账凭证的依据。原始凭证是进行会计核算的原始资料和重要的证明文件，凡不能证明经济业务发生或完成的各种单据，均不能作为原始凭证据以记账。

记账凭证是会计人员根据审核无误的原始凭证，按照经济业务的内容加以归类，并据以确定会计分录后所填制的会计凭证。它是登记账簿的直接依据。

原始凭证和记账凭证也有多种分类方式。

- 会计凭证
  - 原始凭证
    - 按来源分类：自制原始凭证、外来原始凭证
    - 按填制手续和内容分类：一次原始凭证、累计原始凭证、汇总原始凭证
    - 按格式分类：通用凭证、专用凭证
  - 记账凭证
    - 按经济内容分类
      - 收款凭证
      - 付款凭证
      - 转账凭证
    - 按填制方式分类
      - 单式记账凭证
      - 复式记账凭证

原始凭证的审核内容：审核其真实性、合法性、合理性、完整性、正确性、及时性。

记账凭证的审核内容：审核其内容是否真实、项目是否齐全、科目是否正确、金额是否正确、书写是否正确。

会计凭证的传递是会计核算得以正常、有效进行的前提。

会计凭证作为记账的依据，是重要的会计档案和经济资料。任何单位都必须将会计凭证按规定的立卷归档制度形成会计档案资料，妥善保管，防止丢失，不得任意销毁。

思考题

1．什么是会计凭证，填制和审核会计凭证有何作用？

2．什么是原始凭证，原始凭证应具备的基本内容有哪些？

3．审核原始凭证的内容有哪些？

4．什么是记账凭证，记账凭证应具备哪些内容？

5．审核记账凭证的内容有哪些？

练习题

一、单项选择题

1．会计凭证按其（　　）不同，可分为原始凭证和记账凭证。

A．填制的方法　　B．取得的来源

C．填制的程序和用途　　D．反映经济业务的次数

2．下列会计凭证中属于原始凭证的是（　　）。

A．收款凭证　　B．付款凭证　　C．转账凭证　　D．发料凭证汇总表

3．限额领料单是一种（　　）。

A．记账凭证　　B．汇总凭证　　C．一次凭证　　D．累计凭证

4．“发出材料汇总表”是（　　）。

A．汇总原始凭证　　B．汇总记账凭证

C．累计凭证　　D．记账凭证

5．（　　）属于外来原始凭证。

A．入库单　　B．出库单

C．银行收款通知单　　D．发出料汇总表

6．只反映一项经济业务，或同时反映若干项经济业务，凭证填制手续是一次完成的自制原始凭证，称为（　　）。

A．累计凭证　　B．汇总原始凭证

C．一次凭证　　D．单式记账凭证

7．以下所列不能作为原始凭证的是（ ）。

A．发货票　B．收料单　C．经济合同　D．领料单

8．将记账凭证分为收款凭证、付款凭证和转账凭证的依据是（ ）。

A．按凭证填制的程序　B．按凭证在经济管理中的用途

C．按凭证取得的来源　D．按凭证所记录的经济业务内容

9．从银行提取现金备用的经济业务，应填制（ ）。

A．一张转账凭证　B．一张收款凭证

C．一张付款凭证　D．一张收款凭证和一张付款凭证

10．对于将现金存入银行的业务，按规定应编制（ ）。

A，现金收款凭证　B．银行存款收款凭证

C．现金付款凭证　D．银行存款付款凭证

11．会计人员审核凭证时发现其金额有差错，应由（ ）。

A．原制单人员更正　B．经办人员更正

C．会计人员更正　D．审批人员更正

12．对于一般原始凭证，若填写出现错误时，应采用（ ）予以更正。

A．红字更正法　B．划线更正法　C．补充登记法　D．蓝字更正法

13．销售产品一批，货款金额共计为伍万零玖元肆角整，在填写发货票小写金额时，应书写为（ ）。

A．¥50 009.40 元　B．50 009.40 元

C．¥50 009.40　D．¥50 009.4 元

14．会计凭证的传递，是指（ ），在单位内部有关部门及人员之间的传递程序和传递时间。

A．会计凭证的填制到登记账簿止

B．会计凭证的填制或取得到归档止

C．会计凭证审核后到归档止

D．会计凭证的填制后取得到汇总登记账簿止

15．“制造费用分配表”属于（ ）。

A．一次凭证　B．累计凭证　C．汇总原始凭证　D．记账编制凭证

16．会计实务采用的收款凭证、付款凭证和转账凭证都属于（ ）。

A．单式记账法　B．复式记账法　C．专用记账凭证　D．通用记账凭证

17．记账凭证是（ ）根据审核无误的原始凭证填制的。

A．会计人员　B．经办人员　C．主管人员　D．复核人员

18．付款凭证的贷方科目为（ ）。

A．“现金”　B．“现金”或“银行存款”

C．“银行存款”　D．任何一个会计科目

19．在借贷记账法下，将经济业务所涉及的会计科目全部填列在一张凭证内的凭证是(　　)。

A．收款凭证　B．付款凭证　C．通用记账凭证　D．转账凭证

20．会计凭证是重要的(　　)，所以要特别注意保管。

A．会计档案　B．会计信息　C．会计核算结果　D．对经济业务的登记

二、多项选择题

1．会计凭证的作用有(　　)。

A．反映经济业务的完成情况　B．综合反映企业的财务状况

C．作为记账的依据　D．对经济业务进行日常监督

2．以下所列属于原始凭证的有(　　)。

A．付款凭证　B．销货发票　C．收料单　D．银行结算凭证

3．以下所列属于一次性原始凭证的有(　　)。

A．收料单　B．报销凭单　C．领料单　D．限额领料单

4．外来原始凭证(　　)。

A．从企业外部取得　B．由会计人员填制

C．是一次凭证　D．须加盖填制单位印章

5．原始凭证的内容有(　　)。

A．凭证的名称、日期、编号　B．接受单位或个人名称

C．会计分录　D．业务内容

6．填制原始凭证的要求有(　　)。

A．遵纪守法　B．记录真实　C．内容完整　D．填写认真

7．下列凭证属于外来原始凭证的有(　　)。

A．领料单　B．购货发票　C．经济采购合同　D．出差人员车票

8．记账凭证(　　)。

A．由经办人填制　B．由会计人员填制

C．在经济业务发生时填制　D．根据审核无误的原始凭证填制

9．可以作为记账凭证填制依据的有(　　)。

A．自制原始凭证　B．记账编制凭证

C．汇总原始凭证　D．外来原始凭证

10．记账凭证的作用有(　　)。

A．对经济业务进行归类　B．确定会计分录

C．据以记账　D．反映经济业务执行情况

11．下列记账凭证中属于复式记账的有(　　)。

A．收款凭证　B．付款凭证　C．转账凭证　D．通用记账凭证

12．付款凭证左上角的贷方科目可能是(　　)科目。

A．“应付账款”　B．“材料采购”　C．“银行存款”　D．“库存现金”

13．涉及现金与银行存款之间划转业务时，可以编制的记账凭证有（　　）。
A．现金收款凭证　　B．现金付款凭证
C．银行存款收款凭证　　D．银行存款付款凭证
14．若记账之前发现记账凭证有错误可采用（　　）。
A．红字更正法
B．划线更正法
C．补充登记法
D．将错误的记账凭证作废撕毁、重新编制正确凭证
15．限额领料单同时属于（　　）。
A．原始凭证　　B．记账凭证　　C．一次凭证　　D．累计凭证
16．会计凭证的保管应做到（　　）。
A．定期归档、装订，以便查阅
B．查阅会计凭证要有手续
C．装订成册的会计凭证应集中由专人负责保管
D．会计凭证由企业自行到期销毁
17．下列属于记账凭证的有（　　）。
A．科目汇总表　　B．通用记账凭证　C．领料单　　D．发出材料汇总表
18．外购材料取得的发票属于（　　）。
A．外来原始凭证　B．累计凭证　　C．一次凭证　　D．自制原始凭证
19．原始凭证审核的主要内容有（　　）。
A．审核原始凭证所记录经济业务的合法性
B．审核原始凭证所记录经济业务是否符合计划
C．审核原始凭证填写内容是否符合规定
D．审核原始凭证会计分录是否正确
20．记账凭证的审核主要内容有（　　）。
A．是否附有原始凭证，所记内容与原始凭证是否一致
B．应借应贷的会计科目与金额是否正确
C．是否有经手人的签名、盖章
D．摘要、项目、日期是否填列齐全、清楚

三、判断题

1．原始凭证都是以实际发生或完成的经济业务为依据而填制的。（　　）
2．只有原始凭证是登记账簿的依据。（　　）
3．限额领料单属于一次凭证。（　　）
4．收料单属于汇总凭证。（　　）
5．外来原始凭证都是一次性使用的会计凭证。（　　）
6．无论是自制的还是外来的原始凭证，以及汇总原始凭证，一般都是以实际发生的经济业务为依据填制的。（　　）

7．记账凭证都是累计凭证。（ ）

8．各种记账凭证都只能根据一张原始凭证逐一编制。（ ）

9．单式记账凭证便于按科目汇总有利于分工记账。（ ）

10．通用记账凭证的格式和填制方法，与转账凭证相同。（ ）

11．各种会计凭证不得随意涂改、刮擦、挖补，如填写发生错误，应采用划线更正法予以更正。（ ）

12．从银行存款中提取现金，既可以编制银行存款付款凭证，也可以编制现金收款凭证。（ ）

13．转账凭证只登记与货币资金收付无关的业务。（ ）

14．收款凭证只有在现金增加时才填制。（ ）

15．在编制记账凭证时，原始凭证就是记账凭证的附件。（ ）

16．出纳人员只需根据收款、付款业务的原始凭证办理收、付款项。（ ）

17．对于遗失的原始凭证而又无法取得证明，如火车票等，可由当事人写出详细情况，由单位负责人批准后，也可代作原始凭证。（ ）

18．所有的记账凭证都是由会计人员根据审核无误的原始凭证填制的。（ ）

19．由于各经济单位的业务量多少不同，会计凭证数量也不一致，所以可以自行规定销毁会计凭证的时间。（ ）

20．会计凭证按规定保管期满后，可由财会人员销毁。（ ）

第八章　会计账簿

学习目标与要求

在整个会计核算体系中，账簿是一个中间环节。对于会计凭证和会计报表来说，账簿起着承前启后的作用。本章简述了会计账簿的概念、意义、种类、格式、记账原则和登记方法。要求理解会计账簿的作用，重点掌握会计账簿的记账原则和登记方法。

第一节　会计账簿的意义与种类

一、会计账簿的概念和意义

填制与审核会计凭证，可以将每天发生的经济业务如实记录下来，明确其经济责任。但会计凭证数量繁多、信息分散，缺乏系统性，不便于会计信息的整理与报告。为了全面、系统、连续地核算和监督单位的经济活动及其财务收支情况，应设置会计账簿。

会计账簿（简称账簿）是指由一定格式的账页组成，以会计凭证为依据，全面、系统、连续地记录各项经济业务的簿籍。设置和登记账簿，是编制会计报表的基础，是连接会计凭证和会计报表的中间环节，在会计核算中具有重要意义。

（1）通过会计账簿的设置和登记，可以记载、储存会计信息。将会计凭证所记录的经济业务一一记入有关账簿，可以全面地反映会计主体在一定时期内所发生的各项资金运动，储存所需要的各项会计信息。

（2）通过账簿的设置和登记，可以分类、汇总会计信息。账簿由不同的相互关联的账户构成。通过账簿记录，一方面可以分门别类地反映各项会计信息，可以提供一定时期内经济活动的详细情况；另一方面可以通过发生额、余额计算，提供各方面所需要的总括会计信息，反映财务状况及经营成果的综合价值指标。

（3）通过账簿的设置和登记，可以检查和校正会计信息。账簿记录是会计凭证信息的进一步整理。如在永续盘存制下，通过有关盘存账户余额与实际盘点或核查结果的核对，可以确认财产的盘盈和盘亏，并根据实际结存数额调整账簿记录，做到账实相符，提供如实、可靠的会计信息。

（4）通过账簿的设置和登记，编报、输出会计信息。为了反映一定时日的财务状况和一定时期的经营成果，应定期进行结账工作，进行有关账簿之间的核对，计算出本期发生额和余额，据以编制会计报表，向有关部门提供所需要的会计信息。

二、会计账簿的分类

账簿可以按其用途、账页格式和外形特征等不同标准进行分类。

（一）按用途分类

账簿按用途的不同可以分为序时账簿、分类账簿和备查账簿三类。

（1）序时账簿。序时账簿又称日记账，它是按照经济业务的发生或完成时间的先后顺序逐日逐笔登记的账簿。序时账簿可以用来核算和监督某一类型经济业务或全部经济业务的发生或完成情况。用来记录全部经济业务的日记账称为普通日记账；用来记录某一类型经济业务的日记账称为特种日记账，如记录现金收付业务及其结存情况的现金日记账、记录银行存款收付业务及其结存情况的银行存款日记账，以及专门记录转账业务的转账日记账。在我国，大多数企业只设现金日记账和银行存款日记账，而不设转账日记账和普通日记账。

（2）分类账簿。分类账簿是通过对全部经济业务按照会计要素的具体类别而设置的分类账户进行登记的账簿。按照总分类账户分类登记经济业务的是总分类账簿，简称总账；按照明细分类账户分类登记经济业务的是明细分类账簿，简称明细账。总账提供总括会计信息，明细账提供详细会计信息，二者相辅相成，互为补充。

分类账簿是账簿的主体，是编制会计报表的主要依据。小型经济单位业务简单，总分类账不多，为简化工作，可以将序时账簿与分类账簿结合起来，设置联合账簿。

（3）备查账簿。备查账簿又称为辅助登记簿，简称备查簿，是指对某些在序时账簿和分类账簿等主要账簿中都不予登记或登记不够详细的经济业务进行补充登记时使用的账簿。如租入固定资产登记簿，是用来登记那些以经营租赁方式租入、不属于本企业，不能记入本企业固定资产账户的机器设备等。备查账簿的种类及其格式可以由各单位根据实际需要自行设置，不做统一规定。

（二）按账页格式分类

按账页格式的不同，账簿可以分为两栏式账簿、三栏式账簿、多栏式账簿和数量金额式账簿四种。

（1）两栏式账簿：只有借方和贷方两个基本金额栏目的账簿。普通日记账和转账日记账一般采用两栏式账簿。

（2）三栏式账簿：设有借方、贷方和余额三个基本栏目的账簿。总分类账、日记账及资本、债权、债务明细账一般采用三栏式账簿。

（3）多栏式账簿：在账簿的两个基本栏目借方和贷方按需要分设若干专栏的账簿。如多栏式日记账、多栏式明细账。收入、费用明细账一般采用这种账簿。

（4）数量金额式账簿。这种账簿的借方、贷方和余额三个栏目内，都分设数量、单价、金额三小栏，借以反映财产物资的实物数量和价值量。如原材料、库存商品等明细账一般都采用数量金额式账簿。

（三）按外形特征分类

账簿按外形的不同，可以分为订本账、活页账和卡片账三种。

（1）订本账是启用之前就已将账页装订在一起，并对账页进行连续编号的账簿。其优点是能够避免账页散失和防止抽换账页；其缺点是不能准确地为各账户预留账页。这种账簿一般适用于总分类账、现金日记账和银行存款日记账。

（2）活页账是在账簿登记完毕之前并不固定装订在一起，而是装在活页账夹中。当账簿登记完毕后（通常是一个会计年度），才将账页予以装订，加具封面，并给各账页连续编号。这类账簿的优点是记账时可以根据实际需要，随时将空白账页装入账簿，或抽出不需用的账页，也便于分工记账；其缺点是如果管理不善，可能会造成账页散失或故意抽换账页。各种明细分类账一般采用活页式形式。

（3）卡片账是一种将账户所需格式印刷在硬卡上的账簿。严格来说，卡片账也是一种活页账，只不过它不是装在活页账夹中，而是装在卡片箱内。在我国，企业一般只对固定资产明细账核算采用卡片账形式。少数企业在材料核算中也使用卡片账。

第二节　会计账簿的设置与登记

一、会计账簿的基本要素

在实际工作中，账簿的格式是多种多样的，不同格式的账簿所包含的具体内容也不尽相同，但各种账簿应具有以下基本要素。

（1）封面。

封面主要表明账簿的名称，如总分类账、各种明细分类账、现金日记账、银行存款日记账等。

（2）扉页。

扉页主要列明科目索引、账簿启用和经管人员一览表。

（3）账页。

账页是账簿用来记录经济业务的载体，其格式因记录经济业务的内容不同而有所不同，但基本内容包括：

（1）账户的名称；
（2）登记账户的日期栏；
（3）凭证种类和号数栏；
（4）摘要栏；
（5）金额栏；
（6）总页次和分户页次。

二、会计账簿的登记要求

记账规则是指登记账簿时应遵守的规定和要求。为保证账簿记录的正确性，必须根据审核无误的会计凭证及时登记账簿，并符合下列要求。

（1）准确完整。登记会计账簿时，应将会计凭证日期、编号、业务内容摘要、金额和其他有关资料逐项记入账内，做到数字准确、摘要清楚、登记及时、字迹工整。每一项会计事项不但要记入有关的总账，还要记入该总账所属的明细账。账簿记录中的日期位置，应该填写记账凭证上的日期。

（2）注明记账符号。账簿登记完毕，应在记账凭证上签名或盖章，并在记账凭证的“过账”栏内注明账簿页数或打“√”，表明记账完毕，避免重记、漏记。

（3）书写留空。账簿中书写的文字和数字上面要留有适当的空格，不要写满格，一般应占格距的1/2。这样在一旦发生登记错误时，能比较容易地进行更正，同时也便于查账。

（4）正常记账使用蓝黑墨水。为了保证账簿记录的永久性，防止涂改，记账时必须使用碳素墨水或蓝黑墨水并用钢笔书写，不得用铅笔、圆珠笔书写登账。

（5）特殊记账使用红墨水。可以使用红墨水记账的情况包括：按照红字冲账的记账凭证，冲销错误记录；在不设借贷的多栏式账页中，登记减少数；在三栏式账户的余额栏前，如未印明余额方向的，在余额栏内登记负数余额；根据国家统一的会计制度规定，可以用红字登记的其他会计记录。会计中的红字表示负数，因此，除上述情况外，不得用红色墨水登记账簿。

（6）顺序连续登记。记账时，必须按账户的页次逐页、逐行登记，不得隔页、跳行。如发生隔页、跳行现象，应在空页、空行处用红色墨水画对角线注销，或者注明“此页空白”或“此行空白”字样，并由登记人员和会计机构负责人（会计主管人员）签章。

（7）结出余额。凡需要结出余额的账户，结出余额后，应当在“借或贷”栏目内注明“借”或“贷”字样，以示余额的方向；对于没有余额的账户，应在“借或贷”栏内写“平”字，并在余额栏内用“0”表示。现金日记账和银行存款日记账必须逐日结出余额。

（8）过次承前。每一账页登记完毕时，应当结出本页发生额合计及余额，在该账页最末一行“摘要”栏注明“转次页”或“过次页”，并将这一金额记入下一页第一行有关金额栏内，在该行“摘要”栏注明“承前页”，以保持账簿记录的连续性，便于对账和结账。

（9）不得刮擦涂改。如果发生账簿记录错误，不得刮、擦、挖、补或用褪色药水更改字迹，而应采用规定的方法更正。

第三节　会计账簿的启用与登记方法

一、会计账簿的启用

为了保证账簿记录的合法性和账簿资料的完整性，明确记账责任，会计人员在启用新账簿时，应在账簿封面上写明账簿名称，在账簿的扉页上填写账簿启用日期和经管人员一览表。会计人员如有变动，应办理交接手续，注明接管日期和移交人、接管人姓名，并由双方签名、盖章。

启用订本式账簿应当从第一页到最后一页顺序编定页数，不得跳页、缺号。使用活页式账簿应当按账户的顺序编号，并须定期装订成册，装订后再按实际使用的账页顺序编定页码，另加目录，记明每个账户的名称和页次。

二、会计账簿的格式和登记方法

（一）日记账的格式和登记方法

日记账是按照经济业务发生或完成的时间先后顺序逐笔进行登记的账簿。设置日记账的目的是使经济业务的时间顺序清晰地反映在账簿记录中。日记账按所核算和监督经济业务的范围，可以分为特种日记账和普通日记账。这些日记账的设置和登记方法如下。

（1）现金日记账。现金日记账是用来核算和监督库存现金每天的收入、支出和结存情况的账簿。由出纳人员根据同现金收付有关的记账凭证，按时间先后顺序逐日逐笔进行登记，即根据现金收款凭证和与现金有关的银行存款付款凭证（从银行提取现金的业务）登记现金收入，根据现金付款凭证登记现金支出；并根据公式“上日余额+本日收入-本日支出=本日余额”，逐日结出现金余额，并与库存现金实存数进行核对，以检查每日现金收付是否有误。

现金日记账的格式有三栏式和多栏式两种。

① 三栏式现金日记账。一般设有借方、贷方和余额三个基本栏目。在金额栏与摘要栏之间经常插入“对方科目”，以便记账时标明现金收入的来源科目和现金支出的用途科目。三栏式现金日记账的格式如表 8-1 所示。

表 8-1　三栏式现金日记账的格式　　单位：元

20××年		凭　证		摘　要	对应科目	收入	付出	结　存
月	日	种类	号数					
2	1			上月结余				300
2	2	银付	1	提取现金	银行存款	700		1 000
2	8	现付	1	付购料运费	材料采购		800	200
2	15	现收	1	张三报销差旅费	其他应收款	120		320
				（以下内容略）				
2	28			本月合计		14 300	14 100	500

② 多栏式现金日记账。多栏式现金日记账是在三栏式现金日记账的基础上发展起来的。这种日记账的借方（收入）和贷方（支出）金额栏都按对方科目设专栏，也就是按收入的来源和支出的用途设专栏。这种格式在月末转账时，可以结出各收入来源专栏和支出用途专栏的合计数，便于对现金收支的合理性、合法性进行审核分析，便于检查财务收支计划的执行情况。其全月发生额还可以作为登记总账的依据。多栏式现金日记账的格式如表 8-2 所示。

表 8-2　多栏式现金日记账的格式

单位：元

20××年		凭证		摘　要	对应科目（贷方）		现金收入合计	对应科目（借方）		现金支出合计	余额
月	日	种类	号数		银行存款	主营业务收入		其他应收款	应付工资		
	1			期初余额							200
2	4	银付	1	提取现金	700		700				900
2	5	现付	1	预借旅费				500		500	400
2	7	银付	2	提取现金	13 600		13 600				400
2	9	现付	2	发放工资					13 600	13 600	400
				（以下内容略）							
2	28			本月合计	26 600		26 600	1 500	23 600	25 100	1 700

为了保证现金日记账的安全与完整，无论采用三栏式还是多栏式现金日记账，都必须使用订本账。

（2）银行存款日记账。银行存款日记账是用来核算和监督银行存款每日的收入、支出和结余情况的账簿。银行存款日记账应按企业在银行开立的账户和币种分别设置，每个银行账户设置一本日记账，由出纳员根据与银行收付业务有关的记账凭证，按时间先后顺序逐日逐笔进行登记。根据银行存款收款凭证和有关的现金付款凭证（库存现金存入银行业务）登记银行存款收入栏，根据银行存款的付款凭证登记其支出栏，每日结出存款余额。

银行存款日记账的格式与现金日记账的格式相同，其登记方法也与现金日记账相同，不再重复介绍。

（二）总分类账的格式和登记方法

总分类账（简称总账）是按照总分类账户分类登记以提供总括会计信息的账簿。总账中的账页是按总账科目（一级科目）开设的总分类账户。运用总分类账，可以全面、系统、综合地反映企业所有的经济业务活动情况和财务收支情况，可以为编制会计报表提供所需的资料。因此，每一企业都应设置总分类账。

总分类账最常用的格式为三栏式，设置借方、贷方和余额三个基本金额栏目，其格式如表 8-3 所示。

表 8-3 总分类账的格式

账户名称：材料采购　　　　单位：元

20××年		凭证		摘要	借方	贷方	借或贷	余额
月	日	种类	号数					
2	5	银付	3	购入甲材料	12 000		借	12 000
2	12	转账	1	购入乙材料	32 000		借	44 000
2	14	银付	4	支付材料运费	600		借	44 600
2	18	转账	6	结转采购成本		44 600	平	0
2	28			合计	44 600	44 600		

总分类账的记账依据和登记方法取决于企业采用的账务处理程序。既可以根据记账凭证逐笔登记，又可以根据经过汇总的科目汇总表或汇总记账凭证等登记。

（三）明细分类账的格式和登记方法

明细分类账是根据二级账户或明细账户开设账页，分类、连续地登记经济业务以提供明细核算资料的账簿。明细分类账是总分类账的明细记录，依照总分类账的核算内容，按照更加详细的分类，反映某一具体类别经济活动的财务收支情况。它对总分类账起补充说明作用，所提供的资料是编制会计报表的依据。

不同类型的经济业务的明细分类账可以根据管理的需要，依据记账凭证、原始凭证或汇总原始凭证逐日逐笔或定期汇总登记。固定资产、债权、债务等明细分类账应逐日逐笔登记；库存商品、原材料、产成品收发明细分类账及收入、费用明细分类账可以逐笔登记，也可以定期汇总登记。现金、银行存款账户由于已设置了日记账，不必再设明细账，其日记账实质上也是一种明细分类账。

明细分类账的格式有三栏式、多栏式、数量金额式等多种，分别介绍如下。

（1）三栏式明细分类账。三栏式明细分类账是设有借方、贷方和余额三个栏目，用以分类反映各项经济业务，提供详细核算资料的账簿，其格式如表 8-4 所示。

表 8-4 应付账款明细分类账

二级科目或明细科目：××工厂　　　　单位：元

20××年		凭证		摘要	借方	贷方	借或贷	余额
月	日	种类	号数					
2	12	转账	1	购入乙材料		23 000	贷	23 000
2	26	银付	12	归还材料款	23 000		平	0
2	28			本月合计	23 000	23 000		

三栏式明细分类账适用于只进行金额核算的账户，如“应收账款”“应付账款”“应交税金”等往来结算账户，以及“待摊费用”“预提费用”等账户。

（2）多栏式明细分类账。多栏式明细分类账将属于同一个总账科目的各个明细科目合并在一张账页上进行登记，即在这种格式账页的借方或贷方金额栏内按照明细项目设若干专栏。这种格式适用于成本费用类科目的明细核算。其格式如表 8-5 所示。

表 8-5　材料采购多栏式明细分类账

材料名称或类别：甲材料　　　　单位：元

20××年		凭证号数	摘　要	借　方				贷　方
月	日			买价	运输费	装卸费	合计	
2	10	银付	购入	12 000			12 000	
2	14	银付	支付运费		120		120	
2	28	转账	结转采购成本					12 120

（3）数量金额式明细分类账。数量金额式明细分类账适用于既要进行金额核算又要进行数量核算的账户，如原材料、库存商品、包装物和低值易耗品等存货账户，其借方（收入）、贷方（发出）和余额（结存）分别设有数量、单价和金额三个专栏。其格式如表 8-6 所示。

表 8-6　数量金额式明细分类账

______明细账

类别：　　　　计量单位：

名称或规格：　　　　存放地点：

编号：　　　　储备定额：

年		凭　证		摘要	收　入			发　出			结　存		
月	日	种类	号数		数量	单价	金额	数量	单价	金额	数量	单价	金额

数量金额式明细分类账提供了企业有关财产物资的数量和金额收、发、存的详细资料，采用此格式的明细分类账能加强财产物资的实物管理和使用监督，可以保证这些财产物资的安全和完整。

三、总分类账与明细分类账的相互关系及平行登记

总分类账户是所属明细分类账户资料的综合，对所属明细账起着统驭、控制的作用；明细分类账户是有关总分类账户的具体化，起着补充说明的作用。两者的核算内容相同，登记的原始依据也是相同的，它们提供的资料相互补充，既总括又详细地说明同一核算内容。因此，有必要应用平行登记的方法来登记总分类账和明细分类账。也就是说，对同一经济业务，既要在总分类账中登记，又要在其所属的明细分类账中登记。总分类账户与明细分类账户平行登记的要点如下。

（1）同时。即对同一经济业务，既要记入有关的总分类账户，又要记入所属的明细分类账户。如果涉及几个明细分类账户，则应分别记入各有关明细账户。

（2）同向。即在将经济业务记入总分类账户和其所属的明细分类账户时，记账方向必须一致，如果总分类账记入借方，明细分类账也必须记入借方；如果总分类账记在贷方，明细分类账也必须记入贷方。

（3）等额。总分类账和明细分类账登记的金额必须相等，如果一笔经济业务同时记入几个明细分类账户，则记入总分类账户的金额，应与记入各个明细分类账户的金额之和相等。

下面，以“原材料”账户为例，说明总分类账户与明细分类账户的平行登记。

【例 8-1】飞云公司 20××年 1 月的原材料账户的余额如下。

原材料甲 5 000 kg，单价 100 元，金额 500 000 元；原材料乙 2 000 kg，单价 50 元，金额 100 000 元；两者合计 600 000 元。

该企业 2 月原材料的收发情况如下（不考虑税金因素）。

（1）5 日购进材料一批，货款暂欠，材料验收入库，其中原材料甲 2 000 kg，单价 100 元，金额 200 000 元；原材料乙 200 kg，单价 50 元，金额 10 000 元；两者合计 210 000 元。

（2）10 日，从大洋公司购入丙材料一批共计 400 kg，单价 100 元，价款 40 000 元，开出商业承兑汇票抵付，材料已经验收入库。

（3）12 日，生产产品领用材料情况如下：原材料甲 2 500 kg，单价 100 元，金额 250 000 元；原材料乙 1 000 kg，单价 50 元，金额 50 000 元；原材料丙 200 kg，单价 100 元，金额 20 000 元；三者合计 320 000 元。

为简化核算，假如材料购入直接记入“原材料”。

对于以上经济业务，编制如下会计分录。

（1）借：原材料——甲　　200 000
　　　　原材料——乙　　10 000
　　贷：应付账款　　　　210 000
（2）借：原材料——丙　　40 000
　　贷：应付票据　　　　40 000
（3）借：生产成本　　　　320 000
　　贷：原材料——甲　　250 000
　　　　原材料——乙　　50 000
　　　　原材料——丙　　20 000

根据上述原材料月初结存、本月购进与发出的有关情况，在下面“原材料”总分类账及其明细分类账中进行平行登记，如表 8-7～表 8-10 所示。

表 8-7　总分类账

账户名称：原材料　　　　单位：元

20××年		凭证		摘　要	借　方	贷　方	借或贷	余　额
月	日	种类	号数					
2	1			期初余额			借	600 000
2	5	转账	（略）	收入外购材料	210 000		借	810 000

续表

20××年		凭证		摘要	借方	贷方	借或贷	余额
月	日	种类	号数					
2	10	转账		收入外购材料	40 000		借	850 000
2	12	转账		领用材料		320 000	借	530 000
2	28			本期发生额和余额	250 000	320 000	借	530 000

表 8-8　材料明细分类账

账户名称：甲材料　　　　单位：元

20××年		凭证		摘要	收入			发出			结存		
月	日	种类	号数		数量	单价	金额	数量	单价	金额	数量	单价	金额
2	1			期初结存							5 000	100	500 000
2	5	转账	略	收入外购材料	2 000	100	200 000				7 000	100	700 000
2	12	转账		领用材料				2 500	100	250 000	4 500	100	450 000
2	28			本期发生额和余额	2 000	100	200 000	2 500	100	250 000	4 500	100	450 000

表 8-9　材料明细分类账

账户名称：乙材料　　　　单位：元

20××年		凭证		摘要	收入			发出			结存		
月	日	种类	号数		数量	单价	金额	数量	单价	金额	数量	单价	金额
2	1			期初余额							2 000	50	100 000
2	5	转账	略	收入外购材料	200	50	10 000				2 200	50	110 000
2	12	转账		领用材料				1 000	50	50 000	1 200	50	60 000
2	28			本期发生额和余额	200	50	10 000	1 000	50	50 000	1 200	50	60 000

表 8-10　材料明细分类账

账户名称：丙材料　　　　单位：元

20××年		凭证		摘要	收入			发出			结存		
月	日	种类	号数		数量	单价	金额	数量	单价	金额	数量	单价	金额
2	1			期初余额									
2	10	转	略	收入外购材料	400	100	40 000				400	100	40 000
2	12	转		领用材料				200	100	20 000	200	100	20000
2	28			本期发生额和余额	400	100	40 000	200	100	20 000	200	100	20 000

第四节 更正错账方法

记账过程中发生的错误不能用刮擦、挖补和涂抹等方法进行更正，而应根据记账错误的性质按规定的方法进行更正。错账的更正方法一般有划线更正法、红字更正法和补充登记法。

一、划线更正法

在结账以前，如果发现账簿记录中数字或文字错误，过账笔误或数字计算错误，可用划线更正法进行更正。更正时，先在错误的数字或文字上画一条红线加以注销，但必须保证画去的字迹仍可清晰辨认。然后在红线上面空白处写上正确的文字或数字，并由记账人员、会计机构负责人在更正处盖章。需要注意的是，对于错误的数字要整笔画掉，不能只画去其中一个或几个记错的数字。例如，把记账凭证登记账簿时，将数字“8 175”误记为“8 715”，不能只画去其中的“71”，改为“17”，而是要把“8 715”全部用红线画去，并在其上方写上“8 175”。

二、红字更正法

（1）在记账以后，发现记账凭证中应借应贷符号、科目或金额有错误时，可采用红字更正法进行更正。更正时应用红字填写一份与原来科目、记账方向和金额完全相同的记账凭证，注销原来错误的记账凭证；然后用蓝字重新填制一份正确的记账凭证，一并登记入账。

【例 8-2】某企业购入原材料 8 000 元，货款尚未支付。（税金因素略）

编制记账凭证时，错误地编制如下会计分录并已经登记入账。

借：原材料　　8 000

　贷：应收账款　　8 000

当发现记账凭证错误时，先按照原来错误的会计分录用红字填制一张记账凭证注销原来的会计分录。

借：原材料　　8 000

　贷：应收账款　　8 000

然后用蓝字填制一张正确的记账凭证，其会计分录如下。

借：原材料　　8 000

　贷：应付账款　　8 000

（2）在记账以后，发现记账凭证中应借应贷会计科目正确，但所记金额大于应记金额。可将多记的金额（正确数与错误数之间的差额）用红字填写一张记账凭证，据以登记入账，用于注销多记的金额。

【例 8-3】某企业用银行存款归还前面业务所欠货款 8 000 元，但错误地编制下列会计分录并已经登记入账。

借：应付账款　　　　80 000

　贷：银行存款　　　　80 000

发现错误以后，应将多记的金额用红字进行注销，其分录如下。

借：应付账款　　　　72 000

　贷：银行存款　　　　72 000

三、补充登记法

记账以后，发现记账凭证上应借应贷的会计科目正确，但所记金额小于应记金额，可采用补充登记法更正。更正时，用蓝字填制一张与原记账凭证应借应贷科目相同的记账凭证，补充少记金额，并据以登记入账。

【例 8-4】某企业对外销售产品一批，收到货款 20 000 元并存入银行，原编记账凭证误记为 2 000 元，并已登记入账。(税金因素略)

原记错的会计分录为：

借：银行存款　　　　2 000

　贷：主营业务收入　　　　2 000

当发现上述记账错误时，可将少记的金额 18 000 元，再编制一张记账凭证如下。

借：银行存款　　　　18 000

　贷：主营业务收入　　　　18 000

第五节　对账与结账

一、对账

为了保证账簿所提供的会计资料正确、真实、可靠，会计人员在登记账簿时，需要对会计的数据加以检查和核对，这种检查和核对在会计工作中称为“对账”。对账是为了保证账簿记录的真实可靠，而账簿记录的真实可靠并不完全取决于账簿本身，还要涉及账簿与会计凭证的关系，以及账簿记录与实际情况是否一致等。因此，记完账后，还应定期做好对账工作，做到账证相符、账账相符、账实相符。会计对账工作的主要内容包括以下方面。

(一) 账证核对

账簿是根据审核后的会计凭证登记的，但在实际工作中仍然可能发生账证不符的情况。因此，记完账后，要将账簿记录与会计凭证进行核对，核对账簿记录与原始凭证、记账凭证的时间、凭证字号、内容、金额等是否一致，记录方向是否相符，做到账证相符。

会计期末，如果发现账证不符，还有必要重新进行账证核对，但这时的账证核对是通过试算平衡发现记账错误之后，再按一定的线索进行的。

（二）账账核对

各个会计账簿是一个有机整体，既有分工，又有衔接，总的目的就是全面、系统、综合地反映企事业单位的经济活动与财务收支情况。各种账簿之间的这种衔接依存关系就是常说的钩稽关系。利用这种关系，可以通过账簿的相互核对发现记账工作是否有误。一旦发现错误，就应立即更正，做到账账相符。

账簿之间的核对包括以下内容。

（1）核对总分类账簿记录。按照“资产=负债+所有者权益”这一会计等式和“有借必有贷，借贷必相等”的记账规律，总分类账户的期初余额、本期发生额和期末余额之间存在对应的平衡关系，各账户的期末借方余额合计和贷方余额合计也存在平衡关系。通过这种等式和平衡关系，可以检查总账记录是否正确、完整。这项核对工作通常采用编制“总分类账户本期发生额和余额对照表”（简称“试算平衡表”）来完成。

（2）总分类账簿与所属明细分类账簿核对。总分类账各账户的期末余额应与所属各部门明细分类账的期末余额之和核对相符。

（3）总分类账簿与序时账簿核对。如前所述，我国企事业等单位必须设置现金日记账和银行存款日记账。现金日记账必须每天与库存现金核对相符，银行存款日记账也必须定期与银行对账。在此基础上，还应检查现金总账期末余额与现金日记账期末余额是否相符、银行存款总账期末余额与银行存款日记账期末余额是否相符。

（4）明细分类账之间的核对。如会计部门有关实物资产的明细分类账与财产物资保管部门或使用部门的明细分类账定期核对，以检查其余额是否相符。核对的方法一般由财产物资保管部门或使用部门定期编制收发结存汇总表报会计部门核对。

（三）账实核对

账实核对是指各项财产物资、债权债务等账面余额与实有数之间的核对。账实核对的主要内容有：

（1）现金日记账的账面余额与库存现金数额是否相符；

（2）银行存款日记账的账面余额与银行对账单的余额是否相符；

（3）各项财产物资明细账的账面余额与财产物资的实有额是否相符；

（4）有关债权债务明细账的账面余额与对方单位的账面记录是否相符。

二、结账

结账是一项将账簿记录定期结算清楚的账务工作。在一定时期终了时，即在月末、季末或年末时，为了编制会计报表，需要进行结账。

（一）结账的内容

结账内容通常包括两个方面：一是结清各种损益类账户，并据以计算确定本期利润；二是结清各资产账户、负债账户和所有者权益账户，分别结出本期发生额合计和余额。

（二）结账的程序

（1）将本期发生的经济业务全部登记入账，并保证其正确性。

（2）根据权责发生制的要求，调整有关账项，合理确定本期应计入的收入和应计入的费用。具体包括以下两类。

① 应计收入和应计费用的调整。应计收入是指那些已在本期实现、因款项未收而未登记入账的收入。企业发生的应计收入，主要是本期已经发生且符合收入确认标准，但尚未收到相应款项的商品或劳务。对于这类调整事项，应确认为本期收入，借记“应收账款”等科目，贷记“主营业务收入”等科目，待以后收妥款项时，再借记“银行存款”等科目，贷记“应收账款”等科目。

应计费用是指那些已在本期发生，因款项未付而未登记入账的费用。企业发生的应计费用，本期已经受益，如租用房屋但尚未支付租金、应付未付的借款利息等。由于这些费用已经发生，应当在本期确认为费用，借记“管理费用”“财务费用”等科目，贷记“其他应付款”“应付利息”等科目；待以后支付款项时，借记“预提费用”等科目，贷记“现金”“银行存款”等科目。

② 收入分摊和成本分摊的调整。收入分摊是指企业已经收取有关款项，但未完成或未全部完成销售商品或提供劳务，需在期末按已经完成的比例，分摊确认本期已实现收入的金额，并调整以前预收款项时形成的负债。如企业销售商品预收定金、提供劳务预收佣金。在收到预收收入时，应借记“银行存款”等科目，贷记“预收账款”等科目，在以后提供商品或劳务、确认本期收入时，进行期末账项调整，借记“预收账款”等科目，贷记“主营业务收入”等科目。

成本分摊是指企业的支出已经发生，能使若干个会计期间受益，为正确地计算各个会计期间的盈亏，将这些支出在其受益的会计期间进行分配，如企业已经支出，但应由本期和以后各期负担的待摊费用、购建固定资产和无形资产的支出等。企业在发生这类支出时，应借记“预付账款”“固定资产”“无形资产”等科目，贷记“银行存款”等科目。在会计期末进行账项调整时，借记“销售费用”“管理费用”“制造费用”等科目，贷记“预付账款”“累计折旧”“无形资产”等科目。

③ 将损益类科目转入“本年利润”科目，结平所有损益类科目。

④ 结算出资产、负债和所有者权益科目的本期发生额和余额，并结转下期。

（三）结账的方法

对不需要按月结计本期发生额的账户，如各项应收应付款明细账，每次记账以后，都要随时结出余额，每月最后一笔余额即为月末余额。月末结账时，只需要在最后一笔经济业务记录之下通栏画红单线，不需要再结计一次余额。

现金、银行存款日记账和需要按月计算发生额的收入、费用等明细账，每月结账时，要在最后一笔经济业务记录下面通栏画红线，结出本月发生额和余额，在摘要栏内注明“本月合计”字样，在下面通栏画红单线。

需要结计本年累计发生额的某些明细账户，每月结账时，应在“本月合计”行下结出自年初起至本月末止的累计发生额，登记在月份发生额下面，在摘要栏内注明“本年累计”

字样，并在下面再通栏画红单线。12 月末的“本年累计”就是全年累计发生额，全年累计发生额下通栏画红双线。

总账账户平时只需要结出月末余额。在年终结账时，要将所有总账账户结出全年发生额和年末余额，在摘要栏内注明“本年累计”字样，并在合计数下通栏画红双线。

在年度终了结账时，要将有余额的账户余额结转下年。即将有余额的账户余额直接记入新账余额栏内，不需要编制记账凭证，也无须将余额再记入本年账户的借方或贷方。

第六节　账簿的更换与保管

一、建账的登记和年检

根据政府的相关建账监督管理办法，建账单位应当按照属地原则，向所在地建账监督机构申请建账登记和年检。

（一）建账适用单位和期限

国家机关、事业单位、社会团体、企业、其他组织和应当设置账户的个体工商户都属于建账单位。建账单位应当在依法设立后 30 天内，向所属建账监督管理机构申请办理建账登记。

（二）建账登记的内容

建账登记的内容包括：登记建账的时间、证号；建账单位的名称、地址；建账单位的法定代表人；建账单位会计负责人；建账单位的账簿名称和编号；国家规定登记的其他事项。

（三）建账登记应提交的材料

（1）建账登记申请表。

（2）批准设立建账单位的审批文件或有关证照原件和复印件。

（3）会计机构负责人或会计主管人员的专业技术资格证书及会计证原件和复印件。

（4）经办人的单位介绍信、身份证原件和复印件。

（5）总分类账、银行存款日记账、现金日记账。

（6）经财政主管部门批准，用计算机代替手工账的建账单位，应当提交《计算机代替手工账许可证》。

（7）国家规定提交的其他材料。

提交完材料的建账单位可在 3 日内取得《建账登记合格证》。其《建账登记合格证》不得转借、涂改、买卖或伪造。建账单位依法变更、破产、撤销、解散，应向原建账监督管理机构申请办理变更或注销登记。

（四）建账单位的年检

每年 1 月 31 日前，建账单位应向原建账监督管理机构申请办理年检，同时提交如下材料：《建账登记合格证》，上年度的总分类账、银行存款日记账、现金日记账。

二、会计账簿的更换

在新年度开始时，按照《企业会计制度》规定，要更换原有账簿，使用新账簿。

（1）总账、日记账和大部分明细账要每年更换一次。年初，将旧账簿中的各账户的余额直接记入新账簿中有关账户新账页的第一行“余额”栏内；同时，在“摘要”栏内注明“上年结转”字样，并将旧账页最后一行数字下的空格画一条斜红线注销，在旧账页最后一行“摘要”栏内注明“结转下年”字样。

（2）部分明细账，如固定资产明细账，因年度内变动不多，年初可不必更换账簿；又如材料明细账和债权债务明细账，由于材料品种、规格和往来单位较多，更换新账重抄一遍工作量较大，因此，可以跨年度使用，不必每年更换新账。但需在“摘要”栏内注明“结转下年”字样，以划分新旧年度之间的记录。

三、会计账簿的保管

会计账簿是会计档案的重要组成内容之一，会计人员应妥善保管，不得任意丢失和销毁。

年末结账后，会计人员应在活页账簿前面加放“账簿启用表”装订成册。并加上封面，统一编号后，与各种订本账一并归档。

本章小结

会计账簿是指由一定格式的账页组成的，以会计凭证为依据，全面、系统、连续地记录各项经济业务的簿籍。设置和登记账簿是编制会计报表的基础。登记账簿是会计核算的一种专门方法。

总分类账是按照总分类账户分类登记以提供总括会计信息的账簿，可以全面、系统、综合地反映企业所有的经济业务活动情况和财务收支情况，可以为编制会计报表提供所需的资料。

明细分类账是分类、连续地登记经济业务以提供明细核算资料的账簿，对总分类账起补充说明作用。它所提供的资料是编制会计报表的依据。

总分类账与明细分类账应平行登记。

对于会计凭证、账簿的错误，应区别不同的情况，按照规定的方法进行更正。会计记录错误更正的基本方法有划线更正法、红字更正法和补充登记法。

由于各种原因，账簿记录可能出现差错，需要定期进行对账。对账就是对账簿记录所进行的核对工作，包括账证核对、账账核对、账实核对。

结账是一项将账簿记录定期结算清楚的账务工作，要为编制会计报表做好准备。

思考题

1．什么是会计账簿？设置和登记账簿有何意义？
2．账簿的基本内容包括哪些？简述账簿的登记规则。
3．什么是对账？对账的主要内容是什么？
4．更正错账的方法有哪些？各自的适用条件是什么？

练习题

一、单项选择题

1．不属于设置账簿原则的是（　　）。
A．保证全面、系统地反映经济活动情况
B．尽量减少账簿的数量
C．按记录经济业务的内容采取不同的格式
D．在满足需要的前提下，尽量节约人力、物力，避免重复设账

2．现金和银行存款日记账属于（　　）。
A．备查账簿　　B．序时账簿　　C．分类账簿　　D．订本账簿

3．受托加工材料登记账簿按用途分类属于（　　）。
A．备查账簿　　B．通用日记账　　C．分类账簿　　D．专用日记账

4．总分类账簿应采用（　　）。
A．活页账簿　　B．卡片账簿　　C．订本账簿　　D．备查账簿

5．活页账簿和卡片账簿可适用于（　　）。
A．现金日记账　　B．联合账簿　　C．运用日记账　　D．明细分类账

6．材料明细账的外表形式一般采用（　　）。
A．订本式　　B．活页式　　C．三栏式　　D．多栏式

7．固定资产明细账的外表形式一般采用（　　）。
A．三栏式　　B．数量金额式　　C．多栏式　　D．卡片式

8．多栏式银行存款日记账属于（　　）。
A．总分类账　　B．明细分类账　　C．序时账　　D．备查账

9．对于从银行提取现金的业务，登记现金日记账的依据是（　　）。
A．现金收款凭证　　B．现金付款凭证
C．银行存款收款凭证　　D．银行存款付款凭证

10．对于将现金存入银行的业务，登记银行存款日记账的依据是（　　）。
A．银行存款收款凭证　　B．银行存款付款凭证
C．现金收款凭证　　D．现金付款凭证

11．应收账款明细账一般采用的格式是（　　）。

A．三栏式　　B．数量金额式

C．多栏式　　D．任意一种明细分类账格式

12．下列会计科目，采用三栏式明细分类账格式的是（　　）。

A．生产成本　　B．销售费用　　C．材料　　D．其他应收款

13．新的会计年度开始，启用新账时，可以继续使用，不必更换新账的是（　　）。

A．总分类账　　B．银行存款日记账

C．固定资产卡片　　D．管理费用明细账

14．会计人员在结账前发现，在根据记账凭证登记入账时，误将600元写成6 000元，而记账凭证无误，应采用（　　）进行更正。

A．补充登记法　　B．划线登记法　　C．红字更正法　　D．横线登记法

15．记账以后，发现记账凭证中的应借、应贷会计科目有错误，应采用（　　）进行更正。

A．划线更正法　　B．红字更正法　　C．平行登记法　　D．补充登记法

16．记账以后，发现记账凭证和账簿的所记金额小于应记金额，而应借、应贷的会计科目并无错误，应采用（　　）进行更正。

A．划线更正法　　B．余额调整　　C．红字更正法　　D．补充登记法

17．发现记账凭证中的会计科目和应借应贷方向未错，但所记金额大于应记金额，并据以登记入账，应采用（　　）进行更正。

A．划线更正法　　B．补充登记法　　C．红字更正法　　D．平行登记法

18．下列四种情况，可用补充登记法的是（　　）。

A．记账凭证中的应记科目与金额正确，但登记入账时所记金额大于应记金额

B．记账凭证中的应记科目与金额正确，但登记入账时所记金额小于应记金额

C．记账凭证中的应记科目正确，但所记金额大于应记金额，并已入账

D．记账凭证中的应记科目正确，但所记金额小于应记金额，并已入账

二、多项选择题

1．账簿按其用途分为（　　）。

A．订本式账簿　　B．序时账簿　　C．分类账簿　　D．备查账簿

2．账簿按其外表形式分为（　　）。

A．订本式账簿　　B．序时账簿　　C．卡片式账簿　　D．活页式账簿

3．对账的主要内容包括（　　）。

A．账簿资料的内容核对　　B．账证核对

C．账账核对　　D．账实核对

4．更正错账的方法有（　　）。

A．补充登记法　　B．余额调整法　　C．划线更正法　　D．红字更正法

5．任何会计主体都必须设置的账簿有（　　）。

A．日记账　　B．辅助账簿　　C．总分类账簿　　D．明细分类账簿

6．银行存款日记账借方的登记依据可能有（　　）。
A．现金收款凭证　　B．现金付款凭证
C．银行存款收款凭证　　D．银行存款付款凭证
7．现金日记账的借方登记的依据可能有（　　）。
A．现金收款凭证　　B．现金付款凭证
C．银行存款收款凭证　　D．银行存款付款凭证
8．关于账簿的启用，下列说法正确的有（　　）。
A．启用时，应详细登记账簿扉页的“账簿启用和经管人员一览表”
B．每一本账簿均应编号并详细记录其册数，共计页数和启用日期
C．调换记账人员，应立即换用账簿
D．账簿交换时，会计主管人员应该监交，并签章。
9．现金、银行存款日记账的账页格式主要有（　　）。
A．三栏式　　B．多栏式　　C．订本式　　D．数量金额式
10．明细分类账可以根据（　　）登记。
A．原始凭证　　B．汇总原始凭证　　C．累计凭证　　D．记账凭证
11．数量金额式明细分类账的账页格式适用于（　　）科目。
A．“库存商品”　　B．“生产成本”　　C．“应收账款”　　D．“原材料”
12．企事业等经济单位，必须设置的账簿有（　　）。
A．现金日记账　　B．分类账簿　　C．银行存款日记账　　D．联合账簿
13．在账簿记录中，红笔只能用于（　　）。
A．采用红字更正，冲销错误记录
B．期末结账时，画通栏红线
C．在不设借方或贷方专栏的多栏式账页中，登记减少金额
D．三栏式账户的余额栏前，如果未说明余额方向，在余额栏内登记负数余额
14．划线更正法可用以改正（　　）等错误。
A．结账前发现记账凭证无误，但账簿记录中数字登记有误
B．记账凭证填写错误
C．结账前发现记账凭证科目错误，并已登记入账
D．记账时发现记账凭证的金额有误，尚未登记入账，而原始凭证无误
15．不是任何经济单位都必须设置的账簿有（　　）。
A．受托材料登记簿　　B．固定资产明细账
C．租入固定资产登记簿　　D．制造费用明细账
16．账簿组成的基本内容有（　　）。
A．单位名称　　B．账簿封面　　C．账簿扉页　　D．账页
17．可以采用三栏式账页格式的账簿有（　　）。
A．现金日记账　　B．预付账款明细账　　C．材料明细账　　D．总分类账
18．必须每年更换的账簿有（　　）。
A．序时账簿　　B．总分类账簿
C．所有的明细分类账簿　　D．固定资产卡片

19．账账相符是指（　　）。

A．账簿记录与记账凭证相符

B．总账余额与其所属明细账余额相符

C．全部总账的借方发生额合计与贷方发生额合计相符

D．现金、银行存款总账与现金日记账、银行存款日记账余额相符

20．年度结束后，对于账簿的保管应做到（　　）。

A．装订成册　　B．加上封面　　C．统一编号　　D．归档保管

三、判断题

1．登记账簿的目的在于为企业提供各种总括的核算资料。（　　）

2．现金日记账和银行存款日记账，必须采用订本式账簿。（　　）

3．序时账簿就是现金日记账和银行日记账。（　　）

4．为了实行钱账分管原则，通常由出纳人员填制收款凭证和付款凭证，由会计人员登记现金日记账和银行存款日记账。（　　）

5．多栏式总分类账是指把所有的总账科目合并在一张账页上，所以又称为日记总账。（　　）

6．多栏式明细分类账一般适用于成本费用、收入和利润三类会计科目的明细分类账。（　　）

7．各种明细账的登记依据，既可以是原始凭证、汇总原始凭证，也可以是记账凭证。（　　）

8．对于“材料”账户的明细分类账，应采用多栏式账簿。（　　）

9．登记账簿要用蓝黑墨水钢笔或蓝黑圆珠笔书写，不得使用铅笔书写。（　　）

10．总分类账户与其所属明细分类账户平行登记，总账本期发生额与其所属明细账本期发生额之和相等。（　　）

11．在填制记账凭证时，将9 800元记为8 900元并已登记入账。月终结账前发现错误，更正时应采用划线更正法。（　　）

12．总分类账户及其所属明细分类账户必须在同一会计期间登记。（　　）

13．结账就是结算、登记每个账户的期末余额工作。（　　）

14．新的会计年度开始时，必须更换全部账簿，不能只换总分类账、现金日记账和银行存款日记账。（　　）

15．账簿是重要的经济档案和历史资料，必须长期保存，不得销毁。（　　）

16．总分类账与明细分类账平行登记金额相等，变动方向相同。（　　）

17．补充登记法和红字更正法都是对反映经济业务的原始凭证、记账凭证和账簿进行更正。（　　）

18．记账除结账、改错和冲销账簿以外，不得用红色墨水。（　　）

19．每一个经济单位都必须设置总分类账和现金、银行存款日记账及备查账簿。（　　）

第九章　财产清查

学习目标与要求

财产清查是财务报表编制前的准备工作之一，是会计核算的基本方法。本章主要介绍了财产清查的方法以及财产清查结果的账务处理。通过对本章内容的学习，要求学生熟悉财产清查的概念和分类，理解财产物资的盘存制度——实地盘存制和永续盘存制，掌握未达账项及银行存款余额调节表的编制方法，掌握各种财产清查方法及财产清查结果的账务处理。

第一节　财产清查概述

一、财产清查的概念

企业在发生经济业务之后，需要填制和审核会计凭证，并根据会计凭证登记有关会计账簿。因此，会计账簿能够反映企业各项财产物资的增减变动及其结存情况，为企业的经济管理提供会计信息。账簿记录是否正确完整直接影响到会计信息的客观真实性。为了保证其客观真实性，需要进行账证核对、账账核对和账实核对，而账实核对就是财产清查的主要内容。

所谓财产清查，是指通过对各项财产物资进行盘点或核对，确定其实存数，查明账存数与实存数是否相符的一种专门方法。造成账实不符的原因有很多，如财产物资的自然损耗，财产收发过程中计量器具出现问题，会计凭证或账簿出现漏记、水灾、火灾、风灾等自然灾害造成的非常损失，不法分子的徇私舞弊等。因此，必须进行财产清查，对企业各项财产物资进行定期或不定期的盘点和核对，在账实相符的基础上编制财务报表。

二、财产清查的意义

财产清查作为会计核算的一种专门方法，在会计核算过程中具有重要意义。

1．提高会计核算质量，确保会计核算资料真实可靠

通过财产清查，可以查明各项财产物资的实存数，将实存数与账存数进行对比，寻找差异，分析差异产生的原因及责任，以采取有效措施消除差异，调整账存记录，从而保证账实相符，提高会计核算资料的真实性。

2．揭示财产物资的使用情况，健全财产物资的管理制度

通过财产清查可以查明各项财产物资盘盈、盘亏的原因和责任，从而找出财产物资管理过程中存在的问题，以便改善企业的经营管理，健全各项财产物资的管理制度，切实保障各项财产物资的安全完整。

3．促进财产物资的安全完整、加速资金周转

企业在财产清查过程中，不仅要对各项财产物资进行账实核对，还要查明各项财产物资的库存和使用情况，合理安排生产经营活动，不足的及时补上，多余的及时处理。因此，通过财产清查，可以促进财产物资的有效使用，充分利用各项财产物资，加速企业资金周转，提高资金使用效果。

4．确定企业结算制度的贯彻执行

财产清查包括债权债务等往来结算账款，清查时要和对方逐一核对，对于各种应收、应付款项应及时进行结算，对于已确认的坏账应按规定及时处理，避免长期拖欠和长期挂账，严肃结算纪律和强化商业信用。

三、财产清查的种类

企业财产清查的对象、范围及时间往往是不同的，因此财产清查按不同标准可以划分为不同的种类。

（一）按清查的范围

按清查的范围可分为全面清查和局部清查。

1．全面清查

全面清查是对企业所有的财产物资、货币资金和债权债务进行彻底的盘点和核对，以保证账实相符。全面清查的内容比较多，对于制造业企业而言，全面清查的内容一般包括：现金和银行存款等货币资金；固定资产、原材料、在产品、产成品、在途物资、债权债务等。由于全面清查的内容多、范围广，一般不会轻易进行全面清查，但在以下几种情况下需要进行全面清查。

（1）年终决算前为了确保年终决算会计资料真实可靠，需要进行一次全面清查。

（2）单位撤销、合并或改变隶属关系时，为了明确经济责任，需要进行一次全面清查。

（3）中外合资、国内合资前需要进行一次全面清查。

（4）开展资产评估、清产核资等活动时，需要进行一次全面清查。

（5）单位主要领导调离工作时，需要进行一次全面清查。

2．局部清查

局部清查是指根据企业管理的需要或有关规定对部分财产物资、债权债务进行盘点和核对。局部清查范围较小，专业性也比较强，因此局部清查的主要对象一般为流动性较大且又容易损坏的物资，具体包括以下几种情况。

（1）库存现金由出纳在每日业务终了盘点一次，做到日清月结。

（2）银行存款应由出纳每月至少和银行核对一次。

（3）债权债务应在年度内至少和有关单位核对一次。

（4）各项存货应有计划、有重点地抽查，贵重物品每月清查一次。

（二）按清查的时间

按清查的时间可分为定期清查和不定期清查。

1．定期清查

定期清查是指根据计划安排的时间对财产物资、债权债务进行的清查。定期清查的对象不固定，可以是全面清查，也可以是局部清查，一般在年末、季末或月末结账时进行。

2．不定期清查

不定期清查是指根据需要对财产物资所进行的临时性清查，事先没有计划安排。不定期清查可以是局部清查，也可以是全面清查。一般在以下几种情况下进行不定期清查。

（1）更换出纳员和仓库保管员时，需要对出纳员所保管的库存现金、银行存款及仓库保管员所保管的财产物资进行清查，以分清经济责任。

（2）发生意外灾害时，需要对受灾损失的有关财产物资进行清查，以查明财产物资的损失情况。

（3）有关部门对企业进行会计检查或进行临时性清产核资时，需要对各项财产物资进行清查。

四、财产清查的一般程序

财产清查是改善企业经营管理和加强会计核算的重要手段，也是一项涉及面广、工作量大、复杂而细致的工作。因此为了充分发挥其应有的积极作用，财产清查需要遵循一定的程序。不同目的的财产清查应按不同的程序进行，但就其一般程序来讲，主要包括三个步骤，即成立清查组织、进行各项准备工作、进行财产清查。

（一）成立清查组织

为了保证财产清查工作的顺利进行，保证其工作质量，在进行财产清查时应成立专门的财产清查组织，具体负责财产清查的组织和管理。财产清查组织应由会计、业务、仓库等有关业务部门的人员组成，并由具有一定权限的人员负责清查组织的领导工作。

（二）进行各项准备工作

为做好财产清查工作，企业会计部门和有关业务部门要在财产清查组织的领导下，做好各项业务准备工作。业务准备工作主要包括以下几个方面。

第一，企业会计部门在财产清查前应将截至清查日的所有经济业务全部入账，并结出余额，为账实核对提供正确的账簿资料。

第二，财产物资保管等业务部门应将截至清查日的各项财产物资的收入与发出登记入账，并结出余额，以便盘点核对。

第三，财产清查小组成员应组织有关部门准备好各种计量器具和有关财产清查登记用的表册，如盘存单、实存账存对比表等。

（三）进行财产清查

做好各项准备工作以后，清查人员应根据清查对象的特点，并依据清查目的，采用相应的清查方法，实施财产清查。如在盘点财产物资时，财产物资的保管人员必须在场；盘点库存现金时，出纳人员必须在场。在进行盘点时，盘点人员要做好盘点记录；盘点结束以后，盘点人员应根据财产物资的盘点记录，编制盘存表。同时，根据有关账簿资料和盘存表资料填制实存账存对比表，检查账实是否相符，并根据账簿对比结果调整账簿记录，分析原因，进行相应账务处理。

第二节 财产清查的方法

一、实物资产的清查方法

实物资产的清查对象包括具有实物形态的各种资产，如固定资产、原材料、产成品、在产品等，由于实物的形态、体积、重量等不同，采用的清查方法也不同。

（一）实物资产的盘存制度

实物资产的盘存制度包括永续盘存制和实地盘存制两种。

1．永续盘存制

永续盘存制也称为账面盘存制，就是通过设置存货明细账，对于日常发生的存货增加或减少，根据会计凭证在账簿中进行连续登记，随时在账面上结算各项存货的结存数，并定期与实际盘存数对比，确定存货盘盈盘亏的一种制度。

在永续盘存制下，有“存货账面期末余额=存货账面期初余额+本期存货增加数−本期存货减少数”的关系。永续盘存制是一种账簿记录，它反映了各项实物资产的实际结存数，需要企业对各项实物资产进行清点，对于账实不符的情况要找出原因并加以纠正。

永续盘存制下对于财产物资的增减变动需要逐日逐笔地进行登记，并随时结出账面余额，便于加强会计监督。同时也可以随时掌握财产物资的收发、结存的动态情况，对于保护财产物资的完整性具有重要作用。但是此种制度下工作量较大。一般情况下，各企业都应采用永续盘存制。

2．实地盘存制

实地盘存制又称为定期盘存制，是指通过对期末库存存货的实物盘点，确定期末存货和当期销货成本的方法。实地盘存制无须通过账面连续记录得出期末存货，并假定除期末库存以外的存货均已出售，通过这种方法倒轧出销货成本。

在实地盘存制下，存在“本期存货减少数=存货账面期初余额+本期存货增加数−存货账面期末余额”的关系。

实地盘存制下不需要对财产物资的增减变动逐日逐笔地进行登记，因此此种制度下核算工作比较简单，工作量较小。但是该制度下手续不够严密，不能通过账簿随时反映和监督各项财产物资的收、发、结存情况，不利于存货的管理，也不利于监督检查。因此，实地盘存制只适应数量大、价值低、收发频繁的存货。

（二）实物资产的清查方法

对于各项实物资产的清查，一般采用实地盘点法和技术推算法。

1．实地盘点法

实地盘点法是指在财产物资存放现场逐一清点数量或用计量仪器确定其实存数的一种方法。此方法数字准确可靠，但工作量较大。

2．技术推算法

技术推算法是指利用技术方法推算财产物资实存数的方法。此方法适用于价值低、数量大的材料物资，如煤炭、沙石等大宗物资的清查。此方法盘点数字不够准确，但工作量较小。

在财产清查过程中，应逐一填制好相关表格，如盘存单和实存账存对比表。盘存单及实存账存对比表的格式如表 9-1、表 9-2 所示。

表 9-1 盘存单

单位名称： 存放地点： 编号：

财产类别： 盘点时间：

序 号	名 称	规 格	计量单位	盘点数量	单 价	金 额	备 注

盘点人签章： 保管人签章：

二、货币资金的清查方法

（一）库存现金的清查

库存现金清查的基本方法是实地盘点法。它是通过对库存现金的盘点实有数与库存现金日记账的余额进行核对的方法，能够确定账实是否相符以及盈亏情况。主要包括以下两种情况。

（1）日常工作中由出纳人员每日清点库存现金实有数，并与库存现金日记账余额进行核对。这种清查方法比较省时、省力，但清查方法不够严密，容易出漏洞。

（2）成立清查小组定期不定期地对库存现金进行清查。为明确经济责任，清查时出纳人员必须在场，清查人员审核收付款凭证和账簿记录，检查账实处理是否合理合法，此外清查人员还应检查企业是否以“白条”或“借据”抵充库存现金，以确定账存数与实存数是否相符等。

表 9-2 实存账存对比表

单位名称： 年 月 日

序号	名称	规格	计量单位	单价	实存		账存		盘盈		盘亏		备注
					数量	金额	数量	金额	数量	金额	数量	金额	

盘点人签章： 会计签章：

库存现金清查完毕后，根据清查结果填写“库存现金盘点报告表”，并据以调整库存现金日记账的账面记录。“库存现金盘点报告表”的格式如表 9-3 所示。

表 9-3 库存现金盘点报告表

年 月 日

实存金额	账存金额	对比结果		备注
		溢余	短缺	

负责人签章： 盘点人签章： 出纳人签章：

（二）银行存款的清查

银行存款清查的基本方法是将银行存款日记账与开户银行转来的“对账单”进行核对。核对时，一般会发生双方反映的银行存款余额不一致的情况。造成双方余额不一致的原因主要有两个方面：一是双方或一方记账有错误；二是存在未达账项。如果在核对中发现属于企业方面的记账差错，经确定后企业应立即更正；属于银行方面的记账差错，则应通知银行进行更正。

未达账项是指企业与银行之间，对于同一经济交易或事项，由于结算凭证传递的时间差，造成一方已登记入账，而另一方因尚未接到凭证而未登记入账的款项。具体来说，未达账项主要包括以下四种情况。

（1）企业已收款入账，银行尚未收款入账。如企业已根据销售收入的支票记账，而银行尚未收款入账。

（2）企业已付款入账，银行尚未付款入账。如企业开出转账支票一张，持票人尚未到银行办理转账手续。

（3）银行已收款入账，企业尚未收款入账。如企业委托银行收取的款项，银行已收妥入账，而企业尚未接到收账通知。

（4）银行已付款入账，企业尚未付款入账。如开户银行向企业收取的借款利息，企业尚未收到付息票据。

上述任何一种情况的发生都会造成银行存款日记账的余额与对账单的余额不一致。其中第一种和第四种情况会使银行日记账的余额大于银行对账单的余额，第二种和第三种情况会使银行对账单的余额大于银行日记账的余额。

综上所述，由于记账错误和未达账项的存在，银行存款日记账的余额与银行对账单的余额会不相符，因此为了确定企业银行存款的实有数，企业应通过编制银行存款余额调节表进行调整。银行存款余额调节表的编制方法是根据错账金额和未达账项同时将银行存款日记账余额和对账单余额调整到银行存款的实有数。计算公式如下：

银行存款日记账余额+银行已收企业未收款项−银行已付企业未付款项+（−）企业错减或错增金额=银行对账单余额+企业已收银行未收款项−企业已付银行未付款项+（−）银行错减或错增金额

实际工作是通过编制银行存款余额调节表进行核对调整。

【例 9-1】某企业 20××年 9 月 30 日银行存款日记账的余额为 42 800 元，银行对账单的余额为 65 400 元，经逐笔核对，双方记账均无差错，但发现存在如下未达账项。

（1）9 月 15 日，企业委托开户银行收取款项 50 000 元，银行已收款入账，公司尚未收到收账通知。

（2）9 月 20 日，企业收到转账支票一张，金额为 20 000 元，企业已收款入账，但尚未到银行办理入账手续，银行尚未入账。

（3）9 月 26 日，企业开出的转账支票一张，金额为 5 600 元，企业已付款入账，但支票尚未到达银行，银行尚未入账。

（4）9 月 30 日，银行计算应付给企业存款利息 2 000 元，银行已登记入账，而企业尚未收到收款通知，尚未入账。

（5）9 月 30 日，银行代企业支付水电费 15 000 元，银行已登记入账，而企业尚未接到付款通知，尚未入账。

根据以上未达账页，编制银行存款余额调整表，如表 9-4 所示。

表 9-4 银行存款余额调节表

20××年 9 月 30 日 单位：元

项目	金额	项目	金额
银行存款日记账余额	42 800	银行对账单余额	65 400
加：银行已收，企业未收		加：企业已收，银行未收	
（1）委托银行收款	50 000	（2）企业收到转账支票	20 000
（4）银行存款利息	2 000	减：企业已付，银行未付	
减：银行已付，企业未付		（3）企业开出转账支票	5 600
（5）银行代付水费	15 000		
调节后存款余额	79 800	调节后存款余额	79 800

需要说明的是，银行存款双方余额调节相符后，对未达账项一般暂不做账务处理。即不能根据银行存款余额调节表来编制会计分录，作为记账依据，必须在收到银行转来的有关原始凭证后再做会计处理。

第三节 财产清查结果的账务处理

财产清查后，如果实存数与账存数一致，账实相符且实存财产物资无质量问题，则不必进行会计处理。但若存在以下三种情况，则必须进行会计处理：第一，实存数大于账存数，即盘盈；第二，实存数小于账存数，即盘亏；第三，实存的财产物资有质量问题，不能按正常的财产物资使用，即毁损。财产清查结果的账务处理，就是对盘盈、盘亏和毁损进行账务处理，以保证账实相符。

一、财产清查结果的账务处理步骤

企业对财产清查的结果，应当按国家有关财务会计制度的规定进行认真处理。在财产清查过程中发现的盘盈、盘亏和毁损等问题，首先要核准金额，然后按规定的程序报经上级部门批准后，才能进行相应会计处理。具体步骤如下。

（1）核准金额，根据清查结果编制“实存账存对比表”。针对不同原因造成的账实不符提出处理意见，呈报有关领导和部门批准。

（2）根据审批后的处理文件决定，填制记账凭证，据以登记有关账户。

一般地，因企业财产管理制度不善而造成的财产物资的盘亏和毁损，应列作本期费用，冲减当期损益；因企业有关人员玩忽职守而造成的财产损失，由责任人赔偿；对于自然灾害造成的非常损失，应向保险公司收取保险赔款，净损失计入当期损益；对于财产物资盘盈的处理，一般应列作本期收益。

为了核算和监督财产物资清查结果的账务处理情况，需设置“待处理财产损益”账户。该账户是一个过渡账户，借方登记发现的待处理盘亏、毁损数额，待原因查明并经审批后，再从该账户的贷方转入有关账户的借方。该账户的贷方登记发现的待处理盘盈数额，待原因查明并经审批后，再从该账户的借方转入有关账户的贷方。“待处理财产损益”的账户结构如表 9-5 所示。

表 9-5 待处理财产损益

借方	贷方
（1）待处理财产物资的盘亏、毁损数额 （2）批准转销的待处理财产物资盘盈数额	（1）发现的待处理产物资盘盈数额 （2）批准转销的待处理财产盘亏和毁损数额
借方余额：尚未批准转销的待处理财产盘亏和毁损数额与盘盈数额的差额	贷方余额：尚未批准转销的待处理财产盘盈数额与盘亏或毁损数额的差额

该账户下可设置两个明细科目，即“待处理流动资产损益”和“待处理固定资产损益”，分别对流动资产和固定资产损益进行核算。

二、库存现金清查结果的账务处理

库存现金清查结果的账务处理采用实地盘点的方法，先确认库存现金数，再与库存现金日记账进行核对，“库存现金盘点报告单”是进行账务处理的原始凭证。“待处理财产损益——待处理流动资产损益”账户的借方登记库存现金短缺数，贷方登记库存现金益余数。待查明原因后，按如下要求进行会计处理。

（1）如为现金短缺。属于应由责任人赔偿的部分，按赔偿金额借记“其他应收款——应收现金短缺款”或“库存现金”等科目，贷记“待处理财产损益——待处理流动资产损益”科目；属于应由保险公司赔偿的部分，按赔偿金额借记“其他应收款——应收保险赔款”科目，贷记“待处理财产损益——待处理流动资产损益”科目；属于无法查明原因的现金短缺，按短缺金额借记“管理费用”科目，贷记“待处理财产损益——待处理流动资产损益”科目。

（2）如为现金益余。属于应支付给有关单位或个人的，按溢余金额借记“待处理财产损益——待处理流动资产损益”科目，贷记“其他应付款——应付现金益余”科目；属于无法查明原因的现金益余，经批准后作为盘盈利得处理，借记“待处理财产损益——待处理流动资产损益”科目，贷记“营业外收入——盘盈利得”科目。

【例 9-2】某企业 20××年 4 月对库存现金进行盘点，其清查结果如下：

（1）① 根据“库存现金盘点报告表”所列库存现金短缺 2 000 元。

② 上述现金短缺无法查明原因。经有关部门核准后，转入管理费用。

（2）① 根据“库存现金盘点报告表”所列库存现金溢余 4 500 元。

② 经查，为属于应付给职工李刚的款项还没有支付。

账务处理如下：

（1）① 借：待处理财产损益——待处理流动资产损益　　2 000

　　贷：库存现金　　2 000

② 借：管理费用　　2 000

　　　　贷：待处理财产损益——待处理流动资产损益　　　　2 000
（2）① 借：库存现金　　　　4 500
　　　　贷：待处理财产损益——待处理流动资产损益　　　　4 500
　　② 借：待处理财产损益——待处理流动资产损益　　　　4 800
　　　　贷：其他应付款——应付现金益余　　　　4 800

三、存货清查结果的账务处理

造成企业存货账实不符的原因有很多，“实存账存对比表”是账务处理所依据的原始凭证。“待处理财产损益——待处理流动资产损益”账户的借方登记存货的盘亏和毁损数，贷方登记存货的盘盈数。待查明原因后，按如下要求进行会计处理。

（1）如为存货盘亏。属于定额内的盘亏或一般经营损失，应借记“管理费用”科目，贷记“待处理财产损益——待处理流动资产损益”科目；属于责任事故造成的损失，应借记“其他应收款——应收××赔款”，贷记“待处理财产损益——待处理流动资产损益”科目；属于自然灾害等造成的非常损失，应借记“营业外支出”科目，其中有保险的，则可获理赔部分借记“其他应收款——应收保险赔款”，贷记“待处理财产损益——待处理流动资产损益”科目。

（2）如为存货盘盈。一般冲减管理费用。借记“待处理财产损益——待处理流动资产损益”科目，贷记“管理费用”科目。

【例9-3】某企业20××年10月进行存货清查，其清查结果如下：

（1）① 根据“实存账存对比表”所列库存材料盘盈1 500元。
　　② 上述材料盘盈原因为，材料遇潮后重量变重，属于自然升益。
（2）① 根据“实存账存对比表”所列库存商品毁损200件，每件单价15元。
　　② 上述材料毁损为火灾所致，保险公司同意赔付2 000元。

账务处理如下。

（1）① 借：原材料　　　　1 500
　　　　贷：待处理财产损益——待处理流动资产损益　　　　1 500
　　② 借：待处理财产损益——待处理流动资产损益　　　　1 500
　　　　贷：管理费用　　　　1 500
（2）① 借：待处理财产损益——待处理流动资产损益　　　　3 000
　　　　贷：库存商品　　　　3 000
　　② 借：其他应收款——保险公司　　　　2 000
　　　　　　营业外支出　　　　1 000
　　　　贷：待处理财产损益——待处理流动资产损益　　　　3 000

四、固定资产清查结果的账务处理

固定资产的清查，需要根据实际清查情况编制“实存账存对比表”或“固定资产盘盈盘亏报告表”。“实存账存对比表”或“固定资产盘盈盘亏报告表”是账务处理所依据的原始凭证。固定资产发生盘盈大多是由于企业自制设备交付使用后未及时入账所造成的；固定资产发生盘亏可能是由于责任事故、丢失和自然灾害等。因此，固定资产盘盈盘亏一般的账务处理方法如下。

（1）如为固定资产盘盈。按《企业会计准则》规定，盘盈固定资产属于重要的前期差错，应通过“以前年度损益调整”账户予以更正，而不通过“待处理财产损益”账户处理。企业在财产清查过程中盘盈的固定资产通常按其重置成本，借记“固定资产”科目，贷记“以前年度损益调整”科目。涉及增值税、所得税和盈余公积的，还应按相关规定处理。

（2）如为固定资产盘亏。应根据“固定资产盘盈盘亏报告表”，先将该固定资产在企业账面的一切记录予以注销，借记“待处理财产损益——待处理固定资产损益”科目，借记“累计折旧”科目，贷记“固定资产”科目。

对于盘亏的固定资产，应及时查明原因，报经批准后，按过失人及保险公司应赔偿的金额，借记“其他应收款”科目，按盘亏固定资产的原价扣除累计折旧和过失人及保险公司赔偿后的差额，借记“营业外支出”科目，按盘亏固定资产的账面价值，贷记“待处理财产损益——待处理固定资产损益”科目。

【例 9-4】某企业 20××年 2 月进行固定资产清查，其清查结果如下：

（1）根据“固定资产盘盈盘亏报告表”所列短缺设备一台，原始价值为 100 000 元，已提折旧为 20 000 元。

（2）上述设备属于非责任事故的丢失。

账务处理如下：

（1）借：待处理财产损益——待处理固定资产损益　　80 000
　　　　累计折旧　　20 000
　　　贷：固定资产　　100 000

（2）借：营业外支出——固定资产盘亏　　80 000
　　　贷：待处理财产损益——待处理固定资产损益　　80 000

本章小结

在编制财务报表之前需要进行财产清查工作，财产清查是财务报表编制前的准备工作之一。本章重点介绍了财产清查的方法及清查结果的账务处理。财产清查是指通过对各项财产物资进行盘点或核对，确定其实存数，查明账存数与实存数是否相符的一种专门方法。财产清查的内容主要包括实物资产的清查、货币资金的清查和往来款项的清查。其中实物资产的清查和货币资金的清查属于重点内容。对于银行存款清查出现的账实不符情况，可通过编制银行存款余额调节表来调整；对于固定资产清查过程中出现的盘盈，不通过“待处理财产损益”科目核算，而是通过“以年前度损益调整”科目进行核算。

思考题

1. 什么是财产清查？财产清查的种类有哪些？
2. 实物资产的盘存制度有哪些，阐述各自的优缺点和适用范围。
3. 什么是未达账项，未达账项分为几种？
4. 简述银行存款余额调节表的编制方法。

练习题

一、单项选择题

1. 存货清查中盘亏原因属于责任人造成的，应记入“(　　)”科目。
A. 管理费用　B. 制造费用　C. 营业外支出　D. 其他应收款
2. 自然灾害造成的财产损失，扣除保险公司赔款后，应记入“(　　)”科目。
A. 管理费用　B. 制造费用　C. 营业外支出　D. 其他应收款
3. 下列反映在“待处理财产损益”科目借方的是(　　)。
A. 财产的盘亏数　B. 财产的盘盈数
C. 财产盘亏的转销数　D. 尚未处理的财产净溢余
4. 库存现金的清查方法，就是将(　　)进行核对。
A. 库存现金日记账和总分类账
B. 库存现金日记账和库存现金收付款凭证
C. 库存现金日记账和库存现金盘点数
D. 库存现金总分类账与库存现金收付款凭证
5. 产生未达账项的原因是(　　)。
A. 凭证丢失　B. 银企双方取得凭证和入账时间不一致
C. 发生了呆账　D. 发生了坏账

二、多项选择题

1. 存货的盘存制度包括(　　)。
A. 权责发生制　B. 永续盘存制　C. 收付实现制　D. 实地盘存制
2. 未达账项主要包括的类型有(　　)。
A. 银行已收款入账，企业尚未收款入账
B. 银行已付款入账，企业尚未付款入账
C. 企业已收款入账，银行尚未收款入账
D. 企业已付款入账，银行尚未付款入账
3. 库存现金盘亏的账务处理中可能涉及的科目有(　　)。
A. 库存现金　B. 管理费用　C. 其他应收款　D. 营业外支出

4．财产清查按清查时间可分为（　　）。

A．全面清查　　B．局部清查　　C．定期清查　　D．不定期清查

5．月末银行存款日记账与银行对账单不一致，造成银行存款日记账余额大于银行对账单存款余额的原因有（　　）。

A．企业已收款入账，而银行尚未收款入账

B．企业已付款入账，而银行尚未付款入账

C．银行已收款入账，而企业尚未收款入账

D．银行已付款入账，而企业尚未付款入账

三、业务题

某企业 10 月 31 日银行存款日记账余额为 100 000 元，对账单余额为 150 600 元。该企业将银行存款日记账记录与银行送来的对账单核对以后，发现有如下未达账项。

（1）10 月 5 日银行代付水费 3 500 元，企业尚未记账。

（2）10 月 18 日银行为企业代收销货款 50 000 元，企业尚未记账。

（3）10 月 23 日企业开出现金支票预付差旅费 3 000 元，持票人尚未到银行办理现金支取业务。

（4）10 月 25 日企业开出转账支票一张，金额为 3 600 元，银行尚未记账。

（5）10 月 31 日银行收到借款利息 2 500 元，企业尚未收到支息通知。

要求：根据以上资料，编制银行存款余额调节表。

第十章　财务会计报告

学习目标与要求

本章阐述了财务会计报告的概念、分类及财务会计报表的编制基本要求，介绍了资产负债表的含义、结构、报表项目的列示及编制方法；介绍了利润表的概念、结构、报表项目的列示以及编制；介绍了现金流量表的概念、结构、分类及列示方式；介绍了所有者权益变动表的概念、结构及列示方法。通过本章的学习，要求理解财务会计报告的概念、构成及作用，财务会计报表的内容、格式和编制方法有大致的了解。

第一节　财务会计报告概述

财务会计报告是指企业对外提供的反映企业某一特定日期的财务状况和某一会计期间的经营成果、现金流量等会计信息的文件。财务会计报告包括财务报表和其他应当在财务会计报告中披露的相关信息和资料。1999 年修订的《中华人民共和国会计法》中将其称为“财务会计报告”，《国际会计准则》中将其称为“财务报告”。实际上，“财务会计报告”与“会计报表”“财务报告”的提法虽然在文字上略有差异，但其内容基本一致。其中，财务会计报表是财务会计报告的主要组成部分。财务会计报表是对企业财务状况、经营成果和现金流量的结构性表述。财务会计报表至少应当包括下列组成部分：资产负债表；利润表；现金流量表；所有者权益（或股东权益，下同）变动表；附注。财务报表的这些组成部分具有同等的重要程度。

一、财务会计报告的作用

编制财务会计报表的目标是向财务报表使用者提供与企业财务状况、经营成果和现金流量等有关的会计信息，反映企业管理层受托责任履行情况，帮助财务会计报表使用者做出正确的经济决策。财务会计报表使用者包括股东（投资者）、债权人、政府及其有关部门和社会公众等。财务会计报表对于满足不同使用者的需要，提高各企业经济管理水平及加强整个国民经济管理都有重要的作用。

股东（投资者）关心的是投资的内在风险和投资报酬。因此，他们需要了解企业的盈利能力、资本结构、利润分配政策等信息，从而决定是否从资金上支持企业。

债权人关心的是提供给企业的资金是否安全，自己的债权能否按期如数收回。因此，债权人可利用企业的财务会计报告分析企业的盈利能力和偿债能力，评判企业的资信情况，检查各项贷款的使用情况及资产保证情况，监督企业按期归还借款。

政府及有关管理部门要了解和掌握国民经济的发展方向、发展速度，制定宏观经济政策。财务会计报告可以为它们进行宏观调控提供参考资料。同时，也可以利用它所提供的信息加强对企业财务的管理和监督，严肃财经纪律，规范、引导企业的经营行为。

企业管理人员关心的是企业财务状况的好坏，经营业绩的大小及现金的流动情况。企业管理人员通过财务会计报告，了解自身一定时期的财务状况及变动情况，及时掌握企业经济活动、经营成果和经营管理工作中存在的问题。

企业职工关心的是就业机会及其稳定性、劳动报酬高低和职工福利好坏等，而上述情况又与企业的资本结构及其盈利能力等情况密切相关。

社会公众（包括企业潜在的投资者或债权人）关心的是企业（特别是对股份有限公司）的兴衰及其发展情况。

二、财务会计报表的分类

（一）按反映的经济内容分类

按会计报表反映经济内容的不同，可分为静态报表和动态报表。静态报表是指综合反映企业某一特定日期资产、负债和所有者权益状况的报表，如资产负债表；动态报表是指综合反映企业一定时期的经营情况或现金流动情况的报表，如利润表、现金流量表和所有者权益变动表。

（二）按编报期间分类

按财务会计报表编报时间的不同，可分为中期财务报表和年度财务报表。中期财务报表是以短于一个完整会计年度的报告期间为基础编制的财务会计报表，包括月报、季报和半年报等。年度财务报表是指年度终了以后编制的，全面反映企业财务状况、经营成果及其分配、现金流量等的财务会计报表。

（三）按编报主体分类

按财务会计报表编报主体的不同，可分为个别财务报表和合并财务报表。个别财务报表是由企业在自身会计核算基础上对账簿记录进行加工而编制的财务会计报表，它主要用于反映自身的财务状况、经营成果和现金流量情况。合并财务报表是以母公司和子公司组成的企业集团为会计主体，根据母公司和所属子公司的财务会计报表，由母公司编制的综合反映企业集团财务状况、经营成果及现金流量的财务会计报表。

三、财务会计报表列报基本要求

（一）依据各项会计准则确认和计量的结果编制财务会计报表

企业应当根据实际发生的交易和事项，遵循各项具体会计准则的规定进行确认和计量，并在此基础上编制财务会计报表。企业应当在附注中对遵循企业会计准则编制的财务会计报表做出声明，只有遵循了企业会计准则的所有规定，财务会计报表才被称为“遵循了企业会计准则”。同时，企业不应以附注中的披露代替对交易和事项的确认和计量，不恰当的确认和计量也不能通过充分披露相关会计政策而纠正。

此外，如果按照各项会计准则规定披露的信息不足以让报表使用者了解特定交易或事项对企业财务状况和经营成果的影响，企业还应当披露其他必要信息。

（二）以持续经营为编制基础

企业应当以持续经营为基础，根据实际发生的交易和事项，按照具体会计准则的规定进行确认和计量，在此基础上编制财务会计报表，而不应以在附注中披露代替确认和计量。如果以持续经营为基础编制的财务会计报表不合理，则企业应当采用其他基础编制财务报表，并在附注中披露这一事实。

（三）遵循一致性原则

财务会计报表项目的列报应当在各个会计期间保持一致性，不得随意变更。这一要求不仅针对财务报表中的项目名称，还包括财务报表项目的分类、排列顺序等方面。

在以下规定的特殊情况下，财务报表项目的列报是可以改变的。

（1）会计准则要求改变。

（2）企业经营业务的性质发生重大变化或对企业经营影响较大的交易或事项发生后，变更财务报表项目的列报能够提供更可靠、更相关的会计信息。

（四）遵循重要性原则

性质或功能不同的项目，应当在财务会计报表中单独列报，但不具有重要性项目除外。企业进行重要性判断时，应当根据企业所处的具体环境，从项目的性质和金额两方面予以判断。项目性质的重要性应当通过单项金额占资产总额、负债总额、所有者权益总额、营业收入总额、营业成本总额、净利润等直接相关项目金额的比重加以确定和判断。同时，企业对于各个项目重要性的判断标准一经确定，不得随意变更。

（五）相互抵销原则

财务报表项目应当以总额列报，资产和负债、收入和费用、直接计入当期利润的利得和损失项目的金额不能相互抵销，即不得以净额列报，但企业会计准则另有规定的除外。

下列三种情况不属于抵销，可以以净额列示：

（1）一组类似交易形成的利得和损失以净额列示的，不属于抵销。

（2）资产或负债项目按扣除备抵项目后的净额列示，不属于抵销。

（3）非日常活动产生的利得和损失，以同一交易形成的收益扣减相关费用后的净额列示更能反映交易实质的，不属于抵销。

（六）遵循可比原则

当期财务会计报表的列报，至少应当提供所有列报项目可比会计期间的比较数据，以及与理解当期财务会计报表相关的说明。财务报表项目的列报发生变更的，应当对上期比较数据按照当期的列报要求进行调整，并在附注中披露调整的原因和性质，以及调整的各项金额。对上期比较数据进行调整不切实可行的，应当在附注中披露不能调整的原因。不切实可行是指企业在做出所有合理努力后仍然无法采用某项规定。

（七）财务会计报表表首的列示要求

财务会计报表一般分为表首、正表两部分，其中，在表首部分企业应当概括地说明下列基本信息。

（1）编报企业的名称。

（2）对资产负债表而言，须披露资产负债表日，而对利润表、现金流量表、所有者权益变动表而言，须披露报表涵盖的会计期间。

（3）对于货币名称和单位，按照我国企业会计准则的规定，企业应当以人民币为记账本位币，并标明金额单位。

（4）财务报表是合并财务报表的，应当予以标明。

（八）正常营业周期

企业至少应当按年编制财务报表。年度财务报表涵盖的期间短于一年的，应当披露年度财务报表的涵盖期间，以及短于一年的原因。

第二节 资产负债表

一、资产负债表的内容与格式

资产负债表属于静态报表，是反映企业在某一特定日期财务状况的报表，主要提供有关企业财务状况方面的信息。通过资产负债表，可以提供企业在某一特定日期的资产总额及其结构，表明企业拥有或控制的资源及其分布情况；可以提供企业在某一特定日期的负债总额及其结构，表明企业未来需要用多少资产或劳务清偿债务及清偿时间；可以反映企业所有者在某一特定日期所拥有的权益，据以判断资本保值、增值的情况及对负债的保障程度。

资产负债表一般由表首、正表两部分组成。其中，表首概括地说明表名称、编制单位、报表日期、报表编号、货币名称、计量单位等；正表则列示了用以说明企业财务状况的各个项目，它一般有两种格式：报告式资产负债表和账户式资产负债表（见表 10-1 和表 10-2）。报告式资产负债表是上下结构的，上半部列示资产，下半部列示负债和所有者权益。具体排列形式又有两种：一种按“资产=负债+所有者权益”的原理排列；另一种按“资产-负债=所有者权益”的原理排列。账户式资产负债表是左右结构的，左边列示资产，右边列示负债和所有者权益。不管采取什么格式，资产各项目的合计等于负债和所有者权益各项目的合计这一等式不变。在我国，资产负债表采用账户式，资产负债表左右双方平衡，即资产总计等于负债和所有者权益总计。

表 10-1　报告式资产负债表

××企业

资产负债表

20××年 12 月 31 日　　单位：元

资产
流动资产
非流动资产
资产合计
负债
流动负债
非流动负债
负债合计
所有者权益
所有者权益合计

表 10-2　账户式资产负债表

××企业

资产负债表

20××年 12 月 31 日　　单位：元

资　　产	负债及所有者权益
流动资产	负债
各项目	各项目
流动资产合计	负债合计
非流动资产	所有者权益
各项目	各项目
非流动资产合计	所有者权益合计
资产总计	负债及所有者权益合计

在资产负债表中，资产按照其流动性分类分项列示，包括流动资产和非流动资产；负债按照其流动性分类分项列示，包括流动负债和非流动负债；所有者权益按照实收资本（股本）、资本公积、盈余公积、未分配利润等项目分项列示。

财政部于 2018 年 6 月发布了财会〔2018〕15 号文，对一般企业财务报表格式进行了修订完善。本次修订包含两套财务报表格式，分别适用于尚未执行新金融工具准则和新收入准则的非金融企业和已执行新金融工具准则或新收入准则的非金融企业。

（一）尚未执行新金融工具准则和新收入准则的非金融企业

资产负债表示例如表 10-3 所示。

表 10-3 资产负债表示例 会企 01 表

编制单位：××公司 2×18 年 12 月 31 日 单位：元

资产	年初数	期末数	负债和所有者权益（或股东权益）	年初数	期末数
流动资产：			流动负债：		
货币资金		1 406 300	短期借款	略	300 000
以公允价值计量且其变动	略	15 000	以公允价值计量且其变动计入当期		
计入当期损益的金融资产		545 100	损益的金融负债		0
应收票据及应收账款		100 000	应付票据及应付账款		1 263 800
预付款项		5 000	预收款项		0
其他应收款		2 580 000	应付职工薪酬		0
存货		0	应交税费		0
持有待售资产		0	其他应付款		36 600
一年内到期的非流动资产		0	持有待售负债		50 000
其他流动资产		4 651 400	一年内到期的非流动负债		1 000
流动资产合计			其他流动负债		900 000
非流动资产：		0	流动负债合计		2 551 400
可供出售金融资产		0	非流动负债：		
持有至到期投资		0	长期借款		600 000
长期应收款		250 000	应付债券		0
长期股权投资		0	长期应付款		0
投资性房地产		1 100 000	预计负债		0
固定资产		1 500 000	其他非流动负债		0
在建工程		600 000	非流动负债合计		600 000
无形资产		0	负债合计		3 151 400
开发支出		200 000	所有者权益（或股东权益）：		
长期待摊费用		0	实收资本（或股本）		5 000 000
其他非流动资产		3 650 000	资本公积		0
非流动资产合计			盈余公积		100 000
			未分配利润		50 000
			所有者权益（或股东权益）合计		5 150 000
资产总计		8 301 400	负债和所有者权益（或股东权益）总计		8 301 400

（二）已执行新金融工具准则或新收入的非金融企业

资产负债表示例如表 10-4 所示。

表 10-4　资产负债表示例　　　　会企 01 表

编制单位：××公司　　　　2×18 年 12 月 31 日　　　　单位：元

资产	年初数	期末数	负债和所有者权益（或股东权益）	年初数	期末数
流动资产：			流动负债：		
货币资金	略	1 406 300	短期借款	略	300 000
交易性金融资产		15 000	交易性金融负债		0
应收票据及应收账款		545 100	应付票据及应付账款		1 263 800
预付款项		100 000	预收款项		0
其他应收款		5 000	合同负债		0
存货		2 580 000	应付职工薪酬		0
合同资产		0	应交税费		0
持有待售资产		0	其他应付款		36 600
一年内到期的非流动资产		0	持有待售负债		50 000
其他流动资产		0	一年内到期的非流动负债		1 000
流动资产合计		4 651 400	其他流动负债		900 000
非流动资产：			流动负债合计		2 551 400
债权投资		0	非流动负债：		
其他债权投资		0	长期借款		600 000
长期应收款		0	应付债券		0
长期股权投资		250 000	长期应付款		0
其他权益工具投资		0	预计负债		0
其他非流动金融资产		0	其他非流动负债		0
投资性房地产		0	非流动负债合计		600 000
固定资产		1 100 000	负债合计		3 151 400
在建工程		1 500 000	所有者权益（或股东权益）：		
无形资产		600 000	实收资本（或股本）		5 000 000
开发支出		0	资本公积		0
长期待摊费用		200 000	盈余公积		100 000
其他非流动资产		0	未分配利润		50 000
非流动资产合计		3 650 000	所有者权益（或股东权益）合计		5 150 000
资产总计		8 301 400	负债和所有者权益（或股东权益）总计		8 301 400

二、资产负债表的编制方法

（一）资产负债表的“年初数”和“期末数”

企业会计准则规定：会计报表至少应当反映相关两个期间的比较数据。也就是说，企业需要提供比较资产负债表，所以，资产负债表各项目需要分为“年初数”和“期末数”两栏分别填列。

表中“年初数”栏内各项数字，应根据上年年末资产负债表“期末数”栏内所列数字填列。如果本年度资产负债表规定的各个项目的名称和内容同上年度不一致，应对上年年末资产负债表各项目的名称和数字按照本年度的规定进行调整，按调整后的数字填入本表“年初数”栏内。

“期末数”是指某一会计期末的数字，即月末、季末、半年末或年末的数字。资产负债表各项目“期末数”栏内的数字，可通过以下几种方式取得。

（1）根据总账余额直接填列。如“短期借款”“应收股利”等项目。

（2）根据总账余额计算填列。如“货币资金”项目，需要根据“库存现金”“银行存款”“其他货币资金”账户的期末余额合计计数填列。

（3）根据明细账户余额计算填列。如“应付票据及应付账款”项目，需要根据“应付票据及应付账款”“预付账款”账户所属相关明细账的期末贷方余额计算填列。

（4）根据总账和明细账余额分析计算填列。如“长期借款”项目，需要根据“长期借款”总账期末余额，扣除“长期借款”总账所属明细账中反映的、将于一年内到期且企业不能自主地将清偿义务展期的长期借款部分，分析计算填列。

（5）根据有关账户余额减去其备抵账户余额后的净额填列。如“无形资产”项目是用“无形资产”账户余额减去“累计折旧”和“无形资产减值准备”账户余额后的金额填列。

（6）综合运用上述填列方法分析填列。如“应付票据及应付账款”项目，应根据“应付票据”及“应付账款”和“应收账款”账户所属各明细账户的期末借方余额合计数，减去“坏账准备”账户中有关应收账款计提的坏账准备期末余额后的金额填列。

（二）资产负债表中各项的填列方法

（1）“货币资金”项目，反映企业库存现金、银行存款、外埠存款、银行汇票存款、银行本票存款、信用保证金存款等的合计数。本项目应根据“库存现金”“银行存款”“其他货币资金”账户的期末余额合计填列。

（2）“以公允价值计量且其变动计入当期损益的金融资产”项目，反映企业购入的各种能随时变现并准备随时变现的股票、债券和基金投资。本项目应根据“交易性金融资产”账户的期末余额填列。

“交易性金融资产”项目，反映资产负债表日企业分类为以公允价值计量且其变动计入当期损益的金融资产，以及企业持有的直接指定为以公允价值计量且其变动计入当期损益的金融资产的期末账面价值。该项目应根据“交易性金融资产”账户的相关明细账户期末余额分析填列。自资产负债表日起超过一年到期且预期持有超过一年的以公允价值计量且其变动计入当期损益的非流动金融资产的期末账面价值，在“其他非流动金融资产”行项目反映。

(3)“应收票据及应收账款”项目，反映资产负债表日以摊余成本计量的、企业因销售商品、提供服务等经营活动应收取的款项，以及收到的商业汇票，包括银行承兑汇票和商业承兑汇票。该项目应根据“应收票据”和“应收账款”账户的期末余额，减去“坏账准备”账户中相关坏账准备期末余额后的金额填列。“应收票据”项目应根据“应收票据”账户的期末余额填列，已向银行贴现和已背书转让的应收票据不包括在本项目内。“应收账款”项目应根据“应收账款”账户和“预收账款”账户所属各明细账的期末借方余额合计，减去“坏账准备”账户中有关应收账款计提的坏账准备期末余额后的金额填列。如“应收账款”账户所属明细账期末有贷方余额，应在本表“预收款项”项目内填列。

(4)“其他应收款”项目，反映企业除应收票据、应收账款、预付账款以外的应收和暂付其他单位和个人的款项，应根据“应收利息”“应收股利”“其他应收款”账户的期末余额合计数，减去“坏账准备”账户中相关坏账准备期末余额后的金额填列。“应收股利”项目，反映企业因股权投资而应收取的现金股利，企业应收其他单位的利润，也包括在本项目内，本项目应根据“应收股利”账户的期末余额填列。“应收利息”项目，反映企业因债权投资而应收取的利息，本项目应根据“应收利息”账户的期末余额填列。

(5)“预付款项”项目，反映企业预付给供应单位的款项。本项目应根据“预付账款”账户和“应付账款”账户所属各明细账的期末借方余额合计，减去“坏账准备”账户中有关预付账款计提的坏账准备期末余额后的金额填列。如“预付账款”账户所属有关明细账期末有贷方余额的，应在本表“应付账款”项目内填列。

(6)“存货”项目，反映企业期末库存、在途和加工中的各项存货的价值，包括各种材料、商品、在产品、包装物、低值易耗品等。本项目应根据“在途物资”(或“材料采购”)“原材料”“库存商品”“周转材料”“委托加工物资”“生产成本”等账户的期末余额合计，减去“存货跌价准备”账户期末余额后的金额填列。原材料采用计划成本核算的企业，还应按加或减材料成本差异后的金额填列。

(7)“持有待售资产”项目，反映资产负债表日划分为持有待售类别的非流动资产及划分为持有待售类别的处置组中流动资产和非流动资产的期末账面价值。本项目应根据“持有待售资产”账户的期末余额，减去“持有待售资产减值准备”账户的期末余额后的金额填列。

(8)“其他流动资产”项目，反映企业除以上流动资产项目外的其他流动资产，本项目应根据有关账户的期末余额填列。如其他流动资产价值较大，应在会计报表附注中披露其内容和金额。

(9)“可供出售金融资产”项目，反映企业持有的可供出售金融资产的净值。本项目应根据“可供出售金融资产”账户的期末余额，减去“可供出售金融资产减值准备”账户余额后的金额填列。

“债券投资”项目，反映资产负债表日企业以摊余成本计算的长期债券投资的期末账面价值。该项目应根据“债权投资”账户的相关明细账户月，减去“债权投资减值准备”账户中相关减值准备的期末余额后的金额分析填列。自资产负债表日起一年内到期的长期债权投资得到期末账面价值，在“一年内到期的非流动资产”行项目反映。企业购入的以摊余成本计量的一年内到期的债权投资的期末账面价值，在“其他流动资产”行项目反映。

（10）“持有至到期投资”项目，反映企业所拥有的期限在1年以上而且到期日确定的债券性投资的净值。本项目应根据“持有至到期投资”账户的期末余额，减去“持有至到期投资减值准备”账户的余额后填列。

“其他债权投资”项目，反映资产负债表日企业分类以公允价值计量且其变动计入其他综合收益的长期债券投资的期末账面价值。该项目应根据“其他债券投资”账户的相关明细账户期末余额分析填列。自资产负债表日起一年内到期的长期债券投资的期末账面价值，在“一年内到期的非流动资产”行项目反映。企业购入的以公允价值计量且其变动计入其他综合收益的一年内到期的债权投资的期末账面价值，在“其他流动资产”行项目反映。

（11）“长期应收款”项目，反映企业应收期限在一年以上的款项。本项目应根据“长期应收款”账户的期末余额减去相应的“未实现融资收益”账户期末余额和“坏账准备”账户期末余额，再减去所属相关明细账中将于一年内到期的部分后的金额进行填列。

（12）“长期股权投资”项目，反映企业不准备在一年内（含一年）变现的各种股权性质投资的可收回金额。本项目应根据“长期股权投资”账户的期末余额，减去“长期股权投资减值准备”账户余额后的金额填列。

（13）“其他权益工具投资”项目，反映资产负债表日企业制定为以公允价值计量且其变动计入其他综合收益的非交易性权益工具投资的期末账面价值。该项目应根据“其他权益工具投资”账户的期末余额填列。

（14）“投资性房地产”项目，反映企业拥有的用于处置的建筑物和土地使用权的金额。本项目应根据“投资性房地产”账户的期末余额填列。

（15）“固定资产”项目，反映资产负债表日企业固定资产的期末账面价值和企业尚未清理完毕的固定资产清理净损益。该项目应根据“固定资产”账户的期末余额，减去“累计折旧”和“固定资产减值准备”账户的期末余额后的金额，以及“固定资产清理”账户的期末余额填列。“固定资产清理”项目，反映企业因出售、毁损、保费等原因转入清理但尚未清理完毕的固定资产的账面价值，与固定资产清理过程中所发生的清理费用和变价收入等各项金额的差额。

（16）“在建工程”项目，反映资产负债表日企业尚未达到预定可使用状态的在建工程的期末账面价值和企业为在建工程准备的各种物资的期末账面价值。该项目应根据“在建工程”账户的期末余额，减去“在建工程减值准备”账户的期末余额后的金额，以及“工程物资”账户的期末余额，减去“工程物资减值准备”账户的期末余额后的金额填列。

（17）“无形资产”项目，反映企业各项无形资产的期末可收回金额。本项目应根据“无形资产”账户的期末余额，减去“累计摊销”和“无形资产减值准备”账户期末余额后的金额填列。

（18）“研发支出”项目，反映企业自行研究开发无形资产在期末尚未完成开发阶段的无形资产的价值。本项目应根据“研发支出”账户的期末余额填列。

（19）“长期待摊费用”项目，反映企业尚未摊销的摊销期限在一年以上（不含一年）

的各种费用，如租入固定资产改良支出、摊销期限在一年以上（不含一年）的其他待摊费用。本项目应根据“长期待摊费用”账户的期末余额填列。

（20）“其他非流动资产”项目，反映企业除以上资产以外的其他长期资产。本项目应根据有关注账户的期末余额填列。如其他非流动资产价值较大，应在会计表附注中披露其内容和金额。

（21）“短期借款”项目，反映企业借入尚未归还的一年以下（含一年）的借款。本项目应根据“短期借款”账户的期末填列。

（22）“以公允价值计量且其变动计入当期损益的金融负债”项目，反映企业承担的以公允价值计量且其变动计入当期损益为交易目的持有的金融负债。本项目应根据“交易性金融负债”账户的期末金额填列。

“交易性金融负债”项目，反映资产负债表日企业承担的交易性金融负债，以及企业持有的直接指定为以公允价值加量且其变动计入当期损益的金融负债的期末账面价值。该项目应根据“交易性金融负债”账户的相关明细科目期末余额填列。

（23）“应付票据及应付账款”项目，反映资产负债表日企业因购买材料、商品和接受服务等经营活动应支付的款项，以及开出、承兑的商业汇票，包括银行承兑汇票和商业承兑汇票。该项目应根据“应付票据”账户的期末金额，以及“应付账款”和“预付账款”账户所属的相关明细账户的期末贷方余额合计数填列。“应付票据”项目应根据“应付票据”账户的期末余额填列。“应付账款”项目应根据“应付账款”账户和“预收账款”账户所属各有关明细账的期末贷方余额合计填列。如“应付账款”账户所属各明细账期末有借方余额，应在本表“预付款项”项目内填列。

（24）“预收款项”项目，反映企业预收购买单位的账款。本项目应根据“预收账款”和“应收账款”账户所属各有关明细账户的期末贷方余额合计填列。如“预收账款”账户所属有关明细账户有借方余额的，应在本表“应收账款”项目内填列。

（25）“应付职工薪酬”项目，反映企业应付未付的职工薪酬。应付职工薪酬包括应付职工的工资、奖金、津贴和补贴、职工福利费和医疗保险费、养老保险费等各种保险费以及住房公积金等。本项目应根据“应付职工薪酬”账户期末贷方余额填列。如“应付职工薪酬”账户期末有借方余额，以“-”填列。

（26）“应交税费”项目，反映企业期末未交、多交或未抵扣的各种税金和其他费用。本项目应根据“应交税费”账户的期末贷方余额填列。如“应交税费”账户期末为借方余额，以“-”填列。

（27）“其他应付款”项目，应根据“应付利息”“应付股息”“其他应付款”账户到期期末余额合计数填列。“其他应付款”项目，反映企业除应付票据、应付账款、应付工资、应付利润等以外的应付和暂未收其他单位和个人的款项。本项目应根据“其他应付款”账户的期末余额填列。“应付股利”项目，反映尚未支付的现金股利。本项目应根据“应付股利”账户的期末余额填列。

（28）“持有待售负债”项目，反映资产负债表日处置中与划分为持有待售类别的资产直接相关的负债的期末账面价值。本项目应根据“持有待售负债”账户的期末余额填列。

（29）“其他流动负债”项目，反映企业除以上流动负债以外的其他流动负债。本项目应根据有关账户的期末余额填列。如其他流动负债价值较大，应在会计报表附注中披露其内容及金额。

（30）“长期借款”项目，反映企业借入尚未归还的一年以上（不含一年）的借款本息。本项目应根据“长期借款”账户的期末余额填列。

（31）“应付债券”项目，反映企业发行的尚未偿还的各种长期债券的本息。本项目应根据“应付债券”账户的期末余额填列。

（32）“长期应付款”项目，反映资产负债表日企业除长期借款和应付债券以外的其他各种长期应付款项的期末账面价值。该项目应根据“长期应付款”账户的期末余额，减去相关的“未确认融资费用”账户的期末余额，再减去所属相关明细账中将于一年内到期的部分后的金额，以及“专项应付款”账户的期末余额填列。其中，“专项应付款”项目，反映企业取得政府作为企业所有者投入的具有专项或特定用途的款项，本项目应根据“专项应付款”账户的期末余额填列。

（33）“预计负债”项目，反映企业确认的对外提供担保、未决诉讼、产品质量保证等事项的预计负债的期末余额。本项目应根据“预计负债”账户的期末余额填列。

（34）“其他非流动负债”项目，反映企业除以上非流动负债项目以外的其他非流动负债。本项目应根据有关账户的期末余额填列。如其他非流动负债价值较大的，应在会计报表附注中披露其内容和金额。

上述非流动负债表各项目中将于一年内（含一年）到期的负债，应在“一年内到期的非流动负债”项目内单独反映。上述非流动负债各项目均应根据有关账户期末余额减去将于一年内（含一年）到期的非流动负债后的金额填列。

（35）“合同资产“和“合同负债”行项目。企业应按照《企业会计准则第 14 号——收入》（2017 年修订）的相关规定根据本企业履行履约义务与客户付款之间的关系在资产负债表中列示合同资产或合同负债。“合同资产”项目、“合同负债”项目，应分别根据“合同资产”账户、“合同负债”账户的相关明细账户期末余额分析填列，同一合同下的合同资产和合同负债应当以净额列示，其中净额为借方余额的，应当根据其流动性在“合同资产”或“其他非流动资产”项目中填列，已计提减值准备的，还应减去“合同资产减值准备”账户中相关的期末余额后的金额填列；其中净额为贷方余额的，应当根据其流动性在“合同负债”或“其他非流动负债”项目中填列。

按照《企业会计准则第 14 号——收入》（2017 年修订）的相关规定确认为资产的合同取得成本，应当根据“合同取得成本”账户的明细账户初始确认时摊销期限是否超过一年或一个正常营业周期，在“其他流动资产”或“其他非流动资产”项目中填列，已计提减值准备的，还应减去“合同取得成本减值准备”账户中相关的期末余额后的金额填列。

按照《企业会计准则第 14 号——收入》（2017 年修订）的相关规定确认为资产的合同履约成本，应当根据“合同履约成本”账户的明细账户初始确认时摊销期限是否超过一年或一个正常营业周期，在“存货”或“其他非流动资产”项目中填列，已计提减值准备的，还应减去“合同履约成本减值准备”账户中相关的期末余额后的金额填列。

按照《企业会计准则第14号——收入》(2017年修订)的相关规定确认为资产的应收退货成本，应当根据“应收退货成本”账户是否在一年或一个正常营业周期内出售，在“其他流动资产”或“其他非流动资产”项目中填列。

按照《企业会计准则第14号——收入》(2017年修订)的相关规定确认为预计负债的应付退货款，应当根据“预计负债”账户下的“应付退货款”明细账户是否在一年或一个正常营业周期内清偿，在“其他流动负债”或“预计负债”项目中填列。

(36)“实收资本(或股本)”项目，反映企业各投资者实际投入的资本(或股本)总额。本项目应根据“实收资本(或股本)”账户的期末余额填列。

(37)“资本公积”项目，反映企业资本公积的期末余额。本项目应根据“资本公积”账户的期末余额填列。

(38)“盈余公积”项目，反映企业盈余公积的期末余额。本项目应根据“盈余公积”账户的期末余额填列。

(39)“未分配利润”项目，反映企业尚未分配的利润。本项目应根据“本年利润”账户和“利润分配”账户的余额计算填列。未弥补的亏损，在本项目内以“-”填列。

【例10-1】星海实业股份有限公司2×18年12月31日全部总账和有关明细账余额如表10-5所示。

表10-5 总账和有关明细账余额表

单位：元

总账	明细账户	借方余额	贷方余额	总账	明细账户	借方余额	贷方余额
库存现金		20 000		短期借款			1 200 000
银行存款		300 000		应付账款			200 000
交易性金融资产		280 000			F企业		140 000
应收账款		460 000			H企业	100 000	
	A企业	200 000			W企业		160 000
	B企业		40 000	预收账款			20 000
	C企业	300 000			U企业		80 000
预付账款		94 000			V企业	60 000	
	D企业	100 000		其他应付款			180 000
	E企业		6 000	应付职工薪酬			694 000
其他应收款		160 000		应交税费			1 200 000
原材料		540 000		应付股利			460 000
生产成本		160 000		长期借款			1 280 000
库存商品		440 000		实收资本			5 600 000
长期股权投资		4 540 000		盈余公积			1 480 585
固定资产		14 000 000		利润分配	未分配利润		9 190 145
累计折旧			1 200 000				
无形资产		1 630 730					
长期待摊费用		80 000					

假定星海实业股份有限公司为尚未执行新金融工具准则和新收入准则的非金融企业。根据上述资料，编制该公司 2×18 年 12 月 31 日的资产负债表，如表 10-6 所示。

表 10-6 资产负债表

会企 01 表

编制单位：星海实业股份有限公司　　2×18 年 12 月 31 日　　单位：元

资产	期末数	负债和所有者权益（或股东权益）	期末数
流动资产：		流动负债：	
货币资金		短期借款	1 200 000
以价值计量且其变动计入当期损益的金融资产	320 000	应付票据及应付账款	306 000
应收票据及应收账款	280 000	预收款项	120 000
预付款项	560 000	其他应付款	640 000
其他应收款	200 000	应付职工薪酬	694 000
存货	160 000	应交税费	1 200 000
其他流动资产	1 140 000	其他流动负债	
流动资产合计		流动负债合计	
非流动资产：	2 660 000	非流动负债：	
长期股权投资		长期借款	4 160 000
固定资产	4 540 000	应付债券	
在建工程	12 800 000	长期应付款	1 280 000
无形资产		非流动负债合计	
长期待摊费用	1 630 730	负债合计	
其他非流动资产	80 000	所有者权益(或股东权益)：	
非流动资产合计		实收资本（或股本）	1 280 000
		资本公积	5 440 000
		盈余公积	
	19 050 730	未分配利润	5 600 000
		所有者权益（或股东权益）合计	
			1 480 585
			9 190 145
			16 270 730
资产总计	21 710 730	负债和所有者权益（或股东权益）总计	21 710 730

第三节 利润表

一、利润表的概念

利润表是反映企业在一定会计期间的经营成果的报表。一定会计期间可以是一个月、一个季度、半年，也可以是一年，因此将利润表成为动态报表；经营成果是指企业进行经营活动产生的结果，主要由利润及其构成表示。通过利润表，可以反映企业一定会计期间的收入实现情况；可以反映一定会计期间的费用耗费情况；可以反映企业生产经营活动的成果，即净利润实现情况，据以判断资本保值、增值情况等。

二、利润表的内容和格式

（一）利润表的内容

利润表主要反映以下几方面的内容：① 营业收入，由主营业务收入和其他业务收入组成。② 营业利润，营业收入减去营业成本（主营业务成本、其他业务成本）、营业税金及附加、销售费用、管理费用、财务费用、资产减值损失，加上公允价值变动收益、投资收益。③ 利润总额，营业利润加上营业外收入，减去营业外支出。④ 净利润，利润总额减去所得税费用。⑤ 每股收益，包括基本每股收益和稀释每股收益两项指标。

（二）利润表的结构

利润表是通过一定的表格来反映企业的经营成果。利润表的格式主要有单步式利润表和多步式利润表两种。

1．单步式利润表

单步式利润表是将当期所有的收入列在一起，然后将所有的成本、费用（或损失）列在一起，两者相减得出当期净损益。单步式利润表的格式如表 10-7 所示。

表 10-7　单步式利润表

编制单位：　　　　20××年度　　　　单位：元

项　　目	行　次	本期金额	上期金额
一、收入	1		
营业收入	2		
公允价值变动收益	3		
投资收益	4		
营业外收入	5		
收入合计	6		
二、费用	7		
营业成本	8		
营业税金及附加	9		
销售费用	10		
管理费用	11		
财务费用	12		
公允价值变动损失	13		
投资损失	14		
营业外支出	15		
费用合计	16		
所得税	17		
三、净利润	18		

单步式利润表的格式易于理解。但是只是对企业的各种收入和费用进行简单归类，没有区分成本、费用与收入配比的层次，许多有意义的信息反映不出来，不能满足财务报表使用者的各种需要。

2．多步式利润表

多步式利润表是将不同性质的收入和成本、费用进行对比，从而可以得出一些中间性的利润数据，便于财务报表使用者理解企业经营成果的不同来源。企业可以分以下几个步骤编制利润表。

（1）从营业收入出发，减去营业成本得出营业毛利。

（2）以营业毛利为基础，减去营业税金及附加、管理费用、销售费用和财务费用，得出营业利润。

（3）以营业利润为基础，加上营业外收入，减去营业外支出，得出利润总额。

（4）以利润总额为基础，减去所得税费用，得出净利润（或净损失）。

另外，对于股份有限公司，还要计算列示每股收益，包括基本每股收益和稀释每股收益。

多步式利润表的格式如表 10-8 和表 10-9 所示。

尚未执行新金融工具准则和新收入准则的非金融企业：

表 10-8　利润表

会企 02 表

编制单位：　20××年度　单位：元

项　目	本期数	上期数
一、营业收入	1 250 000	略
减：营业成本	750 000	
税金及附加	2 000	
销售费用	20 000	
管理费用	158 000	
研发费用	0	
财务费用	41 500	
其中：利息费用	41 500	
利息收入	0	
资产减值损失	0	
加：其他收益	0	
投资收益	31 500	
公允价值变动收益	0	
资产处置收益	0	
二、营业利润	310 000	
加：营业外收入	82 000	
减：营业外支出	54 700	

续表

项　目	本期数	上期数
三、利润总额	337 300	
减：所得税费用	84 325	
四、净利润	252 975	
（一）持续经营净利润		
（二）终止经营净利润		
五、其他综合收益的税后净额		
（一）以后不能重分类进损益的其他综合收益		
1. 重新计量设定受益计划变动额		
2. 权益法下不能转损益的其他综合收益		
（二）以后将重分类进损益的其他综合收益		
1. 权益法下可转损益的其他综合收益		
2. 可供出售金融资产公允价值变动损益		
3. 持有至到期投资重分类为可供出售金融资产损益		
4. 现金流量套期损益的有效部分		
5. 外币财务报表折算差额		
六、综合收益总额		
七、每股收益		
（一）基本每股收益		
（二）稀释每股收益		

已执行新金融工具准则和新收入准则的非金融企业：

表 10-9　利润表

会企 02 表

编制单位：　　20××年度　　单位：元

项　目	本期数	上期数
一、营业收入	1 250 000	略
减：营业成本	750 000	
税金及附加	2 000	
销售费用	20 000	
管理费用	158 000	
研发费用	0	
财务费用	41 500	
其中：利息费用	41 500	
利息收入	0	
资产减值损失	0	
信用减值损失	0	
加：其他收益	0	

续表

项　目	本期数	上期数
投资收益	31 500	
净敞口套期收益	0	
公允价值变动收益	0	
资产处置收益	0	
二、营业利润	310 000	
加：营业外收入	82 000	
减：营业外支出	54 700	
三、利润总额	337 300	
减：所得税费用	84 325	
四、净利润	252 975	
（一）持续经营净利润		
（二）终止经营净利润		
五、其他综合收益的税后净额		
（一）以后不能重分类进损益的其他综合收益		
1. 重新计量设定受益计划变动额		
2. 权益法下不能转损益的其他综合收益		
3. 其他权益工具投资公允价值变动		
4. 企业自身信用风险公允价值变动		
（二）以后将重分类进损益的其他综合收益		
1. 权益法下可转损益的其他综合收益		
2. 其他债权投资公允价值变动		
3. 金融资产重分类计入其他综合收益的金额		
4. 其他债权投资信用减值准备		
5. 现金流量套期储备		
6. 外币财务报表折算差额		
六、综合收益总额		
七、每股收益		
（一）基本每股收益		
（二）稀释每股收益		

多步式利润表弥补了单步式利润表的诸多不足，其优点是能清楚地反映企业净利润形成的步骤，准确地解释企业净利润各构成要素之间的内在联系，便于对企业生产经营情况进行分析，便于对不同企业之间进行比较，便于财务会计报表使用者预测企业今后的盈利能力。我国企业利润表采用多步式编制。

三、利润表的编制方法

（一）利润表中的“本期数”与“上期数”

企业会计准则规定：会计报表至少应当反映相关两个期间的比较数据。也就是说，企业需要提供比较利润表，所以，利润表各项目要分为“本期数”和“上期数”两栏分别填列。

利润表中“本期数”栏反映各项目的本期实际发生数。在编报某月、某季度、某半年利润表时，填列上年同期实际发生数；在编报年度利润表时，填列上年全年实际发生数。如果上年度利润表与本年度利润表的项目名称和内容不相一致，应对上年度利润表项目的名称和数字按本年度的规定进行调整，填入本表“上期数”栏。

（二）利润表中各项目的填列方法

利润表中各项目的金额，一般是根据有关账户的本期发生额填列。“本期数”栏内各项数字，根据以下方法填列：

（1）“营业收入”项目，反映企业经营主要业务和其他业务所取得收入总额。本项目应根据“主营业务收入”账户和“其他业务收入”账户的发生额合计分析填列。

（2）“营业成本”项目，反映企业经营主要业务和其他业务发生的实际成本总额。本项目应根据“主营业务成本”账户和“其他业务成本”账户的发生额合计分析填列。

（3）“税金及附加”项目，反映企业经营业务应负担的消费税、城市维护建设税、资源税、教育费附加及房产税、城镇土地使用税、车船税、印花税等。本项目应根据“税金及附加”账户的发生额分析填列。

（4）“销售费用”项目，反映企业在销售商品过程中发生的包装费、广告费等费用和为销售本企业商品而专设的销售机构的职工薪酬、业务费等经营费用。本项目应根据“销售费用”账户的发生额分析填列。

（5）“管理费用”项目，反映企业为组织和管理生产经营发生的管理费用。本项目应根据“管理费用”账户下的“研发费用”明细科目的发生额填列。

（6）“研发费用”项目，反映企业进行研究与开发过程中发生的费用化支出。该项目应根据“管理费用”账户下的“研发费用”明细账户的发生额分析填列。

（7）“财务费用”项目，反映企业为筹集生产经营所需资金而发生的利息支出等。本项目应根据“财务费用”账户的发生额分析填列。

其中：“利息费用”项目，反映企业为筹集生产经营所需资金等而发生的应予费用化的利息支出。该项目应根据“财务费用”账户的相关明细账户的发生额分析填列。“利息收入”行项目，反映企业确认的利息收入。该项目应根据“财务费用”账户的相关明细账户的发生额分析填列。

（8）“资产减值损失”项目，反映企业因资产减值而发生的损失。本项目应根据“资产减值损失”账户的发生额分析填列。

（9）“信用减值损失”项目，反映企业按照《企业会计准则第 22 号——金融工具确认和计量》（2017 年修订）的要求计提的各项金融工具减值准备所形成的预期信用损失。该项目应根据“信用减值损失”账户的发生额分析填列。

（10）“其他收益”项目，反映计入其他收益的政府补助等。该项目应根据在损益类账户新设置的“其他收益”账户的发生额分析填列。

（11）“投资收益”项目，反映企业以各种方式对外投资所得的净收益。本项目应根据“投资收益”账户的发生额分析填列；如为投资净损失，以“-”填列。

（12）“净敞口套期收益”项目，反映净敞口套期下被套期项目累计公允价值变动转入当期损益的金额或现金流量套期储备转入当期损益的金额。该项目应根据“净敞口套期损益”账户的发生额分析填列；如为套期损失，以“-”填列。

（13）“公允价值变动收益”项目，反映企业资产因公允价值变动而发生的损益。本项目应根据“公允价值变动损益”账户的发生额分析填列。如为净损失，以“-”填列。

（14）“资产处置收益”项目，反映企业出售划分为持有待售的非流动资产（金融工具、长期股权投资和投资性房地产除外）或处置时确认的处置利得或损失，以及处置未划分为持有待售的固定资产、在建工程、生产性生物资产及无形资产而产生的处置利得或损失。债务重组中因处置非流动资产产生的利得或损失和非货币性资产交换产生的利得或损失也包括在本项目内。本项目应根据在损益类账户新设置的“资产处置收益”账户的发生额分析填列；如为处置损失，以“-”填列。

（15）“营业外收入”项目，反映企业发生的营业利润以外的收益，主要包括债务重组利得、与企业日常活动无关的政府补助、盘盈利得、捐赠利得（企业接受股东或股东的子公司直接或间接的捐赠，经济实质属于股东对企业的资本性投入的除外）等。本项目应根据“营业外收入”账户的发生额分析填列。

（16）“营业外支出”项目，反映企业发生的营业利润以外的支出，主要包括债务重组损失、公益性捐赠支出、非常损失、盘亏损失、非流动资产毁损保费损失等。本项目应根据“营业外支出”账户的发生额分析填列。

（17）“所得税费用”项目，反映企业按规定从本期利润总额中减去的所得税。本项目应根据“所得税费用”账户的发生额分析填列。

（18）“净利润”项目，反映企业实现的净利润。如为净亏损，以“-”填列。

“（一）持续经营净利润”和“（二）终止经营净利润”行项目，分别反映净利润中与持续经营相关的净利润和与终止经营相关的净利润；如为净亏损，以“-”填列。这两个项目应按照《企业会计准则第 42 号——持有待售的非流动资产、处置组和终止经营》的相关规定分别列报。

（19）“基本每股收益”和“稀释每股收益”项目，反映企业根据每股收益准则计算的两种每股收益指标的金额。

（20）“其他综合收益”和“综合收益总额”项目。“其他综合收益”反映企业未在当期损益中确认的各项利得和损失扣除所得税影响后的净额。“综合收益总额”反映净利润和其他综合收益扣除所得税影响后的净额相加后的合计数额。“其他综合收益”项目根据有关账户的明细发生分析计算填列，“综合收益总额”项目根据本表中相关项目计算填列。

“其他权益工具投资公允价值变动”项目，反映企业指定为以公允价值计量且其变动计入其他综合收益的非交易性权益工具投资发生的公允价值变动。该项目应根据“其他综合收益”账户的相关明细账户的发生额分析填列。

“企业自身信用风险公允价值变动”项目，反映企业制定为公允价值计量且其变动计入当期损益的金融负债，由企业自身信用风险变动引起的公允价值变动而计入其他综合收益的金额。该项目应根据“其他综合收益”账户的相关明细账户的发生额分析填列。

“其他债权投资公允价值变动”行项目，反映企业分类为以公允价值计算且其变动计入其他综合收益的债权投资发生的公允价值变动。企业将一项以公允价值计量且其变动计入其他综合收益的金融资产重分类为以摊余成本计算的金融资产，或重分类为以公允价值计量且其变动计入当期损益的金融资产时，之前计入其他综合收益的累计利得或损失从其他综合收益中转出的金额作为该项目的减项。该项目应根据“其他综合收益”账户下的相关明细账户的发生额分析填列。

“金融资产重组分类计入其他综合收益的金额”行项目，反映企业将一项以摊余成本计量的金融资产重分类为以公允价值与公允价值计量且其变动计入其他综合收益的金融资产时，计入其他综合收益的原账面价值与公允价值之间的差额。该项目应根据“其他综合收益”账户下的相关明细账户的发生额分析填列。

“其他债权投资信用减值准备”行项目，反映企业按照《企业会计准则第 22 号——金融工具确认和计量》（2017 年修订）第十八条分类为以公允价值计量且其变动计入其他综合收益的金融资产的损失准备。该项目应根据“其他综合收益”账户下的“信用减值准备”明细账户的发生额分析填列。

“现金流量套期储备”行项目，反映企业套期工具产生的利得或损失中属于套期有效的部分。该项目应根据“其他综合收益”账户下的“套期储备”明细账户的发生额分析填列。

四、利润表编制举例

【例 10-2】星海实业股份有限公司 2×18 年的有关收入、费用类账户的发生额资料如下：

主营业务收入	2 400 00 元
主营业务成本	1 360 00 元
税金及附加	80 000 元
管理费用	192 000 元
财务费用	48 000 元
销售费用	120 000 元
投资收益	160 000 元
营业外收入	30 000 元
营业外支出	19 000 元
其他业务收入	180 000 元
企业业务成本	100 000 元
所得税费用	212 750 元

该公司 2×17 年的利润表中的有关数据如表 10-10 所示。

表 10-10 利润表 会企 02 表

编制单位：星海实业股份有限公司 2×17 年 单位：元

项　目	本期数	上期数
一、营业收入	2 150 000	
减：营业成本	940 000	
税金及附加	150 000	
销售费用	130 000	
管理费用	154 000	
研发费用	0	
财务费用	86 000	
资产减值损失		
加：其他收益	0	略
投资收益	120 000	
公允价值变动收益	0	
资产处置收益	0	
二、营业利润	810 000	
加：营业外收入	45 000	
减：营业外支出	14 500	
三、利润总额	840 500	
减：所得税费用	210 125	
四、净利润	630 375	

假定星海实业股份有限公司为尚未执行新金融工具准则和新收入准则的非金融企业，根据上述 2×17 年的利润表及 2×18 年的有关资料，编制 2×18 年利润表，如表 10-11 所示。

表 10-11 利润表 会企 02 表

编制单位：星海实业股份有限公司 2×18 年 单位：元

项　目	本期数	上期数
一、营业收入	2 580 000	2 150 000
减：营业成本	1 460 000	940 000
税金及附加	80 000	150 000
销售费用	120 000	130 000
管理费用	192 000	154 000
研发费用	0	0
财务费用	48 000	86 000
资产减值损失	0	0
加：其他收益	0	0
投资收益	160 000	120 000
公允价值变动收益	0	0
净敞口套期收益	0	0

续表

项　目	本期数	上期数
资产处置收益	0	0
二、营业利润	840 000	810 000
加：营业外收入	30 000	45 000
减：营业外支出	19 000	14 500
三、利润总额	851 000	840 500
减：所得税费用	212 750	210 125
四、净利润	638 250	630 375

第四节　现金流量表

一、现金流量表的概念

现金流量表是指反映企业在一定会计期间现金和现金等价物流入和流出的报表。编制现金流量表主要是为财务会计报表使用者提供企业一定会计期间内现金和现金等价物流入和流出的信息，以便于财务会计报表使用者了解和评价企业获取现金和现金等价物的能力，并据以预测企业未来现金流量。从内容上看，现金流量表被划分为经营活动、投资活动和筹资活动三部分，每类活动又分为各具体项目，这些项目从不同角度反映了企业业务活动的现金流入和流出，弥补了资产负债表和利润表提供信息的不足。

二、现金流量表的内容和结构

（一）现金流量表的内容

企业产生的现金流量分为三类，即经营活动产生的现金流量、投资活动产生的现金流量和筹资活动产生的现金流量。

1．经营活动产生的现金流量

经营活动产生的现金流量是指企业投资活动和筹资活动以外的所有交易和事项所导致的现金收入和支出。从经营活动的定义可以看出，经营活动的范围很广，它包括了除投资活动和筹资活动以外的所有交易和事项。一般来说，经营活动产生的现金流量项目主要有以下方面。

（1）经营活动所产生的现金流入，包括出售产品、商品、提供劳务等取得的现金收入。

（2）经营活动所产生的现金支出，包括购买材料、商品及支付职工劳动报酬发生的现金支出、各项制造费用、期间费用支出、税金等支出。

2．投资活动产生的现金流量

投资活动产生的现金流量是指企业在投资活动中所导致的现金收入和支出。一般来说，投资活动产生的现金流量项目主要有以下方面。

（1）投资活动所产生的现金收入，包括收回投资、出售固定资产净收入等。

（2）投资活动所产生的现金支出，包括对外投资、购买固定资产等。

3．筹资活动产生的现金流量

筹资活动产生的现金流量是指企业在筹资活动中所导致的现金收入和支出。一般来说，筹资活动产生的现金流量项目主要有以下方面。

（1）筹资活动所产生的现金收入，包括发行债券、取得借款、增加股本（增发股票）等。

（2）筹资活动所产生的现金支出，包括偿还借款、清偿债务、支付现金股利等。

（二）现金流量表的结构

我国企业现金流量表采用报告式结构，分类反映经营活动产生的现金流量、投资活动产生的现金流量和筹资活动产生的现金流量，最后汇总反映企业某一期间现金及现金等价物的净增加额。现金流量表的格式如表 10-12 所示。

表 10-12 现金流量表

编制单位： 20××年度 单位：元

项　目	本期金额	上期金额
一、经营活动产生的现金流量		
销售商品、提供劳务收到的现金		
收到的税费返还		
收到其他与经营活动有关的现金		
经营活动现金流入小计		
购买商品、接受劳务支付的现金		
支付给职工以及为职工支付的现金		
支付的各项税费		
支付其他与经营活动有关的现金		
经营活动现金流出小计		
经营活动产生的现金流量净额		
二、投资活动产生的现金流量		
收回投资所收到的现金		
取得投资收益所收到的现金		
处置固定资产、无形资产和其他长期资产收回的现金净额		
处置子公司及其他营业单位收到的现金净额		
收到其他与投资活动有关的现金		
投资活动现金流入小计		
购建固定资产、无形资产和其他长期资产所支付的现金		
投资所支付的现金		
取得子公司及其他营业单位支付的现金净额		
支付其他与投资活动有关的现金		
投资活动现金流出小计		
投资活动产生的现金流量净额		
三、筹资活动产生的现金流量		
吸收投资所收到的现金		
借款收到的现金		
收到其他与筹资活动有关的现金		
筹资活动现金流入小计		
偿还债务所支付的现金		
分配股利、利润或偿付利息所支付的现金		

续表

项　　目	本期金额	上期金额
支付其他与筹资活动有关的现金		
筹资活动现金流出小计		
筹资活动产生的现金流量净额		
四、汇率变动对现金及现金等价物的影响		
五、现金及现金等价物净增加额		
加：期初现金及现金等价物净增加额		
六、期末现金及现金等价物余额		
补充资料	本期金额	上期金额
1．将净利润调节为经营活动的现金流量：		
净利润		
加：资产减值准备		
固定资产折旧、油气资产折耗、生产性生物资产折旧		
无形资产摊销		
长期待摊费用摊销		
处置固定资产、无形资产和其他长期资产的损失（收益以“–”填列）		
固定资产报废损失（收益以“–”填列）		
公允价值变动损失（收益以“–”填列）		
财务费用（收益以“–”填列）		
投资损失（收益以“–”填列）		
递延所得税资产减少（增加以“–”填列）		
递延所得税负债增加（减少以“–”填列）		
存货的减少（增加以“–”填列）		
经营性应收项目的减少（增加以“–”填列）		
经营性应付项目的增加（减少以“–”填列）		
其他		
经营活动产生的现金流量净额		
2．不涉及现金收支的投资和筹资活动：		
债务转为资本		
一年内到期的可转换公司债券		
融资租入固定资产		
3．现金及现金等价物净变动情况：		
现金的期末余额		
减：现金的期初余额		
加：现金等价物的期末余额		

续表

项　　目	本期金额	上期金额
减：现金等价物的期初余额		
现金及现金等价物净增加额		

三、现金流量表编制的方法及程序

现金流量表的编制方法主要包括两个方面：一是如何计算经营活动产生的现金净流量；二是采用何种会计技术方法编制现金流量表。计算经营活动现金净流量的方法主要有直接法和间接法；编制现金流量表的技术方法则有工作底稿法和 T 形账户法。

（一）直接法和间接法

编制现金流量表时，列报经营活动现金流量的方法有两种：直接法和间接法。直接法一般是以利润表营业收入为起算点，调节与经营活动有关的项目的增减变动，然后计算出经营活动产生的现金流量。间接法将净利润调节为经营活动现金流量，实际上就是将按权责发生制原则确定的净利润调整为现金净流入，并剔除投资活动和筹资活动对现金流量的影响。

采用直接法编报的现金流量表便于分析企业经营活动产生的现金流量的来源和用途，预测企业现金流量的未来前景；采用间接法编报的现金流量表便于将净利润与经营活动产生的现金流量净额进行比较，了解净利润与经营活动产生的现金流量差异的原因，从现金流量的角度分析净利润的质量。所以，我国企业会计准则规定企业应当采用直接法编报现金流量表，同时要求在附注中提供以净利润为基础调节经营活动现金流量的信息。

（二）工作底稿法和 T 形账户法

1. 工作底稿法

采用工作底稿法编制现金流量表，是指以工作底稿为手段，以资产负债表和利润表数据为基础，对每一项目进行分析并编制调整分录，从而编制现金流量表。工作底稿法的程序如下。

（1）将资产负债表的期初数和期末数过入工作底稿的期初数栏和期末数栏。

（2）对当期业务进行分析并编制调整分录。编制调整分录时，要以利润表项目为基础，从“营业收入”开始，结合资产负债表项目逐一进行分析。在调整分录中，有关现金和现金等价物的事项，并不直接借记或贷记现金，而是分别计入“经营活动产生的现金流量”“投资活动产生的现金流量”“筹资活动产生的现金流量”有关项目，借记表示现金流入，贷记表示现金流出。

（3）将调整分录过入工作底稿中的相应部分。

（4）核对调整分录，借方、贷方合计数均已经相等，资产负债表项目期初数加减调整分录中的借贷金额以后，也等于期末数。

（5）根据工作底稿中的现金流量表项目部分编制正式的现金流量表。

2．T 形账户法

采用 T 形账户法编制现金流量表，是以 T 形账户为手段，以资产负债表和利润表数据为基础，对每一项目进行分析并编制调整分录，从而编制现金流量表。T 形账户法的程序如下。

第一步，为所有的非现金项目（包括资产负债表项目和利润表项目）分别开设 T 形账户，并将各自的期末期初变动数过入各该账户。如果项目的期末数大于期初数，则将差额过入和项目余额相同的方向；反之，过入相反的方向。

第二步，开设一个大的“现金及现金等价物”T 形账户，每边分为经营活动、投资活动和筹资活动三个部分，左边记现金流入，右边记现金流出。与其他账户一样，过入期末期初变动数。

第三步，以利润表项目为基础，结合资产负债表分析每一个非现金项目的增减变动，并据此编制调整分录。

第四步，将调整分录过入各 T 形账户，并进行核对，该账户借贷相抵后的余额与原先过入的期末期初变动数应当一致。

第五步，根据大的“现金及现金等价物”T 形账户编制正式的现金流量表。

第五节 所有者权益变动表

一、所有者权益变动表的概念

所有者权益变动表是反映构成所有者权益的各组成部分当期的增减变动情况的报表。所有者权益变动表应当全面反映一定时期所有者权益变动的情况，不仅包括所有者权益总量的增减变动，还包括所有者权益增减变动的重要结构性信息，让报表使用者准确理解所有者权益增减变动的根源。所有者权益变动表能够比较全面地反映企业的所有者权益在年度内的变化情况，便于报表使用者深入分析企业所有者权益的增减变化情况，并对企业的资本保值增值情况做出正确判断，从而提供对决策有用的信息。当期损益、直接计入所有者权益的利得和损失以及与所有者的资本交易导致的所有者权益的变动，应当分别列示。

二、所有者权益变动表的内容和结构

（一）所有者权益变动表的内容

在所有者权益变动表中，综合收益和与所有者（或股东）的资本交易导致的所有者权益的变动，应当分别列示。企业至少应当单独列示下列信息的项目：① 综合收益总额；② 会计政策变更和差错变更的累积影响金额；③ 所有者投入资本和向所有者分配利润等；④ 提取的盈余公积；⑤ 所有者权益各组成部分的期初和期末余额及其调节情况。

（二）所有者权益变动表的结构

为了清楚地表明构成所有者权益的各组成部分当期增减变动情况，所有者权益变动表

应以矩阵的形式列示。一方面，列示导致所有者权益变动的交易或事项，不是以往仅仅按照所有者权益的各组成部分反映所有者权益变动情况，而是从所有者权益的来源对一定时期所有者权益变动情况进行全面反映；另一方面，按照所有者权益各组成部分（包括实收资本、资本溢价、其他综合收益、盈余公积、未分配利润和库存股等）及其总额列示交易或事项对所有者权益的影响。

根据财务报表列报准则的规定，企业需要提供比较所有者权益变动表，因此，所有者权益变动表应就各项目再分为“本年金额”和“上年金额”两栏分别填列。

三、所有者权益变动表的编制方法

所有者权益变动表“上年金额”栏内各项数字，应根据上年度所有者权益变动表“本年金额”栏内所示数字填列。如果上年度所有者权益变动表中的各项目的名称和内容与本年度不一致，应对上年度所有者权益变动表各项目的名称和数字按照本年度的规定进行调整，填入所有者权益变动表“上年金额”栏内。

所有者权益变动表“本年金额”栏内各项数字一般应根据“实收资本（或股本）”“资本公积”“盈余公积”“其他综合收益”“利润分配”“库存股”“以前年度损益调整”等科目及其明细科目的发生额分析填列。

第六节　财务报表附注

一、财务报表附注的概念

财务报表附注是指对资产负债表、利润表、现金流量表和所有者权益变动表等报表中列示项目的文字描述或明细资料，以及未能在这些报表中列示项目的说明等。财务报表附注是财务会计报表的一个不可分割的整体，可以提供一些必要的定性信息，揭示报表项目的性质或有关的限制，列出报表中更详细的信息，对一些特殊项目、非常项目等进行必要的交代。通过财务报表附注，使会计信息具有可比性、可理解性，对于一些重大项目，可以更深入地进行了解。当然，尽管附注与基本报表共同构成财务会计报表的一个整体，但是附注中的定量与定性说明却不能用来更正表内的错误，也不能代替报表中的正常分类、计价与描述，或者与正文发生冲突。

二、财务报表附注的形式

财务报表附注的编制形式灵活多样，常见的有以下几种。

（一）尾注说明方式

这种方式是附注的主要编制形式，就是在报表之外，单独成段、成文，详细说明企业所有财务信息细节，一般适用于说明内容较多的企业。

（二）旁注说明方式

这种方式又称为括弧说明方式。此种形式常用于为会计报表主体内容提供补充信息，因为它把对应的补充信息直接纳入会计报表主体，所以与其他形式相比，显得更直观，不易被人忽视。但是为了使会计报表不过于累赘，一般内容比较简单，不能充分说明所有细节。

（三）备抵及附加账户方式

这种方式就是设立备抵与附加账户，在会计报表之后单独列示，这样能为报表使用者提供更多有意义的信息。这种形式目前主要是指对坏账准备等账户的解释说明。

（四）脚注说明方式

这种方式是指在报表下端进行的说明。比如在列示“固定资产”项目时，会用脚注方式标明已包括在固定资产原值内的融资租赁的固定资产原值有多少，以便于报表使用者全面理解企业固定资产的内涵等。这些内容本身不是会计报表主表要求标明的，属于附注性质的财务信息披露。

（五）补充说明方式

有些无法列入会计报表主体中的具体数据、分析资料等，可用单独的补充表进行说明。比如，可利用补充表的形式来揭示关联方关系和交易等内容。

三、财务报表附注的主要内容

一般地讲，财务报表附注至少应当包括下列内容。

（一）企业的基本情况

财务报表附注需要首先披露企业的基本情况：① 企业的注册地、组织形式和总部地址；② 企业的业务性质和主要经营活动，如企业所在的行业、所提供的主要产品或服务、客户的性质、销售策略、监管环境的性质等；③ 母公司以及集团最终母公司的名称；④ 财务报告的批准报出者和报告的批准报出日；⑤ 有营业期限的企业，还应当披露有关其营业期限的信息。

（二）财务报表编制的基础

财务报表的编制基础包括会计年度，记账本位币，会计计量所运用的计量基础，现金和现金等价物。

（三）遵循企业会计准则的声明

企业应当明确说明编制的财务报表符合企业会计准则体系的要求，真实、完整地反映了企业的财务状况、经营成果和现金流量等有关信息。

（四）重要会计政策和会计估计的说明

1. 重要会计政策的说明

企业应当披露采用的重要会计政策，并结合企业的具体实际披露其重要会计政策的确定依据和财务会计报表项目的计量基础。其中，会计政策的确定依据主要是指企业在运用会计政策过程中所做的重要判断，这些判断对在报表中确认的项目金额具有重要影响。财务报表项目的计量基础包括历史成本、重置成本、可变现净值、现值和公允价值等会计计量属性等。

2．重要会计估计的说明

企业应当披露重要会计估计，并结合企业的具体实际披露期会计估计所采用的关键假设和不确定因素。重要会计估计的说明，包括可能导致下一个会计期间内资产、负债账面价值重大调整的会计估计的确定依据等。

（五）会计政策和会计估计变更以及差错更正的说明

企业应当按照企业会计准则及其应用指南的有关规定，披露会计政策和会计估计变更以及差错更正的有关情况。其具体内容包括：会计政策变更的性质、内容和原因；当期和各个列报前期财务报表中受影响的项目名称和调整金额；会计政策变动无法进行追溯调整的实施和原因以及开始应用变更后的会计政策的时点、具体应用情况；会计估计变更的内容和原因；会计估计变更对当期和未来期间的影响金额；会计估计变更的影响数不能确定的事实和原因；前期差错的性质；各个列报前期财务报表中受影响的项目名称和更正金额；前期差错对当期财务报表也有影响的，还应披露当期财务报表中受影响的项目名称和金额；前期差错无法进行追溯重述的事实和原因以及对前期差错开始进行更正的时点、具体更正情况。

（六）报表重要项目的说明

财务报表附注中应当披露与重要事项有关的内容，以满足不同信息使用者对财务报表详简程度的不同要求。企业会计准则指南中，提供了以下项目的基本格式和内容：交易性金融资产、应收账款、存货（包括存货跌价准备）、其他流动资产、可供出售金融资产、持有至到期投资、长期股权投资、投资性房地产、固定资产、无形资产、商誉、递延所得税资产和递延所得税负债、资产减值准备、所有权受到限制的资产、交易性金融负债、应付职工薪酬、应交税费、短期和长期借款、长期应付款、营业收入、公允价值变动损益、投资收益、资产减值损失、营业外收入、营业外支出、所得税费用、政府补贴、每股收益、非货币性资产交换、股份支付、债务重组、借款费用、外币折算、企业合并、租赁、终止经营、分部报告等。

（七）其他需要说明的重要事项

财务报表附注中还应当其他需要说明的重要事项，包括披露或有事项、资产负债表日后事项和关联方关系及其交易等事项。

除上述之外，企业的财务报表附注中还应当披露有助于财务报表使用者评价企业管理资本的目标、政策及程序的信息。

本章小结

财务会计报告是指企业对外提供的反映企业某一特定日期的财务状况和某一会计期间的经营成果、现金流量等会计信息的文件。财务会计报表是财务会计报告的主要组成部分。财务会计报表是对企业财务状况、经营成果和现金流量的结构性表述。财务会计报表至少应当包括下列组成部分：资产负债表；利润表；现金流量表；所有者权益（或股东权益，同下）变动表；附注。

资产负债表是指反映企业在某一特定日期财务状况的静态报表，也称为财务状况表，是根据“资产=负债+所有者权益”这个基本公式，依照一定的分类标准和一定的顺序，按企业在某一特定日期的资产、负债和所有者权益项目予以适当排列编制而成的。

利润表是指反映企业在一定会计期间的经营成果的报表。一定会计期间可以是一个月、一个季度、半年，也可以是一年，因此将利润表称为动态报表；经营成果是指企业进行经营活动产生的结果，主要由利润及其构成表示。它根据“收入–费用=利润”这一平衡等式，依照一定的标准和顺序，把企业一定时期内的收入、成本费用和利润予以适当排列编制而成。

现金流量表是指反映企业在一定会计期间现金和现金等价物流入和流出的报表。编制现金流量表主要是为财务会计报表使用者提供企业一定会计期间内现金和现金等价物流入和流出的信息，以便于财务会计报表使用者了解和评价企业获取现金和现金等价物的能力，并据以预测企业未来现金流量。

所有者权益变动表是指反映构成所有者权益的各组成部分当期的增减变动情况的报表。所有者权益变动表应当全面反映一定时期所有者权益变动的情况，不仅包括所有者权益总量的增减变动，还包括所有者权益增减变动的重要结构性信息，让报表使用者准确理解所有者权益增减变动的根源。

财务报表附注是指对资产负债表、利润表、现金流量表和所有者权益变动表等报表中列示项目的文字描述或明细资料，以及未能在这些报表中列示项目的说明等。通过财务报表附注，可以使会计信息具有可比性、可理解性，对于一些重大项目，可以更深入地进行了解。

思考题

1．什么是财务会计报告？简述财务会计报告的组成。
2．财务会计报告的种类有哪些？
3．什么是资产负债表？如何编制资产负债表？
4．什么是利润表？如何编制利润表？
5．什么是现金流量表？现金流量表包含哪些内容？
6．什么是所有者权益变动表？
7．什么是财务报表附注？

练习题

1．大华企业（一般纳税人）2×18 年 8 月份发生下列经济业务：

（1）企业销售甲产品 1 000 件，每件售价 80 元，货款已通过银行收讫。

（2）企业同城销售给红星厂乙产品 900 件，每件售价 50 元，但货款尚未收到。

（3）结转已售甲、乙产品的生产成本。其中：甲产品生产成本 65 400 元；乙产品生产成本 36 000 元。

（4）以银行存款支付本月销售甲、乙两种产品的销售费用 1 520 元（按销售数量分摊）。

（5）根据规定计算应缴纳城市维护建设税 8 750 元。

（6）王××外出归来报销因公务出差的差旅费 350 元（原已预支 400 元）。

（7）以现金 1 000 元支付厂部办公费。

（8）企业收到红星厂前欠货款 45 000 元并存入银行。

（9）没收某单位逾期未退回的包装物押金 6 020 元（不考虑相关税费）。

（10）月初，用银行存款支付车间今明两年的材料仓库租赁费 4 800 元。

（11）摊销应由本月负担的预付材料仓库租赁费。

（12）根据上述有关经济业务，结转本期主营业务收入、其他业务收入。

（13）根据上述有关经济业务结转本月主营业务成本、销售费用、税金及附加、管理费用。

（14）根据本期实现的利润总额，按 25%的税率计算应交所得税并结转。

要求：根据上述资料编制会计分录和利润表（见表 10-13）。

表 10-13 利润表

会企 02 表

编制单位：大华企业　　2×18 年 8 月　　单位：元

项 目	本期数
一、营业收入	
减：营业成本	
税金及附加	
销售费用	
管理费用	
研发费用	
财务费用	
其中：利息费用	
利息收入	
资产减值损失	
加：公允价值变动收益	
投资收益	
资产处置收益	
其他收益	
二、营业利润	
加：营业外收入	
减：营业外支出	

续表

项　目	本期数
三、利润总额	
减：所得税费用	
四、净利润	
（一）持续经营净利润	
（二）终止经营净利润	

2．鑫欣公司 2×18 年 12 月 31 日全部总账和有关明细账余额见表 10-14。

表 10-14　鑫欣公司总账和有关明细账余额

2×18 年 12 月 31 日　　单位：元

总账	明细账户	借方余额	贷方余额	总账	明细账户	借方余额	贷方余额
库存现金		6 000		短期借款			360 000
银行存款		90 000		应付账款			60 000
交易性金融资产		84 000			F 企业		42 000
应收账款		138 000			H 企业	30 000	
	A 企业	60 000			W 企业		48 000
	B 企业		12 000	预收账款			6 000
	C 企业	90 000			U 企业		24 000
预付账款		28 200			V 企业	18 000	
	D 企业	30 000		其他应付款			72 000
	E 企业		1 800	应付职工薪酬			208 200
其他应收款		60 000		应交税费			360 000
原材料		162 000		应付股利			120 000
生产成本		48 000		长期借款			384 000
库存商品		120 000		实收资本			1 680 000
长期股权投资		1 362 000		盈余公积			132 480
固定资产		2 400 000		利润分配	未分配利润		959 520
累计折旧			360 000				
无形资产		180 000					
长期待摊费用		24 000					

要求：根据相关资料填列资产负债表。

3．大橡公司 2×18 年 8 月份有关账户发生额数据如下：

主营业务收入　　3 600 000 元
其他业务收入　　200 000 元
主营业务成本　　2 040 000 元
其他业务成本　　80 000 元
税金及附加　　120 000 元
管理费用　　288 000 元
财务费用　　72 000 元
销售费用　　180 000 元

投资收益　240 000 元
营业外收入　45 000 元
营业外支出　28 500 元
所得税费用　319 125 元

该企业 2×18 年 7 月份利润表“本期累计数”栏内有关数据见表 10-15。

表 10-15　利润表

会企 02 表

编制单位：大橡公司　2×18 年 7 月　单位：元

项　目	本期累计数
一、营业收入	6 150 000
减：营业成本	2 520 000
税金及附加	450 000
销售费用	390 000
管理费用	462 000
研发费用	0
财务费用	258 000
其中：利息费用	
利息收入	
资产减值损失	0
加：公允价值变动收益	0
投资收益	360 000
资产处置收益	0
其他收益	0
二、营业利润	2 430 000
加：营业外收入	135 000
减：营业外支出	43 500
三、利润总额	2 521 500
减：所得税费用	630 375
四、净利润	1 891 125
（一）持续经营净利润	
（二）终止经营净利润	
五、其他综合收益的税后净额	
（一）不能重分类进损益的其他综合收益	
（二）将重分类进损益的其他综合收益	
六、综合收益总额	
七、每股收益	
（一）基本每股收益	
（二）稀释每股收益	

要求：编制大橡公司 2×18 年 8 月份的利润表。

第十一章　账务处理程序

学习目标与要求

账务处理程序是指从取得原始凭证、填制和审核会计凭证、登记账簿到编制财务报表的一系列会计核算工作的方法和步骤。目的是使学生加深对所学过的会计核算方法的认识，提高其综合运用这些会计核算方法的能力。通过对本章内容的学习，要求了解账务处理程序的概念、意义和基本程序，明确各种账务处理程序的核算要求、步骤和使用范围，掌握按不同单位的具体情况设置账务处理程序的基础知识和操作技能。

第一节　账务处理程序概述

一、账务处理程序的概念

账务处理程序也称为会计核算程序和会计账务处理程序、会计核算组织程序，是指将经济业务通过会计凭证分类，过记到账簿上，再由账簿到会计报表的编制步骤和方法。科学地组织账务处理程序，对提高会计核算的质量和会计工作的效率、充分发挥会计的职能具有重要意义。

不同单位的性质、规模和业务繁复程度的不同，决定了其适用不同的账务处理程序。不同的账务处理程序对汇总凭证、登记总分类账的依据和办法的要求不同。为此，各单位必须从各自的实际情况出发，科学地组织本单位账务处理程序，以保证会计核算工作高效、高质，充分发挥会计核算监督的基本职能，并为会计参与企业经营决策打下良好的基础，以便有效地实现会计的经济管理功能。

二、合理组织账务处理程序的意义

（1）有利于及时、正确地提供核算资料。
（2）有利于分工合作，提高核算效率。
（3）有利于掌握资金运用现状，提高经济效益。

三、组织账务处理程序的要求

各单位账务处理程序不尽相同，但基本模式总是不变的。账务处理基本模式如图 11-1 所示。

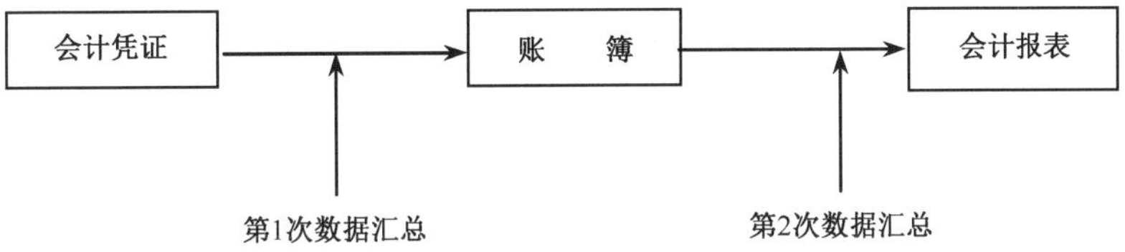

图 11-1 账务处理基本模式

从上述基本模式出发，根据单位的实际情况，可选择适当的数据汇总步骤和方法。账务处理程序的确定，一般应符合三项要求。
（1）与本单位业务繁简相适应。
（2）有利于及时、准确、全面、系统地提供会计资料。
（3）有利于提高会计核算效率。

四、账务处理程序的种类

各单位在选择账务处理程序时，应考虑企业的生产经营规模情况，在保证核算资料正确、及时和完整的前提下，尽可能地简化核算手续，提高会计工作效率，节约人力、节约核算费用。
我国各经济单位采用的一般账务处理程序主要有以下几种。
（1）记账凭证账务处理程序。
（2）科目汇总表账务处理程序。
（3）汇总记账凭证账务处理程序。
（4）日记总账账务处理程序。

第二节 记账凭证账务处理程序

一、记账凭证账务处理程序的意义

在规模小、经济业务少的单位，一般采用记账凭证账务处理程序。

记账凭证账务处理程序是根据记账凭证直接逐笔登记总账的一种核算程序，是最基本的会计核算程序。其他各种会计核算程序都是在此基础上根据经济管理的需要发展起来的。

这种核算程序简化了记账手续，使用较为方便，还可以减少明细账的设置，对于那些只使用货币计量，并且经济业务较少的账户，可以不设置明细账。

二、记账凭证核算程序设置的会计凭证和账簿

1．记账凭证核算程序设置的会计凭证

在记账凭证核算程序下，记账凭证可以使用一种通用格式，也可以同时设置收款凭证、付款凭证和转账凭证，作为登记总账和明细账的依据。

2．记账凭证核算程序设置的账簿

在记账凭证核算程序下，需要设置库存现金日记账、银行存款日记账、总账和明细账。库存现金日记账、银行存款日记账、总账均可采用三栏式账簿，明细账可根据需要采用三栏式、数量金额式或多栏式账簿。在这种账务处理程序下，总分类账一般应按账户设页。

三、记账凭证核算程序流程

记账凭证核算程序流程如图 11-2 所示。

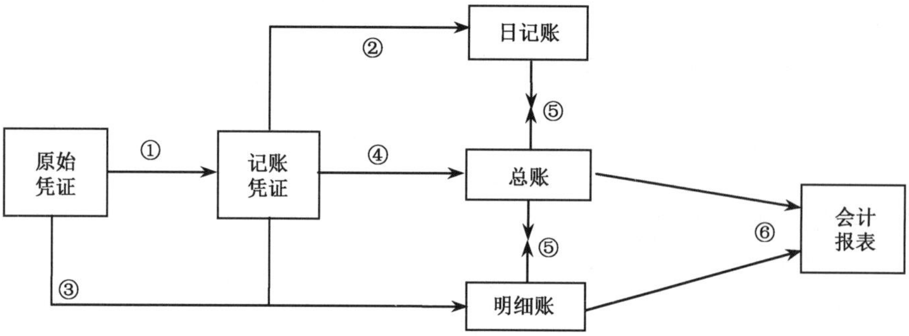

图 11-2　记账凭证核算程序流程

由图 11-2 可见，记账凭证核算程序的步骤如下。

① 审核原始凭证或原始凭证汇总表，编制记账凭证（收款凭证、付款凭证、转账凭证或通用格式记账凭证）。

② 根据收款凭证和付款凭证及所附原始凭证，逐笔顺序登记库存现金日记账和银行存款日记账。

③ 根据记账凭证结合有关原始凭证和原始凭证汇总表，逐笔登记各种明细分类账。

④ 根据记账凭证，逐笔登记总分类账。

⑤ 月末，将库存现金日记账和银行存款日记账的余额与总分类账核对，明细分类账余额与总分类账余额核对。

⑥ 根据总分类账和明细分类账，编制财务报表。

四、记账凭证账务处理程序的优缺点和适用范围

优点：由于根据记账凭证逐笔登记总分类账，所以反映内容详尽，账务组织程序原理很明确。

缺点：工作量大，不便于分工。

适用范围：适用于规模不大、经济业务简单的企业。

第三节　科目汇总表账务处理程序

一、科目汇总表账务处理程序

在规模较大、经济业务较多的大中型企业单位，一般采用科目汇总表账务处理程序。科目汇总表账务处理程序是根据记账凭证定期编制科目汇总表，再根据科目汇总表登记总分类账的一种核算程序。科目汇总表的本质是一种汇总记账凭证。

采用科目汇总表核算程序，简化了记账手续。根据记账凭证定期编制科目汇总表，并据以登记总账，简化了按记账凭证核算程序时逐笔登记总账的手续，提高了登记总账的工作效率；定期编制的科目汇总表，可以登记总账，又可以将总账科目的不同时期的数据进行分析对比，考察资金运用的增减变化，加强资金管理。

二、科目汇总表的编制方法

科目汇总表是根据一定时期内的全部记账凭证，按每一科目的借方和贷方分别进行归类编制的。科目汇总表的格式如表 11-1 所示。

表 11-1　科目汇总表的格式

20××年 7 月 1～10 日　　科汇字第 701 号

会计科目	账页	本期发生额（元）		记账凭证起讫号
		借　方	贷　方	
银行存款		102 000	90 000	自银收字第 1 号至第 2 号； 自银付字第 1 号至第 2 号； 自转字第 1 号至第 2 号
应收账款			22 000	
原材料			19 000	
生产成本		15 000		
固定资产		28 000		
短期借款		40 000		
应付职工薪酬		50 000		
制造费用		2 000		
管理费用		2 000		

续表

会计科目	账页	本期发生额（元）		记账凭证起讫号
		借 方	借 方	
实收资本			28 000	
主营业务收入			80 000	
合计		239 000	239 000	

在科目汇总表中，分别填入每个总分类科目汇总的借方和贷方本期发生额，然后分别计算出科目汇总表的借方发生额合计数、贷方发生额合计数。

根据记账规则“有借必有贷，借贷必相等”，在编制的科目汇总表内，全部总账科目的借方发生额合计数与贷方发生额合计数应相等。

会计科目汇总表的编制时间应根据各单位业务量大小而定，业务量较多的可以每日、每旬汇总一次；业务量较少的可以半个月或一个月汇总一次。每次汇总都应注明汇总记账凭证的起讫字号，以便检查。

根据科目汇总表登记总分类账，本例仅以“银行存款”为例说明，如表 11-2 所示。其他总账登记方法与之相同，不再赘述。

表 11-2 根据科目汇总表登记的总分类账

会计科目：银行存款　　　　单位：元

20××年		凭　证		摘　　要	借（收）方	贷（付）方	借或贷	余　额
月	日	种类	编号					
7	1			期初余额			借	85 700
	10	科汇	701	1~10 日科目汇总表	102 000	90 000	借	97 700
	20	科汇	702	11~20 日科目汇总表	20 000	17 000	借	100 700
	31	科汇	703	21~31 日科目汇总表	30 000	47900	借	82 800
7	31			本月合计	152 000	154 900	借	82 800

说明：由于科目汇总表按相同会计科目汇总，科目汇总表仅能反映某一会计科目的本期借方或贷方发生额，无法反映会计科目之间的对应关系。因此，总账不设置对方科目栏。

三、科目汇总表核算程序流程

科目汇总表核算程序流程如图 11-3 所示。

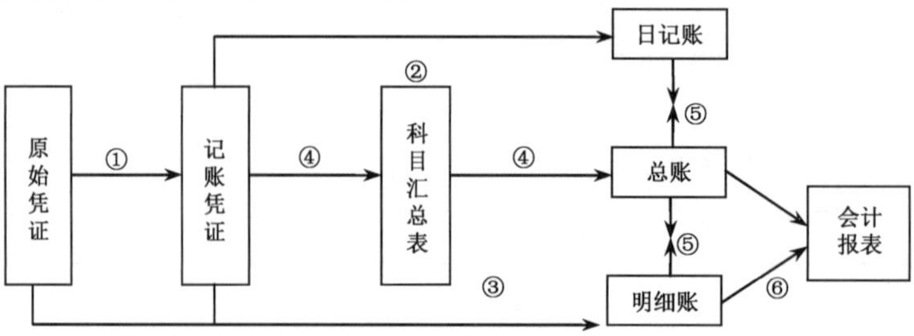

图 11-3 科目汇总表核算程序流程

参照图 11-3，科目汇总表核算程序的步骤如下。

① 审核原始凭证或原始凭证汇总表，编制记账凭证（收款凭证、付款凭证、转账凭证或通用格式记账凭证）。

② 根据收款凭证和付款凭证及所附原始凭证，逐笔顺序登记库存现金和银行存款日记账。

③ 根据记账凭证结合有关原始凭证和原始凭证汇总表，逐笔登记各种明细分类账。

④ 根据记账凭证制作科目汇总表，根据科目汇总表，逐笔登记总分类账。

⑤ 月末，将库存现金日记账、银行存款日记账的余额和总分类账进行核对，明细分类账余额和总分类账余额进行核对。

⑥ 根据总分类账和明细分类账，编制财务报表。

四、科目汇总表账务处理程序的优缺点和适用范围

优点：简化了记账凭证整理归类工作和总分类账的登记工作。

缺点：增加了科目汇总的工作，工作量大，但是通过计算机完成此项工作是很方便的。

适用范围：适用于规模大、业务量多的企业，我国的大中型企业基本都使用这种账务处理形式。

第四节　汇总记账凭证账务处理程序

一、汇总记账凭证账务处理程序

汇总记账凭证账务处理程序，亦称为分类汇总记账凭证核算程序，是根据汇总记账凭证登记总账的一种核算程序。

采用汇总记账凭证核算程序应设置收款凭证、付款凭证和转账凭证，也应设置汇总收款凭证、汇总付款凭证和汇总转账凭证，作为登记总账的依据。

定期编制汇总记账凭证，将总账科目的不同时期的数字进行对比，便于分析资产、负债和所有者权益以及资金运用的增减变化情况。

在汇总记账凭证核算程序下，需要设置库存现金日记账、银行存款日记账、总账和明细账。库存现金日记账、银行存款日记账和总账均采用三栏式账簿，明细账可根据需要采用三栏式账簿、数量金额式账簿或多栏式账簿。

二、汇总记账凭证的编制方法

汇总记账凭证分为汇总收款凭证、汇总付款凭证和汇总转账凭证三种。

1．汇总收款凭证及其编制方法

汇总收款凭证是指按“库存现金”和“银行存款”科目的借方分别设置的一种汇总记账凭证。它汇总了一定时期内库存现金和银行存款的收款业务。

根据库存现金和银行存款的收款凭证，分别以库存现金、银行存款账户借方设置，并

按其相对应的贷方科目加以归类，一般每10天定期汇总，按月编制汇总收款凭证。月末时，结算出汇总收款凭证中各贷方科目的合计数，作为登记“库存现金”“银行存款”总分类账的借方和各对应总分类账的贷方的依据。其格式如表11-3所示。

表11-3 汇总收款凭证格式

借方科目：银行存款 20××年7月31日 汇收字第701号

贷方科目	金额（元）				总账账页
	1～10日 银收字第1～2号	11～20日 银收字第3号	21～31日 银收字第4号	合计	
应收账款	22 000			22 000	
主营业务收入	80 000			80 000	
短期借款		20 000		20 000	
实收资本			30 000	30 000	
合计	102 000	20 000	30 000	152 000	

2．汇总付款凭证及其编制方法

汇总付款凭证是指按“库存现金”和“银行存款”科目的贷方分别设置的一种汇总记账凭证。它汇总了一定时期内库存现金和银行存款的付款业务。

根据库存现金和银行存款的付款凭证，分别以库存现金、银行存款账户贷方设置，并按相应的借方科目加以归类，定期汇总，按月编制汇总付款凭证。月末时，结算出汇总付款凭证中各借方科目的合计数，作为登记“库存现金”“银行存款”总分类账的贷方和各对应总分类账的借方的依据。其格式如表11-4所示。

表11-4 汇总付款凭证格式

贷方科目：银行存款 20××年7月31日 汇付字第701号

借方科目	金额（元）				总账账页
	1～10日 银收字第1～2号	11～20日 银收字第3～4号	21～31日 银收字第5～6号	合计	
短期借款	40 000			40 000	
应付职工薪酬	50 000			50 000	
制造费用		900		900	
管理费用		1 100		1 100	
应付账款		15 000	42 000	57 000	
销售费用			5 900	5 900	
合计	90 000	17 000	47 900	154 900	

3．汇总转账凭证及其编制方法

汇总转账凭证是按转账凭证中的每一个贷方科目分别设置的，用来汇总一定时期内转账业务的一种凭证。其格式如表11-5所示。

表 11-5　汇总转账凭证格式

贷方科目：原材料　　　　20××年 7 月 31 日　　　　汇转字第 701 号

借方科目	金额（元）				总账账页
	1～10 日 转字第 1～2 号	11～20 日 转字第 3～8 号	21～31 日 转字第 9～18 号	合计	
生产成本	15 000	34 000		49 000	
制造费用	2 000			2 000	
管理费用	2 000			2 000	
合计	19 000	34 000		53 000	

三、汇总记账凭证核算程序流程

汇总记账凭证核算程序流程如图 11-4 所示。

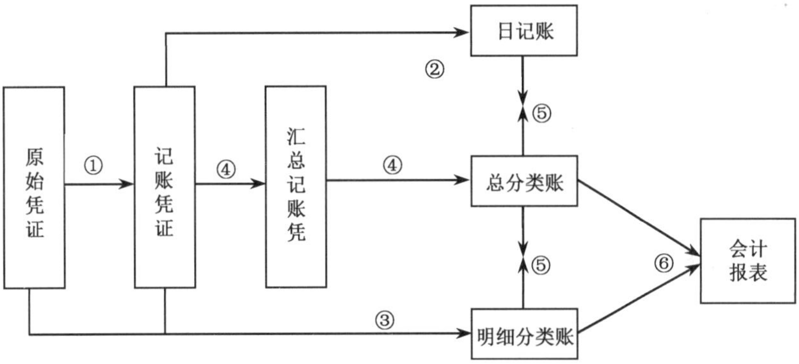

图 11-4　汇总记账凭证核算程序流程

参照图 11-4，汇总记账凭证核算程序的步骤如下。

① 审核原始凭证或原始凭证汇总表，编制记账凭证（收款凭证、付款凭证、转账凭证或通用格式记账凭证）。

② 根据收款凭证和付款凭证及所附原始凭证，逐笔顺序登记库存现金日记账和银行存款口记账。

③ 根据记账凭证结合有关原始凭证和原始凭证汇总表，逐笔登记各种明细分类账。

④ 根据记账凭证，制作汇总记账凭证，根据汇总记账凭证，逐笔登记总分类账。

⑤ 月末，将库存现金日记账、银行存款日记账的余额和总分类账进行核对，明细分类账余额和总分类账余额进行核对。

⑥ 根据总分类账和明细分类账，编制财务报表。

四、汇总记账凭证账务处理程序的优缺点和适用范围

优点：可以反映账户对应关系，简化总分类账的登记工作和记账凭证的整理归类。

缺点：增加了汇总记账凭证工作，工作量大。

适用范围：适用于规模较大、业务较多的企业。

第五节 日记总账账务处理程序

一、日记总账账务处理程序的概念与特点

日记总账账务处理程序是设置日记总账，根据记账凭证直接逐笔登记日记总账，并定期编制财务报表的账务处理程序。这种账务处理程序的特点是，设置日记总账，依据记账凭证逐笔登记日记总账，日记总账采用的是日记账和总分类账相结合的方式。

二、日记总账账务处理程序下的记账凭证、会计账簿系统

在日记总账账务处理程序下，记账凭证一般采用收款凭证、付款凭证和转账凭证的格式，也可采用通用的记账凭证。账簿体系的设置包括日记账、各种明细分类账和日记总账。库存现金日记账、银行存款日记账一般采用收、付、余三栏式。明细分类账可根据需要采用三栏式账簿、数量金额式账簿或多栏式账簿。日记总账是把日记账和分类账结合在一起的联合账簿，将全部账户都集中在一张账页上，以记账凭证为依据，对所发生的全部经济业务进行序时登记，月末将每个账户借方、贷方登记的金额分别合计，并计算出每个账户的月末余额。日记总账的格式、内容与登记方法如表 11-6 所示。

表 11-6　日记总账的格式、内容与登记方法　　单位：元

年		凭证		摘要	发生额	银行存款		在途物资		应交税费		…
月	日	字	号			借方	贷方	借方	贷方	借方	贷方	
5	1			月初余额		90 000		50 000			21 700	
	5	银付	3	购材料	11 700		11 700	10 000		17 000		
	10	银付	5	交税费	20 000		20 000			20 000		
				……								
				本月合计	285 000		35 000	10 000	8 000	21 700		
				月末余额		55 000		52 000			0	

上述格式中的“发生额”属于序时性质的记录，而按科目分设的“借方”和“贷方”栏则属于分类性质的记录。对于收款业务、付款业务和转账业务，应分别根据收款凭证、付款凭证和转账凭证逐日逐笔登记日记总账，对每一笔经济业务的金额在记入日记总账“发生额”栏内的同时，还应分别登记在同一行的不同账户的“借方”栏和“贷方”栏内。月末分别结出各栏次的合计数，计算各账户的月末“借方”和“贷方”余额，进行账簿记录的核对工作，主要核对“发生额”本月合计数与全部账户借方发生额或贷方发生额合计数是否相符，以及各账户的借方金额合计数与各账户的贷方金额合计数是否相符。

三、日记总账账务处理程序流程

日记总账账务处理程序流程如图 11-5 所示。

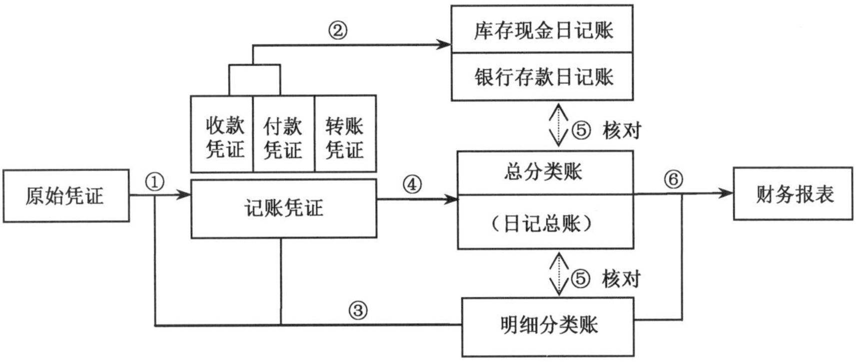

图 11-5　日记总账账务处理程序流程

参照图 11-5，日记总账账务处理程序的步骤如下。

① 经济业务发生后，根据相关的原始凭证或原始凭证汇总表编制专用记账凭证（收款凭证、付款凭证和转账凭证）。

② 根据收款凭证、付款凭证等逐日逐笔登记库存现金日记账和银行存款日记账。

③ 根据原始凭证和记账凭证逐笔登记各种明细分类账。

④ 根据收款凭证、付款凭证和转账凭证逐笔登记日记总账。

⑤ 月末，将日记总账的余额与相对应的库存现金日记账、银行存款日记账和各种明细分类账的余额核对相符。

⑥ 根据日记总账和有关明细分类账编制财务报表。

四、日记总账账务处理程序的优缺点和适用范围

日记总账账务处理程序的优点是简便易行，在日记总账上能够清晰地反映会计账户之间的对应关系；缺点是日记总账只能登记少数账户的发生额，否则账页过长，不便于分工记账和查阅，而且登记日记总账的工作量较大。日记总账账务处理程序只适用于规模小、业务简单、使用账户不多的会计主体。但在使用计算机进行账务处理的企业，由于账簿的登记是由计算机来完成的，很容易克服这种会计核算组织程序的缺点，因而在一些大中型企业也可以使用这种账务处理程序。

本章小结

账务处理程序是指从取得原始凭证到编制财务报表的一系列会计核算工作的方法和步骤。本章重点介绍了记账凭证账务处理程序、汇总记账凭证账务处理程序和科目汇总表账务处理程序。这三种核算方式的区别集中于一点：由记账凭证到登记总分类账的方式的不

同。记账凭证账务处理程序是根据记账凭证直接逐笔登记总分类账；汇总记账凭证账务处理程序是先将记账凭证汇总，再根据汇总记账凭证登记总分类账；科目汇总表账务处理程序是先将记账凭证汇总为科目汇总表，再根据科目汇总表登记总分类账。

思考题

1．什么是账务处理程序？科学地组织账务处理程序有何意义？
2．科学地组织账务处理程序有哪些要求？
3．账务处理程序有几种？
4．简述各种账务处理程序的优点、缺点和适用范围。
5．简述科目汇总表的编制方法。
6．简述汇总记账凭证的编制方法。

练习题

一、单项选择题

1．区别不同账务处理程序的依据主要是（　　）。
A．登记总分类账的依据和方法不同　　B．登记分类账的依据和方法不同
C．登记日记账的依据和方法不同　　D．编制会计报表的依据和方法不同
2．最基本的账务处理程序是（　　）。
A．记账凭证账务处理凭证　　B．科目汇总表账务处理程序
C．汇总记账凭证账务处理程序　　D．日记总账账务处理程序
3．（　　）账务处理程序适用于规模较小、业务量不多的单位。
A．记账凭证　B．汇总记账凭证　C．科目汇总表　D．多栏式日记账
4．记账凭证处理程序的最大特点就是直接根据（　　）逐笔登记总分类账及明细分类账。
A．原始凭证　B．记账凭证　C．汇总记账凭证　D．汇总原始记账凭证
5．汇总记账凭证账务处理程序是根据（　　）登记总分类账。
A．原始凭证　B．记账凭证　C．汇总记账凭证　D．日记账

二、多项选择题

1．账务处理程序是指（　　）相结合的技术组织程序。
A．会计要素　B．会计凭证　C．会计账簿　D．财务报告
2．各种账务处理程序的相同之处在于（　　）。
A．根据原始凭证或原始凭证汇总表填制记账凭证
B．根据原始凭证、原始凭证汇总表和记账凭证登记各种明细分类账
C．根据总分类账和明细分类账的记录编制会计报表
D．根据汇总记账凭证登记总分类账和明细分类账

3．实际工作中，常见的账务处理程序主要有（　　）。

A．记账凭证账务处理程序　　B．汇总记账凭证账务处理程序

C．科目汇总表账务处理程序　　D．多栏式日记账账务处理程序

4．登记总分类账的依据可以是（　　）。

A．记账凭证　　B．汇总记账凭证　　C．科目汇总表　　D．多栏式日记账

5．账务处理程序的作用是（　　）。

A．保障会计核算和监督职能的发挥　　B．有利于会计工作程序的规范化

C．简化会计核算的环节和手续　　D．有助于企业建立完善的内控系统

三、判断题

1．最基本的会计核算组织程序是日记总账组织程序。（　　）

2．记账凭证财务处理程序适用于规模较小、业务较多的单位。（　　）

3．由于各企业的业务性质、规模较小、业务繁简程序各有不同，所以它们采用的账务处理程序也有所不同。（　　）

4．同一个企业可以同时采用几种账务处理程序。（　　）

5．科目账务表核算程序的主要缺点是不能反映账户的对应关系。（　　）

四、业务题

某企业采购人员在外地采购企业生产用的半成品，取得半成品并进行账务处理时发生以下技术处理程序。

（1）取得售货方开具的增值税专用发票，运输企业开具的运输发票作为外来原始凭证，付给工人搬运、装卸的人工费可自制付款凭证单作为自制原始凭证。

（2）将库存商品明细分类账与库存商品总账相核对，将现金及银行存款日记账与库存现金及银行存款总账相核对。

（3）根据核对无误的总账记录填制会计报表。

（4）付款凭证如果审核无误，则应首先登记库存现金或银行存款日记账，作为序时记录，然后再按经济业务所涉及的会计账户，与审核后的转账凭证一起平行登记库存商品明细分类账、库存商品总账、库存现金或银行存款总账等。

（5）根据增值税专用发票、运输发票、自制付款单做出相关会计科目的会计分录，编制付款凭证或转账凭证。

第十二章 会计工作组织

学习目标与要求

本章从会计规范、会计机构与会计人员、会计职业道德、会计岗位责任制及会计档案管理与会计交接制度五个方面介绍了会计工作组织。通过对本章内容的学习，要求学生了解正确组织会计工作的重要性和应遵循的要求；熟悉会计机构的设置、组织方式和岗位责任制，会计人员的职责、权限，对会计人员的要求，以及会计法规制度的构成。

第一节 会计工作组织概述

会计工作组织是指会计机构的设置、会计人员的配备、会计法规的制定与执行和会计档案的保管。

一、会计工作组织的意义

科学地组织会计工作对于完成会计职能、实现会计的目标、发挥会计在经济管理中的作用，具有十分重要的意义，其具体表现在以下三个方面。

（1）有利于提高会计工作的质量和效率。

（2）有利于协调与其他经济管理工作的关系。

（3）有利于加强经济责任制。

二、组织会计工作的基本要求

（1）必须符合国家对会计工作的要求。

（2）必须根据各单位生产经营管理的特点来组织会计工作。

（3）必须保证工作质量，讲求工作效率，节约工作时间和费用。

（4）必须做到专业核算与群众核算相结合。所谓专业核算，是指由专职会计人员进行的核算；所谓群众核算，是指由职工群众直接参加的单位内部各部门的经济核算。

（5）必须执行内部牵制制度。内部牵制制度是内部控制制度的一种，是指凡涉及财物和货币资金的收付、结算及其登记的任何一项工作，规定由二人或二人以上分工掌管，以起到相互制约作用的一种工作制度。

第二节　会计规范

会计规范是处理会计事务的法律、原则、程序和方法的总称，是进行会计工作的规则和准则。要使会计工作有组织、有秩序地进行，发挥其在核算、监督和加强经营管理、提高经济效益中的作用，必须建立科学的会计规范。

一、我国会计规范的层次

当前，我国会计规范基本上分为四个层次。一是全国性综合法规，由国家统一制定。《中华人民共和国会计法》（以下简称《会计法》）是我国会计工作的根本大法，是会计工作的最高准则。二是《企业会计准则》，由财政部制定，作为企业会计制度的依据。三是财政部颁布的统一《企业会计制度》，这是为了保证顺利、有效地实施《企业会计准则》所采取的措施，以便做到改而不乱。四是企业自行制定的会计制度，由企业根据《企业会计准则》和《企业会计制度》等制定。新《企业会计制度》和企业自行制定的会计制度统称为会计制度。

二、制定会计制度的基本原则

企业会计制度是企业的一项重大制度，一方面要受国家法令和制度的约束，另一方面要适应专业的条件。基层单位的会计制度要符合《企业会计制度》的规定，并适应企业的内部条件。制定会计制度一般要遵守以下几条原则：

（1）符合党和国家的财经政策、法令和制度。实行统一领导、分级管理、因地制宜的原则。

（2）符合《企业会计准则》的要求。

（3）适应本行业和本企业生产经营的特点。在保证执行国家有关制度的前提下，制订适合于本企业的具体制度和实施办法，以促进改善经营管理。

（4）加强企业内部控制制度，发挥会计的监督作用。

三、会计制度的基本内容

企业会计制度是各项会计业务的具体处理办法，通常包括以下几个方面：

（1）有关会计制度的原则规定。一般称为总则，包括会计工作的任务，会计制度所应遵循的原则等。

（2）有关会计业务核算的具体规定。如会计科目及其使用方法的规定；会计凭证、账簿、记账程序和记账方法的规定；会计报表的格式及其编制方法。

（3）有关财产管理、成本计算方面的规定。如有关固定资产和各项流动资金核算办法的规定、成本计算办法等。

（4）有关财产清查、会计人员交接和会计档案管理方面的规定等。

第三节 会计机构与会计人员

会计机构是贯彻执行党和国家方针政策，制定和执行会计制度，组织领导和处理会计工作的职能机构。合理设置会计机构，明确工作任务，是保证会计工作顺利进行的重要条件。

一、会计机构的设置

我国会计管理机构的设置一般分为三个层次：中央和省、市地方财政设立会计事务管理机构，负责领导全国会计工作；中央和地方各级企业管理机关设置会计事务管理机构，负责组织、领导和监督所属单位的会计工作；基层企业设置会计事务管理机构（如会计处、科、组），在厂长、经理或总会计师领导下，负责办理本单位的会计工作，接受上级会计事务管理机构的指导和监督。

由于会计工作（主要是会计核算）同财务工作（主要是财务管理）都是综合性的经济管理工作，它们之间的关系又非常密切，因此，通常把二者结合起来，设置一个财务会计机构（如财会处、科、组）来统一办理财务工作和会计工作。企业和机关、事业单位都应当单独设置财务会计机构。财务机构是各单位内部组织领导和直接从事财务工作的职能部门。会计机构是各单位内部组织领导和直接从事会计工作的职能部门。目前，我国应逐步推行财务与会计分设机构，以利于相互监督、互相促进，防止职责不清、相互扯皮和“重会计核算轻财务管理”的现象。对规模小、人员少、业务简单的单位，可以在有关机构中设置会计人员，并指定会计主管人员。不具备条件的，可以委托经批准设立的会计咨询、服务机构进行代理记账。

国有企业和国有资产占控股地位或主导地位的大中型企业必须设置总会计师。事业单位和业务主管部门经批准可以设置总会计师。总会计师由取得会计师任职资格后，主管一个单位内一个重要方面的财务会计工作时间不少于三年的人员担任。会计机构内部应当建立稽核制度。同时，应当根据业务的繁简进行合理分工。规模较大的企业，在财务会计科内还分设若干职能组。例如有些工业企业的财务会计科分设：材料组、工资组、成本组、财务组、费用组，分别负责有关业务的核算、分析和检查工作，不属于各职能组的财务会计工作及全科的各项综合性工作，则另设综合组负责办理。

二、会计机构的组织形式

会计机构的组织形式是由企业的规模和它所担负的任务决定的，一般可分为独立核算机构和非独立核算机构。非独立核算机构又可分为半独立核算和报账单位。

1. 独立核算机构

企业实行独立核算必须具备一定的条件，通常要有一定的自有资金，有独立经营的自主权，能单独编制计划，单独计算盈亏，单独在银行开户并经工商行政部门注册登记。独立核算单位必须全面地进行记账、独立对外结算和定期编制财务会计报告。

实行独立核算单位的记账工作组织形式又可分为集中核算和分散核算两种。集中核算是指账务工作全部在会计部门进行，各车间、部门一般不进行单独核算，而只是对所发生的经济业务进行原始记录，办理原始凭证手续，并对原始凭证进行适当汇总，定期将原始凭证或汇总原始凭证送交财务会计部门进行总分类核算和明细分类核算。其优点是可以减少核算环节，简化核算手续，有利于及时掌握全面的经营情况和精减人员，一般适合于中、小型企业。分散核算是指企业所属的分厂、车间根据生产经营的原始凭证，登记账簿，定期编制记账凭证汇总表向财务会计部门报账（这种单位称为报账单位），或由部门编制本部门的会计报表送财务会计部门汇总编表（这种单位称为半独立核算单位），其编制方法类似合并会计报表的编制，将在财务会计学中介绍。即企业的内部单位对本身所发生的经济业务进行较全面的核算。这种组织形式一般适用于大型企业。所以，一个企业实行集中核算还是分散核算，应视企业规模大小和经营管理的要求而定。而且往往一个企业对某些会计业务采用集中核算，而对另一些业务又采用非集中核算。但无论采用哪种组织形式，企业对外的现金往来、物资购销、债权债务和结算都应由财务会计部门集中办理。

2. 半独立核算机构

半独立核算是指独立核算企业所属的分厂、车间或生产、业务单位，其规模比较大，生产、经营上有一定的独立性，但不具备完全独立核算的某些必要条件，如不能在银行单独开户，没有独立的资金等。这些单位配备一定的会计人员，单独编制会计凭证、单独记账和编制财务会计报告，然后送会计部门汇总编表。其优点是部门负责人和职工能及时掌握部门的生产成本、经营情况和财务成果，动员职工参加企业管理。这种核算组织对实行经济责任制更为需要。

3. 报账单位

报账单位是指企业内部各部门本身不单独计算盈亏，只记录和计算几个主要指标，进行简易核算，以考核其工作质量。这些单位如商品流通企业所属的门市部和分销店，平时只向上级领取备用金，定期向上级报销，一次收入全部解缴上级，由财会部门集中进行核算。

三、会计人员

会计人员是决定会计工作质量的关键。明确会计人员的职责和权限，是充分发挥会计人员积极性的有效措施。会计部门必须配备适当的会计人员，提高会计人员的政治素质和业务水平，深入贯彻《中华人民共和国会计法》，保障会计人员行使职权，为会计人员更好地发挥会计职能作用创造条件。

1. 会计人员的职责

会计人员的主要职责，一般有下列四个方面：

（1）认真执行《会计法》和《企业会计准则》等会计规范。

（2）认真进行会计核算，保证一切会计凭证、账簿、财务会计报告及其他会计资料的合法、真实、准确和完整。

（3）贯彻执行党和国家的方针、政策和财务制度，遵守各项财政、税收、信贷、结算和计划制度，严格监督生产经营活动和财务收支、维护国家财经纪律。

（4）认真编制、执行和考核、分析财务计划、预算，参与企业预测、决策和参与拟订经济计划、业务计划，参与改善企业经营管理的各项活动，推动增产节约、增收节支，提高企业经济效益。

2. 单位负责人和会计人员的法律责任

修正后的《会计法》进一步明确了会计人员的职责和法律责任，尤其突出了单位负责人对会计工作的法律责任。主要有以下几个方面。

（1）单位负责人对本单位的会计工作和会计资料的真实性、完整性负责。会计机构、会计人员依照《会计法》进行会计核算，实行会计监督。任何单位或个人不得以任何方式授意、指使、强令会计机构、会计人员伪造、变造会计凭证、会计账簿和其他会计资料，提供虚假财务会计报告。任何单位或个人不得对依法履行职责、抵制违反《会计法》规定行为的会计人员实行打击报复。单位负责人和其他人员对依法履行职责的会计人员进行打击报复的，给予行政处分；构成犯罪的，依法追究刑事责任。

（2）财政、审计、税务、人民银行、证券监管、保险监管等部门应当依照有关法律、行政法规规定的职责，对有关单位的会计资料实施监督检查。有关监督检查部门已经做出的检查结论能够满足其他监督检查部门履行本部门职责需要的，其他监督检查部门应当加以利用，避免重复查账。单位负责人、会计人员和其他人员伪造、变造、故意毁灭会计凭证、会计账簿、财务会计报告和其他会计资料的，或者利用虚假的会计凭证、会计账簿、财务会计报告和其他会计资料偷税或损害国家利益、社会公众利益的，由县级以上财政、审计、税务机关或其他有关主管部门依据法律、行政法规规定的职责负责处理并追究责任，具体包括责令限期改正、通报、罚款；属于国家工作人员的，还可以由其所在单位或者有关单位依法给予行政处分；情节严重的，由县级以上人民政府财政部门吊销会计从业资格证书；构成犯罪的，依法追究刑事责任。

（3）国家实行统一的会计制度。会计凭证、会计账簿、财务会计报告和其他会计资料必须符合国家统一的会计制度的规定。使用电子计算机进行会计核算的，其软件及其生成的会计凭证、会计账簿、财务会计报告和其他会计资料，也必须符合国家统一的会计制度的规定。任何单位和个人不得伪造、变造会计凭证、会计账簿及其他会计资料，不得提供虚假的财务会计报告。会计机构、会计人员必须按照国家统一的会计制度的规定对原始凭证进行审核，对不真实、不合法的原始凭证有权不予接受，并向单位负责人报告；对记载不准确、不完整的原始凭证予以退回，并要求按照国家统一的会计制度的规定更正、补充。各单位应当建立、健全本单位内部会计监督制度。会计机构、会计人员对违反《会计法》和国家统一的会计制度规定的会计事项，有权拒绝办理或按照职权予以纠正。任何单位和个人对违反《会计法》和国家统一的会计制度规定的行为，有权检举。收到检举的部门有权处理的，应当依法按照职责分工及时处理；无权处理的，应当及时移送有权处理的部门处理。收到检举的部门、负责处理的部门应当为检举人保密、不得将检举人姓名和检举材料转给被检举单位和被检举人个人。

（4）有关法律、行政法规规定，须经注册会计师进行审计的单位，应当向受委托的会计师事务所如实提供会计凭证、会计账簿、财务会计报告和其他会计资料及有关情况。任何单位或个人不得以任何方式要求或示意注册会计师及其所在的会计师事务所出具不实或不当的审计报告。财政部门有权对会计师事务所出具的审计报告的程序和内容进行监督。

（5）从事会计工作的人员，必须取得会计从业资格证书。因有提供虚假财务会计报告，做假账，隐匿或故意销毁会计凭证、会计账簿、财务会计报告，贪污，挪用公款，职务侵占等与会计职务有关的违法行为被依法追究刑事责任的人员，不得取得或重新取得会计从业资格证书。因违法违纪行为被吊销会计从业资格证书的人员，自被吊销会计从业资格证书之日起五年内，不得重新取得会计从业资格证书。

国有企业、事业单位的会计机构负责人、会计主管人员的任免应当经过主管单位同意，不得任意调动和撤换；会计人员忠于职守，坚持原则，受到错误处理的，主管单位应当责成所在单位予以纠正。

会计人员调动工作或离职，必须与接管人员办清交接手续。一般会计人员办理交接手续，由会计机构负责人、会计主管人员监交。会计机构负责人、会计主管人员办理交接手续，由单位领导人监交，必要时可以由主管单位派人会同监交。交接双方及监交人均应签字以示负责。

第四节 会计职业道德

会计职业道德是指在会计职业活动中应当遵循的、体现会计职业特征的、调整会计职业关系的各种经济关系的职业行为准则和规范。会计职业道德是一般社会公德在会计工作中的具体体现，是引导、制约会计行为，调整会计人员与社会、会计人员与不同利益集团及会计人员之间关系的社会规范。它贯穿于会计工作的所有领域和整个过程，体现了社会要求与个性发展的统一，着眼于人际关系的调整，以是否合乎情理、善与恶为评价标准，并以社会评价（荣誉）和个人评价（良心）为主要制约手段，是一种通过将外在的要求转化为内在要求的非强制性规范。

作为一种意识形态范畴，现代会计职业道德的形成与发展往往要经历三个阶段，即：

（1）以会计职业责任和义务为核心，重在社会对个人的“防范”，理论对欲望的“束缚”的他律阶段。

（2）以会计职业良心为核心，会计工作职责转变为会计人员内心首先感与首先行为准则的自律。

（3）职业良心在职业目标的统帅下融为一体，职业道德的他律性与自律性高度统一，外在导向的价值目标决定会计职业道德守则，加强会计职业道德教育，能使主会计人员增进会计职业修养三位一体，是形成良好的会计职业道德风尚和改善会计职业，并卓有成效地保证其他会计规范顺利贯彻实施的重要条件。

会计职业道德的主要构成要素包括以下方面：

（1）会计职业理想，会计人员的择业目标，或维持生计，或发展个性，或承担社会义务，或兼而有之。它是会计职业道德的灵魂。

（2）会计工作态度。会计工作的职业特征要求会计人员在从事会计活动时，既认真负责，精益求精，又积极主动，富有创造性。这是会计人员履行职责义务的基础。

（3）会计职业责任，即会计人员担任某项职务或从事某项工作后就应承担（或被赋予）的相应义务。职责与职权相互关联。会计职责是会计职业道德规范的核心，也是评价会计行为的主要标准。

（4）会计职业技能，包括完成会计工作所必需的知识及工作能力与经验。它是会计人员圆满完成会计工作的技术条件。

（5）会计工作纪律。保密性、廉正性（正直、诚实、廉洁）与超然性既是维护和贯彻会计职业道德的保证，又是评价会计行为的一种标准。

（6）会计工作作风。它是会计人员在长期工作实践中形成的习惯力量，是职业道德在会计工作中连续贯彻的体现。在工作中严谨仔细、一丝不苟、勤俭理财、严格按会计规范办事、自觉抵制非首先因素的侵袭等，均是良好的会计工作作风。

第五节 会计岗位责任制

会计岗位责任制是指在财务会计机构内部，按照财务会计工作的内容和会计人员的配备情况，进行合理的分工，使每一项财务会计工作都由专人负责，每一个会计人员都有明确的职责的制度。

应根据企业的规模和经营管理的要求建立财务会计处（或科、组），并在其内部设立各个职能组负责有关的财务与会计工作。会计主管负责组织领导本企业的财务会计工作，参与企业预测、决策、经济计划和有关经营管理工作。具体工作人员一般分为会计员、出纳员、成本员、稽核员、计划员、综合员等，负责执行各职能组的财会工作，配有计算机的单位还要配备程序设计员和操作员。各单位应该根据业务繁简和人员多少，实行一人一岗，一人多岗或一岗多人，明确职责，各司其职。但管钱的不能管账，管账的不能管钱，出纳人员不得兼管稽核、会计档案保管和收入、费用、债权债务账目的登记工作。

会计人员岗位责任制与一般的岗位责任制相比，具有以下三方面的特性：一是业务性；二是政策性；三是相互制约性。会计工作的特性决定了，会计人员的岗位责任制必须遵循如下原则。

（1）合法性原则：会计人员岗位责任制必须符合国家有关法律法规以及单位内部规章制度。财政部 2001 年 6 月 22 日颁布的《内部会计控制规范——基本规范（试行）》《内部会计控制规范——货币资金（试行）》，针对新时期会计工作的新特点，在内部会计控制方面做出了一系列规定，这些规定必须贯彻落实到会计人员岗位责任制中。

（2）全员性原则：会计人员岗位责任制应当约束单位内部涉及会计工作的所有人员，

任何个人都不得拥有超越会计人员岗位责任制的特权。要求会计人员认清分工与分权的道理，更新理念，变被动为主动，自觉贯彻落实会计人员岗位责任制。

（3）全过程原则：会计人员岗位责任制应当涵盖单位内部涉及会计工作的相关岗位，并应针对业务过程中的关键控制点，落实到会计工作的各个环节。会计人员岗位责任制涉及业务和管理工作的方方面面，体现在事前、事中、事后的全过程。

（4）不相容职务相互分离原则：会计人员岗位责任制应当保证单位内部涉及会计工作的机构、岗位的合理设置及其职责权限的合理划分，坚持不相容职务相互分离，确保不同机构和岗位之间权责分明、相互制约、相互监督。不相容职务主要包括授权批准、业务经办、会计记录、财产综合、稽核检查等职务。

（5）成本效益原则：会计人员岗位责任制应当以合理的控制成本达到最佳的控制效果。合理设置会计岗位，既达到有效控制的目的，又避免人浮于事；既有利于会计工作的正常开展，又避免权责不分、互相推诿的现象。

（6）不断修订和完善的原则：会计人员岗位责任制应随着外部环境的变化、单位业务职能的调整和管理要求的提高，不断修订和完善。尤其在当今，随着我国经济体制改革的不断深入，新的会计政策不断出台，会计人员岗位责任制的内容也应根据新的会计规范和规定而不断修订和完善。

第六节 会计档案管理与会计交接制度

会计档案是指会计凭证、会计账簿和财务会计报告等会计核算专业材料。它是记录和反映经济业务的重要史料和证据，是国家档案的重要组成部分，也是各单位的重要档案之一。各单位必须建立和健全会计档案的立卷、归档、保管、调阅和销毁等管理制度。

一、会计档案的保管

各单位每年形成的会计档案应由财会部门按照归档的要求，负责整理立卷或装订成册。当年的会计档案，可暂由财会部门保管一年，期满之后，编造清册移交档案部门保管。

保存的会计档案应为单位积极提供利用，原则上不得向外单位借出。如有特殊需要，须经上级主管单位批准，但不得拆散原卷，并应限期归还。

会计档案的保管期限，根据其特点，分为永久、定期两类。年度财务会计报告及某些涉外的会计凭证、会计账簿的保管期限属于永久保管，其他的属于定期保管。保管期分为3年、5年、10年、15年、25年五种。

二、会计档案的移交及销毁

撤销、合并单位和建设单位完工后的会计档案，应随同单位的全部档案一并移交给指定的单位，并按规定办理交接手续。

会计档案保管期满，需要销毁时，由档案部门提出意见，会同财会部门共同鉴定，严格审查，编造会计档案销毁清册，上报审批。对于其中未了结的债权债务的原始凭证，应单独抽出另行立卷，保管到结清债权债务为止。销毁会计档案时，应由档案部门和财会部门共同派员监销；各级主管部门销毁会计档案时应由同级财政部门、审计部门派员参加监销；销毁后监销人员在销毁清册上签名盖章，并将情况报本单位领导。销毁清册永久保存。

本章小结

会计工作组织主要是通过设置会计机构，配备会计人员，制定与执行会计规章制度，实施与改进会计工作的技术手段，管理会计档案，进行会计工作与其他经济管理工作间的协调，形成高效运行的会计工作体系。科学合理地组织会计工作具有重要的意义。

会计工作规范是处理会计事务的法律、原则、程序和方法的总称，是进行会计工作的规则和准则。会计工作规范体系主要包括会计法、会计准则和会计制度等会计核算方面的法规。

会计机构的组织形式按照会计分工方式分为独立核算机构和半独立核算机构及报账单位。从事会计工作的人员必须取得会计从业资格证，遵循会计职业道德标准。

会计档案是记录和反映单位经济业务的重要史料和证据，会计档案的立卷、归档、保管、调阅、销毁必须按照统一会计档案管理制度执行。

思考题

1．科学合理地组织会计工作的意义和原则是什么？
2．会计工作规范体系的内容是什么？
3．我国对会计档案管理有哪些主要规定？

附录 A 《中华人民共和国会计法》

第一章 总 则

第一条 为了规范会计行为，保证会计资料真实、完整，加强经济管理和财务管理，提高经济效益，维护社会主义市场经济秩序，制定本法。

第二条 国家机关、社会团体、公司、企业、事业单位和其他组织（以下统称单位）必须依照本法办理会计事务。

第三条 各单位必须依法设置会计账簿，并保证其真实、完整。

第四条 单位负责人对本单位的会计工作和会计资料的真实性、完整性负责。

第五条 会计机构、会计人员依照本法规定进行会计核算，实行会计监督。

任何单位或者个人不得以任何方式授意、指使、强令会计机构、会计人员伪造、变造会计凭证、会计账簿和其他会计资料，提供虚假财务会计报告。

任何单位或者个人不得对依法履行职责、抵制违反本法规定行为的会计人员实行打击报复。

第六条 对认真执行本法，忠于职守，坚持原则，做出显著成绩的会计人员，给予精神的或者物质的奖励。

第七条 国务院财政部门主管全国的会计工作。

县级以上地方各级人民政府财政部门管理本行政区域内的会计工作。

第八条 国家实行统一的会计制度。国家统一的会计制度由国务院财政部门根据本法制定并公布。

国务院有关部门可以依照本法和国家统一的会计制度制定对会计核算和会计监督有特殊要求的行业实施国家统一的会计制度的具体办法或者补充规定，报国务院财政部门审核批准。

中国人民解放军总后勤部可以依照本法和国家统一的会计制度制定军队实施国家统一的会计制度的具体办法，报国务院财政部门备案。

第二章　会计核算

第九条　各单位必须根据实际发生的经济业务事项进行会计核算，填制会计凭证，登记会计账簿，编制财务会计报告。

任何单位不得以虚假的经济业务事项或者资料进行会计核算。

第十条　下列经济业务事项，应当办理会计手续，进行会计核算：

（一）款项和有价证券的收付；

（二）财物的收发、增减和使用；

（三）债权债务的发生和结算；

（四）资本、基金的增减；

（五）收入、支出、费用、成本的计算；

（六）财务成果的计算和处理；

（七）需要办理会计手续、进行会计核算的其他事项。

第十一条　会计年度自公历1月1日起至12月31日止。

第十二条　会计核算以人民币为记账本位币。

业务收支以人民币以外的货币为主的单位，可以选定其中一种货币作为记账本位币，但是编报的财务会计报告应当折算为人民币。

第十三条　会计凭证、会计账簿、财务会计报告和其他会计资料，必须符合国家统一的会计制度的规定。

使用电子计算机进行会计核算的，其软件及其生成的会计凭证、会计账簿、财务会计报告和其他会计资料，也必须符合国家统一的会计制度的规定。

任何单位和个人不得伪造、变造会计凭证、会计账簿及其他会计资料，不得提供虚假的财务会计报告。

第十四条　会计凭证包括原始凭证和记账凭证。

办理本法第十条所列的经济业务事项，必须填制或者取得原始凭证并及时送交会计机构。

会计机构、会计人员必须按照国家统一的会计制度的规定对原始凭证进行审核，对不真实、不合法的原始凭证有权不予接受，并向单位负责人报告；对记载不准确、不完整的原始凭证予以退回，并要求按照国家统一的会计制度的规定更正、补充。

原始凭证记载的各项内容均不得涂改；原始凭证有错误的，应当由出具单位重开或者更正，更正处应当加盖出具单位印章。原始凭证金额有错误的，应当由出具单位重开，不得在原始凭证上更正。

记账凭证应当根据经过审核的原始凭证及有关资料编制。

第十五条　会计账簿登记，必须以经过审核的会计凭证为依据，并符合有关法律、行政法规和国家统一的会计制度的规定。会计账簿包括总账、明细账、日记账和其他辅助性账簿。

会计账簿应当按照连续编号的页码顺序登记。会计账簿记录发生错误或者隔页、缺号、跳行的，应当按照国家统一的会计制度规定的方法更正，并由会计人员和会计机构负责人（会计主管人员）在更正处盖章。

使用电子计算机进行会计核算的，其会计账簿的登记、更正，应当符合国家统一的会计制度的规定。

第十六条 各单位发生的各项经济业务事项应当在依法设置的会计账簿上统一登记、核算，不得违反本法和国家统一的会计制度的规定私设会计账簿登记、核算。

第十七条 各单位应当定期将会计账簿记录与实物、款项及有关资料相互核对，保证会计账簿记录与实物及款项的实有数额相符、会计账簿记录与会计凭证的有关内容相符、会计账簿之间相对应的记录相符、会计账簿记录与会计报表的有关内容相符。

第十八条 各单位采用的会计处理方法，前后各期应当一致，不得随意变更；确有必要变更的，应当按照国家统一的会计制度的规定变更，并将变更的原因、情况及影响在财务会计报告中说明。

第十九条 单位提供的担保、未决诉讼等或有事项，应当按照国家统一的会计制度的规定，在财务会计报告中予以说明。

第二十条 财务会计报告应当根据经过审核的会计账簿记录和有关资料编制，并符合本法和国家统一的会计制度关于财务会计报告的编制要求、提供对象和提供期限的规定；其他法律、行政法规另有规定的，从其规定。

财务会计报告由会计报表、会计报表附注和财务情况说明书组成。向不同的会计资料使用者提供的财务会计报告，其编制依据应当一致。有关法律、行政法规规定会计报表、会计报表附注和财务情况说明书须经注册会计师审计的，注册会计师及其所在的会计师事务所出具的审计报告应当随同财务会计报告一并提供。

第二十一条 财务会计报告应当由单位负责人和主管会计工作的负责人、会计机构负责人（会计主管人员）签名并盖章；设置总会计师的单位，还须由总会计师签名并盖章。

单位负责人应当保证财务会计报告真实、完整。

第二十二条 会计记录的文字应当使用中文。在民族自治地方，会计记录可以同时使用当地通用的一种民族文字。在中华人民共和国境内的外商投资企业、外国企业和其他外国组织的会计记录可以同时使用一种外国文字。

第二十三条 各单位对会计凭证、会计账簿、财务会计报告和其他会计资料应当建立档案，妥善保管。会计档案的保管期限和销毁办法，由国务院财政部门会同有关部门制定。

第三章 公司、企业会计核算的特别规定

第二十四条 公司、企业进行会计核算，除应当遵守本法第二章的规定外，还应当遵守本章规定。

第二十五条 公司、企业必须根据实际发生的经济业务事项，按照国家统一的会计制度的规定确认、计量和记录资产、负债、所有者权益、收入、费用、成本和利润。

第二十六条 公司、企业进行会计核算不得有下列行为：

（一）随意改变资产、负债、所有者权益的确认标准或者计量方法，虚列、多列、不列或者少列资产、负债、所有者权益；

（二）虚列或者隐瞒收入，推迟或者提前确认收入；

（三）随意改变费用、成本的确认标准或者计量方法，虚列、多列、不列或者少列费用、成本；

（四）随意调整利润的计算、分配方法，编造虚假利润或者隐瞒利润；

（五）违反国家统一的会计制度规定的其他行为。

第四章　会计监督

第二十七条　各单位应当建立、健全本单位内部会计监督制度。单位内部会计监督制度应当符合下列要求：

（一）记账人员与经济业务事项和会计事项的审批人员、经办人员、财物保管人员的职责权限应当明确，并相互分离、相互制约；

（二）重大对外投资、资产处置、资金调度和其他重要经济业务事项的决策和执行的相互监督、相互制约程序应当明确；

（三）财产清查的范围、期限和组织程序应当明确；

（四）对会计资料定期进行内部审计的办法和程序应当明确。

第二十八条　单位负责人应当保证会计机构、会计人员依法履行职责，不得授意、指使、强令会计机构、会计人员违法办理会计事项。

会计机构、会计人员对违反本法和国家统一的会计制度规定的会计事项，有权拒绝办理或者按照职权予以纠正。

第二十九条　会计机构、会计人员发现会计账簿记录与实物、款项及有关资料不相符的，按照国家统一的会计制度的规定有权自行处理的，应当及时处理；无权处理的，应当立即向单位负责人报告，请求查明原因，做出处理。

第三十条　任何单位和个人对违反本法和国家统一的会计制度规定的行为，有权检举。收到检举的部门有权处理的，应当依法按照职责分工及时处理；无权处理的，应当及时移送有权处理的部门处理。收到检举的部门、负责处理的部门应当为检举人保密，不得将检举人姓名和检举材料转给被检举单位和被检举人个人。

第三十一条　有关法律、行政法规规定，须经注册会计师进行审计的单位，应当向受委托的会计师事务所如实提供会计凭证、会计账簿、财务会计报告和其他会计资料以及有关情况。

任何单位或者个人不得以任何方式要求或者示意注册会计师及其所在的会计师事务所出具不实或者不当的审计报告。

财政部门有权对会计师事务所出具审计报告的程序和内容进行监督。

第三十二条　财政部门对各单位的下列情况实施监督：

（一）是否依法设置会计账簿；

（二）会计凭证、会计账簿、财务会计报告和其他会计资料是否真实、完整；

（三）会计核算是否符合本法和国家统一的会计制度的规定；

（四）从事会计工作的人员是否具备专业能力、遵守职业道德。

在对前款第（二）项所列事项实施监督，发现重大违法嫌疑时，国务院财政部门及其派出机构可以向与被监督单位有经济业务往来的单位和被监督单位开立账户的金融机构查询有关情况，有关单位和金融机构应当给予支持。

第三十三条　财政、审计、税务、人民银行、证券监管、保险监管等部门应当依照有关法律、行政法规规定的职责，对有关单位的会计资料实施监督检查。

前款所列监督检查部门对有关单位的会计资料依法实施监督检查后，应当出具检查结论。有关监督检查部门已经做出的检查结论能够满足其他监督检查部门履行本部门职责需要的，其他监督检查部门应当加以利用，避免重复查账。

第三十四条　依法对有关单位的会计资料实施监督检查的部门及其工作人员对在监督检查中知悉的国家秘密和商业秘密负有保密义务。

第三十五条　各单位必须依照有关法律、行政法规的规定，接受有关监督检查部门依法实施的监督检查，如实提供会计凭证、会计账簿、财务会计报告和其他会计资料以及有关情况，不得拒绝、隐匿、谎报。

第五章　会计机构和会计人员

第三十六条　各单位应当根据会计业务的需要，设置会计机构，或者在有关机构中设置会计人员并指定会计主管人员；不具备设置条件的，应当委托经批准设立从事会计代理记账业务的中介机构代理记账。

国有的和国有资产占控股地位或者主导地位的大、中型企业必须设置总会计师。总会计师的任职资格、任免程序、职责权限由国务院规定。

第三十七条　会计机构内部应当建立稽核制度。

出纳人员不得兼任稽核、会计档案保管和收入、支出、费用、债权债务账目的登记工作。

第三十八条　会计人员应当具备从事会计工作所需要的专业能力。

担任单位会计机构负责人（会计主管人员）的，应当具备会计师以上专业技术职务资格或者从事会计工作三年以上经历。

本法所称会计人员的范围由国务院财政部门规定。

第三十九条　会计人员应当遵守职业道德，提高业务素质。对会计人员的教育和培训工作应当加强。

第四十条　因有提供虚假财务会计报告，做假账，隐匿或者故意销毁会计凭证、会计账簿、财务会计报告，贪污，挪用公款，职务侵占等与会计职务有关的违法行为被依法追究刑事责任的人员，不得再从事会计工作。

除前款规定的人员外，因违法违纪行为被吊销会计从业资格证书的人员，自被吊销会计从业资格证书之日起五年内，不得重新取得会计从业资格证书。

第四十一条　会计人员调动工作或者离职，必须与接管人员办清交接手续。

一般会计人员办理交接手续，由会计机构负责人（会计主管人员）监交；会计机构负责人（会计主管人员）办理交接手续，由单位负责人监交，必要时主管单位可以派人会同监交。

第六章　法律责任

第四十二条　违反本法规定，有下列行为之一的，由县级以上人民政府财政部门责令限期改正，可以对单位并处三千元以上五万元以下的罚款；对其直接负责的主管人员和其他直接责任人员，可以处二千元以上二万元以下的罚款；属于国家工作人员的，还应当由其所在单位或者有关单位依法给予行政处分：

（一）不依法设置会计账簿的；

（二）私设会计账簿的；

（三）未按照规定填制、取得原始凭证或者填制、取得的原始凭证不符合规定的；

（四）以未经审核的会计凭证为依据登记会计账簿或者登记会计账簿不符合规定的；

（五）随意变更会计处理方法的；

（六）向不同的会计资料使用者提供的财务会计报告编制依据不一致的；

（七）未按照规定使用会计记录文字或者记账本位币的；

（八）未按照规定保管会计资料，致使会计资料毁损、灭失的；

（九）未按照规定建立并实施单位内部会计监督制度或者拒绝依法实施的监督或者不如实提供有关会计资料及有关情况的；

（十）任用会计人员不符合本法规定的。

有前款所列行为之一，构成犯罪的，依法追究刑事责任。

会计人员有第一款所列行为之一，情节严重的，五年内不得从事会计工作。

有关法律对第一款所列行为的处罚另有规定的，依照有关法律的规定办理。

第四十三条　伪造、变造会计凭证、会计账簿，编制虚假财务会计报告，构成犯罪的，依法追究刑事责任。

有前款行为，尚不构成犯罪的，由县级以上人民政府财政部门予以通报，可以对单位并处五千元以上十万元以下的罚款；对其直接负责的主管人员和其他直接责任人员，可以处三千元以上五万元以下的罚款；属于国家工作人员的，还应当由其所在单位或者有关单位依法给予撤职直至开除的行政处分；对其中的会计人员，五年内不得从事会计工作。

第四十四条　隐匿或者故意销毁依法应当保存的会计凭证、会计账簿、财务会计报告，构成犯罪的，依法追究刑事责任。

有前款行为，尚不构成犯罪的，由县级以上人民政府财政部门予以通报，可以对单位并处五千元以上十万元以下的罚款；对其直接负责的主管人员和其他直接责任人员，可以处三千元以上五万元以下的罚款；属于国家工作人员的，还应当由其所在单位或者有关单位依法给予撤职直至开除的行政处分；对其中的会计人员，五年内不得从事会计工作。

第四十五条　授意、指使、强令会计机构、会计人员及其他人员伪造、变造会计凭证、会计账簿，编制虚假财务会计报告或者隐匿、故意销毁依法应当保存的会计凭证、会计账簿、财务会计报告，构成犯罪的，依法追究刑事责任；尚不构成犯罪的，可以处五千元以上五万元以下的罚款；属于国家工作人员的，还应当由其所在单位或者有关单位依法给予降级、撤职、开除的行政处分。

第四十六条　单位负责人对依法履行职责、抵制违反本法规定行为的会计人员以降级、撤职、调离工作岗位、解聘或者开除等方式实行打击报复，构成犯罪的，依法追究刑事责任；尚不构成犯罪的，由其所在单位或者有关单位依法给予行政处分。对受打击报复的会计人员，应当恢复其名誉和原有职务、级别。

第四十七条　财政部门及有关行政部门的工作人员在实施监督管理中滥用职权、玩忽职守、徇私舞弊或者泄露国家秘密、商业秘密，构成犯罪的，依法追究刑事责任；尚不构成犯罪的，依法给予行政处分。

第四十八条　违反本法第三十条规定，将检举人姓名和检举材料转给被检举单位和被检举人个人的，由所在单位或者有关单位依法给予行政处分。

第四十九条　违反本法规定，同时违反其他法律规定的，由有关部门在各自职权范围内依法进行处罚。

第七章　附　　则

第五十条　本法下列用语的含义：

单位负责人，是指单位法定代表人或者法律、行政法规规定代表单位行使职权的主要负责人。

国家统一的会计制度，是指国务院财政部门根据本法制定的关于会计核算、会计监督、会计机构和会计人员以及会计工作管理的制度。

第五十一条　个体工商户会计管理的具体办法，由国务院财政部门根据本法的原则另行规定。

第五十二条　本法自 2000 年 7 月 1 日起施行。

附录 B 《会计基础工作规范》

(1996 年 6 月 17 日财会字〔1996〕19 号)

第一章 总则

第一条 为了加强会计基础工作，建立规范的会计工作秩序，提高会计工作水平，根据《中华人民共和国会计法》的有关规定，制定本规范。

第二条 国家机关、社会团体、企业、事业单位、个体工商户和其他组织的会计基础工作，应当符合本规范的规定。

第三条 各单位应当依据有关法规、法规和本规范的规定，加强会计基础工作，严格执行会计法规制度，保证会计工作依法有序地进行。

第四条 单位领导人对本单位的会计基础工作负有领导责任。

第五条 各省、自治区、直辖市财政厅（局）要加强对会计基础工作的管理和指导，通过政策引导、经验交流、监督检查等措施，促进基层单位加强会计基础工作，不断提高会计工作水平。国务院各业务主管部门根据职责权限管理本部门的会计基础工作。

第二章 会计机构和会计人员

第一节 会计机构设置和会计人员配备

第六条 各单位应当根据会计业务的需要设置会计机构；不具备单独设置会计机构条件的，应当在有关机构中配备专职会计人员。

事业行政单位会计机构的设置和会计人员的配备，应当符合国家统一事业行政单位会计制度的规定。

设置会计机构，应当配备会计机构负责人；在有关机构中配备专职会计人员，应当在专职会计人员中指定会计主管人员。

会计机构负责人、会计主管人员的任免，应当符合《中华人民共和国会计法》和有关法律的规定。

第七条 会计机构负责人、会计主管人员应当具备下列基本条件：

（一）坚持原则，廉洁奉公；

（二）具有会计专业技术资格；

（三）主管一个单位或者单位内一个重要方面的财务会计工作时间不少于 2 年；

（四）熟悉国家财经法律、法规、规章和方针、政策，掌握本行业业务管理的有关知识；

（五）有较强的组织能力；

（六）身体状况能够适应本职工作的要求。

第八条　没有设置会计机构和配备会计人员的单位，应当根据《代理记账管理暂行办法》委托会计师事务所或者持有代理记账许可证书的其他代理记账机构进行代理记账。

第九条　大、中型企业、事业单位、业务主管部门应当根据法律和国家有关规定设置总会计师。总会计师由具有会计师以上专业技术资格的人员担任。

总会计师行使《总会计师条例》规定的职责、权限。

总会计师的任命（聘任）、免职（解聘）依照《总会计师条例》和有关法律的规定办理。

第十条　各单位应当根据会计业务需要配备持有会计证的会计人员。未取得会计证的人员，不得从事会计工作。

第十一条　各单位应当根据会计业务需要设置会计工作岗位。

会计工作岗位一般可分为：会计机构负责人或者会计主管人员，出纳，财产物资核算，工资核算，成本费用核算，财务成果核算，资金核算，往来结算，总账报表，稽核，档案管理等。开展会计电算化和管理会计的单位，可以根据需要设置相应工作岗位，也可以与其他工作岗位相结合。

第十二条　会计工作岗位，可以一人一岗、一人多岗或者一岗多人。但出纳人员不得兼管稽核、会计档案保管和收入、费用、债权债务账目的登记工作。

第十三条　会计人员的工作岗位应当有计划地进行轮换。

第十四条　会计人员应当具备必要的专业知识和专业技能，熟悉国家有关法律、法规、规章和国家统一会计制度，遵守职业道德。

会计人员应当按照国家有关规定参加会计业务的培训。各单位应当合理安排会计人员的培训，保证会计人员每年有一定时间用于学习和参加培训。

第十五条　各单位领导人应当支持会计机构、会计人员依法行使职权；对忠于职守，坚持原则，做出显著成绩的会计机构、会计人员，应当给予精神的和物质的奖励。

第十六条　国家机关、国有企业、事业单位任用会计人员应当实行回避制度。

单位领导人的直系亲属不得担任本单位的会计机构负责人、会计主管人员。会计机构负责人、会计主管人员的直系亲属不得在本单位会计机构中担任出纳工作。

需要回避的直系亲属为：夫妻关系、直系血亲关系、三代以内旁系血亲以及配偶亲关系。

第二节　会计人员职业道德

第十七条　会计人员在会计工作中应当遵守职业道德，树立良好的职业品质、严谨的工作作风，严守工作纪律，努力提高工作效率和工作质量。

第十八条　会计人员应当热爱本职工作，努力钻研业务，使自己的知识和技能适应所从事工作的要求。

第十九条　会计人员应当熟悉财经法律、法规、规章和国家统一会计制度，并结合会计工作进行广泛宣传。

第二十条　会计人员应当按照会计法规、法规和国家统一会计制度规定的程序和要求进行会计工作，保证所提供的会计信息合法、真实、准确、及时、完整。

第二十一条　会计人员办理会计事务应当实事求是、客观公正。

第二十二条　会计人员应当熟悉本单位的生产经营和业务管理情况，运用掌握的会计信息和会计方法，为改善单位内部管理、提高经济效益服务。

第二十三条　会计人员应当保守本单位的商业秘密。除法律规定和单位领导人同意外，不能私自向外界提供或者泄露单位的会计信息。

第二十四条　财政部门、业务主管部门和各单位应当定期检查会计人员遵守职业道德的情况，并作为会计人员晋升、晋级、聘任专业职务、表彰奖励的重要考核依据。

会计人员违反职业道德的，由所在单位进行处罚；情节严重的，由会计证发证机关吊销其会计证。

第三节　会计工作交接

第二十五条　会计人员工作调动或者因故离职，必须将本人所经管的会计工作全部移交给接替人员。没有办清交接手续的，不得调动或者离职。

第二十六条　接替人员应当认真接管移交工作，并继续办理移交的未了事项。

第二十七条　会计人员办理移交手续前，必须及时做好以下工作：

（一）已经受理的经济业务尚未填制会计凭证的，应当填制完毕。

（二）尚未登记的账目，应当登记完毕，并在最后一笔余额后加盖经办人员印章。

（三）整理应该移交的各项资料，对未了事项写出书面材料。

（四）编制移交清册，列明应当移交的会计凭证、会计账簿、会计报表、印章、现金、有价证券、支票簿、发票、文件、其他会计资料和物品等内容；实行会计电算化的单位，从事该项工作的移交人员还应当在移交清册中列明会计软件及密码、会计软件数据磁盘（磁带等）及有关资料、实物等内容。

第二十八条　会计人员办理交接手续，必须由监交人负责监交。一般会计人员交接，由单位会计机构负责人、会计主管人员负责监交；会计机构负责人、会计主管人员交接，由单位领导人负责监交，必要时可由上级主管部门派人会同监交。

第二十九条　移交人员在办理移交时，要按移交清册逐项移交；接替人员要逐项核对点收。

（一）现金、有价证券要根据会计账簿有关记录进行点交。库存现金、有价证券必须与会计账簿记录保持一致。不一致时，移交人员必须限期查清。

（二）会计凭证、会计账簿、会计报表和其他会计资料必须完整无缺。如有短缺，必须查清原因，并在移交清册中注明，由移交人员负责。

（三）银行存款账户余额要与银行对账单核对，如不一致，应当编制银行存款余额调节表调节相符，各种财产物资和债权债务的明细账户余额要与总账有关账户余额核对相符；必要时，要抽查个别账户的余额，与实物核对相符，或者与往来单位、个人核对清楚。

（四）移交人员经管的票据、印章和其他实物等，必须交接清楚；移交人员从事会计电算化工作的，要对有关电子数据在实际操作状态下进行交接。

第三十条　会计机构负责人、会计主管人员移交时，还必须将全部财务会计工作、重大财务收支和会计人员的情况等，向接替人员详细介绍。对需要移交的遗留问题，应当写出书面材料。

第三十一条　交接完毕后，交接双方和监交人员要在移交注册上签名或者盖章。并应在移交注册上注明：单位名称，交接日期，交接双方和监交人员的职务、姓名，移交清册页数以及需要说明的问题和意见等。

移交清册一般应当填制一式三份，交接双方各执一份，存档一份。

第三十二条　接替人员应当继续使用移交的会计账簿，不得自行另立新账，以保持会计记录的连续性。

第三十三条　会计人员临时离职或者因病不能工作且需要接替或者代理的，会计机构负责人、会计主管人员或者单位领导人必须指定有关人员接替或者代理，并办理交接手续。

临时离职或者因病不能工作的会计人员恢复工作的，应当与接替或者代理人员办理交接手续。

移交人员因病或者其他特殊原因不能亲自办理移交的，经单位领导人批准，可由移交人员委托他人代办移交，但委托人应当承担本规范第三十五条规定的责任。

第三十四条　单位撤销时，必须留有必要的会计人员，会同有关人员办理清理工作，编制决算。未移交前，不得离职。接收单位和移交日期由主管部门确定。

单位合并、分立的，其会计工作交接手续比照上述有关规定办理。

第三十五条　移交人员对所移交的会计凭证、会计账簿、会计报表和其他有关资料的合法性、真实性承担法律责任。

第三章　会计核算

第一节　会计核算一般要求

第三十六条　各单位应当按照《中华人民共和国会计法》和国家统一会计制度的规定建立会计账册，进行会计核算，及时提供合法、真实、准确、完整的会计信息。

第三十七条　各单位发生的下列事项，应当及时办理会计手续、进行会计核算：

（一）款项和有价证券的收付；

（二）财物的收发、增减和使用；

（三）债权债务的发生和结算；

（四）资本、基金的增减；

（五）收入、支出、费用、成本的计算；

（六）财务成果的计算和处理；

（七）其他需要办理会计手续、进行会计核算的事项。

第三十八条　各单位的会计核算应当以实际发生的经济业务为依据，按照规定的会计处理方法进行，保证会计指标的口径一致、相互可比和会计处理方法的前后各期相一致。

第三十九条　会计年度自公历 1 月 1 日起至 12 月 31 日止。

第四十条　会计核算以人民币为记账本位币。

收支业务以外国货币为主的单位，也可以选定某种外国货币作为记账本位币，但是编制的会计报表应当折算为人民币反映。

境外单位向国内有关部门编报的会计报表，应当折算为人民币反映。

第四十一条　各单位根据国家统一会计制度的要求，在不影响会计核算要求、会计报表指标汇总和对外统一会计报表的前提下，可以根据实际情况自行设置和使用会计科目。

事业行政单位会计科目的设置和使用，应当符合国家统一事业行政单位会计制度的规定。

第四十二条　会计凭证、会计账簿、会计报表和其他会计资料的内容和要求必须符合国家统一会计制度的规定，不得伪造、变造会计凭证和会计账簿，不得设置账外账，不得报送虚假会计报表。

第四十三条　各单位对外报送的会计报表格式由财政部统一规定。

第四十四条　实行会计电算化的单位，对使用的会计软件及其生成的会计凭证、会计账簿、会计报表和其他会计资料的要求，应当符合财政部关于会计电算化的有关规定。

第四十五条　各单位的会计凭证、会计账簿、会计报表和其他会计资料，应当建立档案，妥善保管。会计档案建档要求、保管期限、销毁办法等依据《会计档案管理办法》的规定进行。

实行会计电算化的单位，有关电子数据、会计软件资料等应当作为会计档案进行管理。

第四十六条　会计记录的文字应当使用中文，少数民族自治地区可以同时使用少数民族文字。中国境内的外商投资企业、外国企业和其他外国经济组织也可以同时使用某种外国文字。

第二节　填制会计凭证

第四十七条　各单位办理本规范第三十七条规定的事项，必须取得或者填制原始凭证，并及时送交会计机构。

第四十八条　原始凭证的基本要求是：

（一）原始凭证的内容必须具备：凭证的名称；填制凭证的日期；填制凭证单位名称或者填制人姓名；经办人员的签名或者盖章；接受凭证单位名称；经济业务内容；数量、单价和金额。

（二）从外单位取得的原始凭证，必须盖有填制单位的公章；从个人取得的原始凭证，必须有填制人员的签名或者盖章。自制原始凭证必须有经办单位领导人或者其指定的人员的签名或者盖章。对外开出的原始凭证，必须加盖本单位公章。

（三）凡填有大写和小写金额的原始凭证，大写与小写金额必须相符。购买实物的原始凭证，必须有验收证明。支付款项的原始凭证，必须有收款单位和收款人的收款证明。

（四）一式几联的原始凭证，应当注明各联的用途，只能以一联作为报销凭证。

一式几联的发票和收据，必须用双面复写纸（发票和收据本身具备复写纸功能的除外）套写，并连续编号。作废时应当加盖“作废”戳记，连同存根一起保存，不得撕毁。

（五）发生销货退回的，除填制退货发票外，还必须有退货验收证明；退款时，必须取得对方的收款收据或者汇款银行的凭证，不得以退货发票代替收据。

（六）职工公出借款凭据，必须附在记账凭证之后。收回借款时，应当另开收据或者退还借据副本，不得退还原借款收据。

（七）经上级有关部门批准的经济业务，应当将批准文件作为原始凭证附件。如果批准文件需要单独归档的，应当在凭证上注明批准机关名称、日期和文件字号。

第四十九条 原始凭证不得涂改、挖补。发现原始凭证有错误的，应当由开出单位重开或者更正，更正处应当加盖开出单位的公章。

第五十条 会计机构、会计人员要根据审核无误的原始凭证填制记账凭证。

记账凭证可以分为收款凭证、付款凭证和转账凭证，也可以使用通用记账凭证。

第五十一条 记账凭证的基本要求是：

（一）记账凭证的内容必须具备：填制凭证的日期；凭证编号；经济业务摘要；会计科目；金额；所附原始凭证张数；填制凭证人员、稽核人员、记账人员、会计机构负责人、会计主管人员签名或者盖章。收款和付款记账凭证还应当由出纳人员签名或者盖章。

以自制的原始凭证或者原始凭证汇总表代替记账凭证的，也必须具备记账凭证应有的项目。

（二）填制记账凭证时，应当对记账凭证进行连续编号。一笔经济业务需要填制两张以上记账凭证的，可以采用分数编号法编号。

（三）记账凭证可以根据每一张原始凭证填制，或者根据若干张同类原始凭证汇总填制，也可以根据原始凭证汇总表填制。但不得将不同内容和类别的原始凭证汇总填制在一张记账凭证上。

（四）除结账和更正错误的记账凭证可以不附原始凭证外，其他记账凭证必须附有原始凭证。如果一张原始凭证涉及几张记账凭证，可以把原始凭证附在一张主要的记账凭证后面，并在其他记账凭证上注明附有该原始凭证的记账凭证的编号或者附原始凭证复印件。

一张原始凭证所列支出需要几个单位共同负担的，应当将其他单位负担的部分，开给对方原始凭证分割单，进行结算。原始凭证分割单必须具备原始凭证的基本内容：凭证名称、填制凭证日期、填制凭证单位名称或者填制人姓名、经办人的签名或者盖章、接受凭证单位名称、经济业务内容、数量、单价、金额和费用分摊情况等。

（五）如果在填制记账凭证时发生错误，应当重新填制。

已经登记入账的记账凭证，在当年内发现填写错误时，可以用红字填写一张与原内容相同的记账凭证，在摘要栏注明“注销某月某日某号凭证”字样，同时再用蓝字重新填制一张正确的记账凭证，注明“订正某月某日某号凭证”字样。如果会计科目没有错误，只是金额错误，也可以将正确数字与错误数字之间的差额，另编一张调整的记账凭证，调增金额用蓝字，调减金额用红字。发现以前年度记账凭证有错误的，应当用蓝字填制一张更正的记账凭证。

（六）记账凭证填制完经济业务事项后，如有空行，应当自金额栏最后一笔金额数字下的空行处至合计数上的空行处画线注销。

第五十二条 填制会计凭证，字迹必须清晰、工整，并符合下列要求：

（一）阿拉伯数字应当一个一个地写，不得连笔写。阿拉伯金额数字前面应当书写货币币种符号或者货币名称简写和币种符号。币种符号与阿拉伯金额数字之间不得留有空白。

凡阿拉伯数字前写有币种符号的，数字后面不再写货币单位。

（二）所有以元为单位（其他货币种类为货币基本单位，下同）的阿拉伯数字，除表示单价等情况外，一律填写到角分；无角分的，角位和分位可写“00”，或者符号“——”；有角无分的，分位应当写“0”，不得用符号“——”代替。

（三）汉字大写数字金额如零、壹、贰、叁、肆、伍、陆、柒、捌、玖、拾、佰、仟、万、亿等，一律用正楷或者行书体书写，不得用 0、一、二、三、四、五、六、七、八、九、十等简化字代替，不得任意自造简化字。大写金额数字到元或者角为止的，在“元”或者“角”字之后应当写“整”字或者“正”字；大写金额数字有分的，分字后面不写“整”或者“正”字。

（四）大写金额数字前未印有货币名称的，应当加填货币名称，货币名称与金额数字之间不得留有空白。

（五）阿拉伯金额数字中间有“0”时，汉字大写金额要写“零”字；阿拉伯数字金额中间连续有几个“0”时，汉字大写金额中可以只写一个“零”字；阿拉伯金额数字元位是“0”，或者数字中间连续有几个“0”、元位也是“0”但角位不是“0”时，汉字大写金额可以只写一个“零”字，也可以不写“零”字。

第五十三条　实行会计电算化的单位，对于机制记账凭证，要认真审核，做到会计科目使用正确，数字准确无误。打印出的机制记账凭证要加盖制单人员、审核人员、记账人员及会计机构负责人、会计主管人员印章或者签字。

第五十四条　各单位会计凭证的传递程序应当科学、合理，具体办法由各单位根据会计业务需要自行规定。

第五十五条　会计机构、会计人员要妥善保管会计凭证。

（一）会计凭证应当及时传递，不得积压。

（二）会计凭证登记完毕后，应当按照分类和编号顺序保管，不得散乱丢失。

（三）记账凭证应当连同所附的原始凭证或者原始凭证汇总表，按照编号顺序，折叠整齐，按期装订成册，并加具封面，注明单位名称、年度、月份和起讫日期、凭证种类、起讫号码，由装订人在装订线封签外签名或者盖章。

对于数量过多的原始凭证，可以单独装订保管，在封面上注明记账凭证日期、编号、种类，同时在记账凭证上注明“附件另订”和原始凭证名称及编号。

各种经济合同、存出保证金收据以及涉外文件等重要原始凭证，应当另编目录，单独登记保管，并在有关的记账凭证和原始凭证上相互注明日期和编号。

（四）原始凭证不得外借，其他单位如因特殊原因需要使用原始凭证时，经本单位会计机构负责人、会计主管人员批准，可以复制。向外单位提供的原始凭证复制件，应当在专设的登记簿上登记，并由提供人员和收取人员共同签名或者盖章。

（五）从外单位取得的原始凭证如有遗失，应当取得原开出单位盖有公章的证明，并注明原来凭证的号码、金额和内容等，由经办单位会计机构负责人、会计主管人员和单位领导人批准后，才能代作原始凭证。如果确实无法取得证明的，如火车、轮船、飞机票等凭证，由当事人写出详细情况，由经办单位会计机构负责人、会计主管人员和单位领导人批准后，代作原始凭证。

第三节 登记会计账簿

第五十六条 各单位应当按照国家统一会计制度的规定和会计业务的需要设置会计账簿。会计账簿包括总账、明细账、日记账和其他辅助性账簿。

第五十七条 现金日记账和银行存款日记账必须采用订本式账簿。不得用银行对账单或者其他方法代替日记账。

第五十八条 实行会计电算化的单位，用计算机打印的会计账簿必须连续编号，经审核无误后装订成册，并由记账人员和会计机构负责人、会计主管人员签字或者盖章。

第五十九条 启用会计账簿时，应当在账簿封面上写明单位名称和账簿名称。在账簿扉页上应当附启用表，内容包括：启用日期、账簿页数、记账人员和会计机构负责人、会计主管人员姓名，并加盖名章和单位公章。记账人员或者会计机构负责人、会计主管人员调动工作时，应当注明交接日期、接办人员或者监交人员姓名，并由交接双方人员签名或者盖章。

启用订本式账簿，应当从第一页到最后一页顺序编定页数，不得跳页、缺号。使用活页式账页，应当按账户顺序编号，并须定期装订成册。装订后再按实际使用的账页顺序编定页码。另加目录，记明每个账户的名称和页次。

第六十条 会计人员应当根据审核无误的会计凭证登记会计账簿。登记账簿的基本要求是：

（一）登记会计账簿时，应当将会计凭证日期、编号、业务内容摘要、金额和其他有关资料逐项记入账内，做到数字准确、摘要清楚、登记及时、字迹工整。

（二）登记完毕后，要在记账凭证上签名或者盖章，并注明已经登账的符号，表示已经记账。

（三）账簿中书写的文字和数字上面要留有适当空格，不要写满格；一般应占格距的二分之一。

（四）登记账簿要用蓝黑墨水或者碳素墨水书写，不得使用圆珠笔（银行的复写账簿除外）或者铅笔书写。

（五）下列情况，可以用红色墨水记账：

1. 按照红字冲账的记账凭证，冲销错误记录；

2. 在不设借贷等栏的多栏式账页中，登记减少数；

3. 在三栏式账户的余额栏前，如未印明余额方向的，在余额栏内登记负数余额；

4. 根据国家统一会计制度的规定可以用红字登记的其他会计记录。

（六）各种账簿按页次顺序连续登记，不得跳行、隔页。如果发生跳行、隔页，应当将空行、空页画线注销，或者注明“此行空白”“此页空白”字样，并由记账人员签名或者盖章。

（七）凡需要结出余额的账户，结出余额后，应当在“借或贷”等栏内写明“借”或者“贷”等字样。没有余额的账户，应当在“借或贷”等栏内写“平”字，并在余额栏内用“Q”表示。

现金日记账和银行存款日记账必须逐日结出余额。

（八）每一账页登记完毕结转下页时，应当结出本页合计数及余额，写在本页最后一行和下页第一行有关栏内，并在摘要栏内注明“过次页”和“承前页”字样；也可以将本页合计数及金额只写在下页第一行有关栏内，并在摘要栏内注明“承前页”字样。

对需要结计本月发生额的账户，结计“过次页”的本页合计数应当为自本月初起至本页末止的发生额合计数；对需要结计本年累计发生额的账户，结计“过次页”的本页合计数应当为自年初起至本页末止的累计数；对既不需要结计本月发生额也不需要结计本年累计发生额的账户，可以只将每页末的余额结转次页。

第六十一条　实行会计电算化的单位，总账和明细账应当定期打印。

发生收款和付款业务的，在输入收款凭证和付款凭证的当天必须打印出现金日记账和银行存款日记账，并与库存现金核对无误。

第六十二条　账簿记录发生错误，不准涂改、挖补、刮擦或者用药水消除字迹，不准重新抄写，必须按照下列方法进行更正：

（一）登记账簿时发生错误，应当将错误的文字或者数字画红线注销，但必须使原有字迹仍可辨认；然后在画线上方填写正确的文字或者数字，并由记账人员在更正处盖章。对于错误的数字，应当全部画红线更正，不得只更正其中的错误数字。对于文字错误，可只划去错误的部分。

（二）由于记账凭证错误而使账簿记录发生错误，应当按更正的记账凭证登记账簿。

第六十三条　各单位应当定期对会计账簿记录的有关数字与库存实物、货币资金、有价证券、往来单位或者个人等进行相互核对，保证账证相符、账账相符、账实相符。对账工作每年至少进行一次。

（一）账证核对。核对会计账簿记录与原始凭证、记账凭证的时间、凭证字号、内容、金额是否一致，记账方向是否相符。

（二）账账核对。核对不同会计账簿之间的账簿记录是否相符，包括：总账有关账户的余额核对，总账与明细账核对，总账与日记账核对，会计部门的财产物资明细账与财产物资保管和使用部门的有关明细账核对等。

（三）账实核对。核对会计账簿记录与财产等实有数额是否相符。包括：现金日记账账面余额与现金实际库存数相核对；银行存款日记账账面余额定期与银行对账单相核对；各种财物明细账账面余额与财物实存数额相核对；各种应收、应付款明细账账面余额与有关债务、债权单位或者个人核对等。

第六十四条　各单位应当按照规定定期结账。

（一）结账前，必须将本期内所发生的各项经济业务全部登记入账。

（二）结账时，应当结出每个账户的期末余额。需要结出当月发生额的，应当在摘要栏内注明“本月合计”字样，并在下面通栏划单红线。需要结出本年累计发生额的，应当在摘要栏内注明“本年累计”字样，并在下面通栏划单红线；12月末的“本年累计”就是全年累计发生额。全年累计发生额下面应当通栏划双红线。年度终了结账时，所有总账账户都应当结出全年发生额和年末余额。

（三）年度终了，要把各账户的余额结转到下一会计年度，并在摘要栏注明“结转下年”字样；在下一会计年度新建有关会计账簿的第一行余额栏内填写上年结转的余额，并在摘要栏注明“上年结转”字样。

第四节　编制财务报告

第六十五条　各单位必须按照国家统一会计制度的规定，定期编制财务报告。

财务报告包括会计报表及其说明。会计报表包括会计报表主表、会计报表附表、会计报表附注。

第六十六条　各单位对外报送的财务报告应当根据国家统一会计制度规定的格式和要求编制。

单位内部使用的财务报告，其格式和要求由各单位自行规定。

第六十七条　会计报表应当根据登记完整、核对无误的会计账簿记录和其他有关资料编制，做到数字真实、计算准确、内容完整、说明清楚。

任何人不得篡改或者授意、指使、强令他人篡改会计报表的有关数字。

第六十八条　会计报表之间、会计报表各项目之间，凡有对应关系的数字，应当相互一致。本期会计报表与上期会计报表之间有关的数字应当相互衔接。如果不同会计年度会计报表中各项目的内容和核算方法有变更的，应当在年度会计报表中加以说明。

第六十九条　各单位应当按照国家统一会计制度的规定认真编写会计报表附注及其说明，做到项目齐全，内容完整。

第七十条　各单位应当按照国家规定的期限对外报送财务报告。

对外报送的财务报告，应当依次编写页码，加具封面，装订成册，加盖公章。封面上应当注明：单位名称，单位地址，财务报告所属年度、季度、月度，送出日期，并由单位领导人、总会计师、会计机构负责人、会计主管人员签名或者盖章。

单位领导人对财务报告的合法性、真实性负法律责任。

第七十一条　根据法律和国家有关规定应当对财务报告进行审计的，财务报告编制单位应当先行委托注册会计师进行审计，并将注册会计师出具的审计报告随同财务报告按照规定的期限报送有关部门。

第七十二条　如果发现对外报送的财务报告有错误，应当及时办理更正手续。除更正本单位留存的财务报告外，并应同时通知接受财务报告的单位更正。错误较多的，应当重新编报。

第四章　会计监督

第七十三条　各单位的会计机构、会计人员对本单位的经济活动进行会计监督。

第七十四条　会计机构、会计人员进行会计监督的依据是：

（一）财经法律、法规、规章；

（二）会计法律、法规和国家统一会计制度；

（三）各省、自治区、直辖市财政厅（局）和国务院业务主管部门根据《中华人民共和国会计法》和国家统一会计制度制定的具体实施办法或者补充规定；

（四）各单位根据《中华人民共和国会计法》和国家统一会计制度制定的单位内部会计

管理制度；

（五）各单位内部的预算、财务计划、经济计划、业务计划等。

第七十五条　会计机构、会计人员应当对原始凭证进行审核和监督。

对不真实、不合法的原始凭证，不予受理。对弄虚作假、严重违法的原始凭证，在不予受理的同时，应当予以扣留，并及时向单位领导人报告，请求查明原因，追究当事人的责任。

对记载不准确、不完整的原始凭证，予以退回，要求经办人员更正、补充。

第七十六条　会计机构、会计人员对伪造、变造、故意毁灭会计账簿或者账外设账行为，应当制止和纠正；制止和纠正无效的，应当向上级主管单位报告，请求做出处理。

第七十七条　会计机构、会计人员应当对实物、款项进行监督，督促建立并严格执行财产清查制度。发现账簿记录与实物、款项不符时，应当按照国家有关规定进行处理。超出会计机构、会计人员职权范围的，应当立即向本单位领导报告，请求查明原因，做出处理。

第七十八条　会计机构、会计人员对指使、强令编造、篡改财务报告行为，应当制止和纠正；制止和纠正无效的，应当向上级主管单位报告，请求处理。

第七十九条　会计机构、会计人员应当对财务收支进行监督。

（一）对审批手续不全的财务收支，应当退回，要求补充、更正。

（二）对违反规定不纳入单位统一会计核算的财务收支，应当制止和纠正。

（三）对违反国家统一的财政、财务、会计制度规定的财务收支，不予办理。

（四）对认为是违反国家统一的财政、财务、会计制度规定的财务收支，应当制止和纠正；制止和纠正无效的，应当向单位领导人提出书面意见请求处理。

单位领导人应当在接到书面意见起十日内做出书面决定，并对决定承担责任。

（五）对违反国家统一的财政、财务、会计制度规定的财务收支，不予制止和纠正，又不向单位领导人提出书面意见的，也应当承担责任。

（六）对严重违反国家利益和社会公众利益的财务收支，应当向主管单位或者财政、审计、税务机关报告。

第八十条　会计机构、会计人员对违反单位内部会计管理制度的经济活动，应当制止和纠正；制止和纠正无效的，向单位领导人报告，请求处理。

第八十一条　会计机构、会计人员应当对单位制定的预算、财务计划、经济计划、业务计划的执行情况进行监督。

第八十二条　各单位必须依照法律和国家有关规定接受财政、审计、税务等机关的监督，如实提供会计凭证、会计账簿、会计报表和其他会计资料以及有关情况，不得拒绝、隐匿、谎报。

第八十三条　按照法律规定应当委托注册会计师进行审计的单位，应当委托注册会计师进行审计，并配合注册会计师的工作，如实提供会计凭证、会计账簿、会计报表和其他会计资料以及有关情况，不得拒绝、隐匿、谎报，不得示意注册会计师出具不当的审计报告。

第五章　内部会计管理制度

第八十四条　各单位应当根据《中华人民共和国会计法》和国家统一会计制度的规定，结合单位类型和内容管理的需要，建立健全相应的内部会计管理制度。

第八十五条　各单位制定内部会计管理制度应当遵循下列原则：

（一）应当执行法律、法规和国家统一的财务会计制度。

（二）应当体现本单位的生产经营、业务管理的特点和要求。

（三）应当全面规范本单位的各项会计工作，建立健全会计基础，保证会计工作的有序进行。

（四）应当科学、合理，便于操作和执行。

（五）应当定期检查执行情况。

（六）应当根据管理需要和执行中的问题不断完善。

第八十六条　各单位应当建立内部会计管理体系。主要内容包括：单位领导人、总会计师对会计工作的领导职责；会计部门及其会计机构负责人、会计主管人员的职责、权限；会计部门与其他职能部门的关系；会计核算的组织形式等。

第八十七条　各单位应当建立会计人员岗位责任制度。主要内容包括：会计人员的工作岗位设置；各会计工作岗位的职责和标准；各会计工作岗位的人员和具体分工；会计工作岗位轮换办法；对各会计工作岗位的考核办法。

第八十八条　各单位应当建立账务处理程序制度。主要内容包括：会计科目及其明细科目的设置和使用；会计凭证的格式、审核要求和传递程序；会计核算方法；会计账簿的设置；编制会计报表的种类和要求；单位会计指标体系。

第八十九条　各单位应当建立内部牵制制度。主要内容包括：内部牵制制度的原则；组织分工；出纳岗位的职责和限制条件；有关岗位的职责和权限。

第九十条　各单位应当建立稽核制度。主要内容包括：稽核工作的组织形式和具体分工；稽核工作的职责、权限；审核会计凭证和复核会计账簿、会计报表的方法。

第九十一条　各单位应当建立原始记录管理制度。主要内容包括：原始记录的内容和填制方法；原始记录的格式；原始记录的审核；原始记录填制人的责任；原始记录签署、传递、汇集要求。

第九十二条　各单位应当建立定额管理制度。主要内容包括：定额管理的范围；制定和修订定额的依据、程序和方法；定额的执行；定额考核和奖惩办法等。

第九十三条　各单位应当建立计量验收制度。主要内容包括：计量检测手段和方法；计量验收管理的要求；计量验收人员的责任和奖惩办法。

第九十四条　各单位应当建立财产清查制度。主要内容包括：财产清查的范围；财产清查的组织；财产清查的期限和方法；对财产清查中发现问题的处理办法；对财产管理人员的奖惩办法。

第九十五条　各单位应当建立财务收支审批制度。主要内容包括：财务收支审批人员和审批权限；财务收支审批程序；财务收支审批人员的责任。

第九十六条　实行成本核算的单位应当建立成本核算制度。主要内容包括：成本核算的对象；成本核算的方法和程序；成本分析等。

第九十七条　各单位应当建立财务会计分析制度。主要内容包括：财务会计分析的主要内容；财务会计分析的基本要求和组织程序；财务会计分析的具体方法；财务会计分析报告的编写要求等。

第六章　附则

第九十八条　本规范所称国家统一会计制度，是指由财政部制定、财政部与国务院有关部门联合制定、经财政部审核批准的在全国范围内统一执行的会计规章、准则、办法等规范性文件。

本规范所称会计主管人员，是指不设置会计机构、只在其他机构中设置专职会计人员的单位行使会计机构负责人职权的人员。

本规范第三章第二节和第三节关于填制会计凭证、登记会计账簿的规定，除特别指出外，一般适用于手工记账。实行会计电算化的单位，填制会计凭证和登记会计账簿的有关要求，应当符合财政部关于会计电算化的有关规定。

第九十九条　各省、自治区、直辖市财政厅（局）、国务院各业务主管部门可以根据本规范的原则，结合本地区、本部门的具体情况，制定具体实施办法，报财政部备案。

第一百条　本规范由财政部负责解释、修改。

第一百零一条　本规范自公布之日起实施。1984 年 4 月 24 日财政部发布的《会计人员工作规则》同时废止。

附录 C 《企业会计准则——基本准则》

（2006 年 2 月 15 日财政部令第 33 号公布，自 2007 年 1 月 1 日起施行。2014 年 7 月 23 日根据《财政部关于修改〈企业会计准则——基本准则〉的决定》修改）

第一章　总　则

第一条　为了规范企业会计确认、计量和报告行为，保证会计信息质量，根据《中华人民共和国会计法》和其他有关法律、行政法规，制定本准则。

第二条　本准则适用于在中华人民共和国境内设立的企业（包括公司，下同）。

第三条　企业会计准则包括基本准则和具体准则，具体准则的制定应当遵循本准则。

第四条　企业应当编制财务会计报告（又称财务报告，下同）。财务会计报告的目标是向财务会计报告使用者提供与企业财务状况、经营成果和现金流量等有关的会计信息，反映企业管理层受托责任履行情况，有助于财务会计报告使用者做出经济决策。

财务会计报告使用者包括投资者、债权人、政府及其有关部门和社会公众等。

第五条　企业应当对其本身发生的交易或者事项进行会计确认、计量和报告。

第六条　企业会计确认、计量和报告应当以持续经营为前提。

第七条　企业应当划分会计期间，分期结算账目和编制财务会计报告。

会计期间分为年度和中期。中期是指短于一个完整的会计年度的报告期间。

第八条　企业会计应当以货币计量。

第九条　企业应当以权责发生制为基础进行会计确认、计量和报告。

第十条　企业应当按照交易或者事项的经济特征确定会计要素。会计要素包括资产、负债、所有者权益、收入、费用和利润。

第十一条　企业应当采用借贷记账法记账。

第二章　会计信息质量要求

第十二条　企业应当以实际发生的交易或者事项为依据进行会计确认、计量和报告，如实反映符合确认和计量要求的各项会计要素及其他相关信息，保证会计信息真实可靠、内容完整。

第十三条　企业提供的会计信息应当与财务会计报告使用者的经济决策需要相关，有助于财务会计报告使用者对企业过去、现在或者未来的情况做出评价或者预测。

第十四条　企业提供的会计信息应当清晰明了，便于财务会计报告使用者理解和使用。

第十五条　企业提供的会计信息应当具有可比性。

同一企业不同时期发生的相同或者相似的交易或者事项，应当采用一致的会计政策，不得随意变更。确需变更的，应当在附注中说明。

不同企业发生的相同或者相似的交易或者事项，应当采用规定的会计政策，确保会计信息口径一致、相互可比。

第十六条　企业应当按照交易或者事项的经济实质进行会计确认、计量和报告，不应仅以交易或者事项的法律形式为依据。

第十七条　企业提供的会计信息应当反映与企业财务状况、经营成果和现金流量等有关的所有重要交易或者事项。

第十八条　企业对交易或者事项进行会计确认、计量和报告应当保持应有的谨慎，不应高估资产或者收益、低估负债或者费用。

第十九条　企业对于已经发生的交易或者事项，应当及时进行会计确认、计量和报告，不得提前或者延后。

第三章　资　产

第二十条　资产是指企业过去的交易或者事项形成的、由企业拥有或者控制的、预期会给企业带来经济利益的资源。

前款所指的企业过去的交易或者事项包括购买、生产、建造行为或其他交易或者事项。预期在未来发生的交易或者事项不形成资产。

由企业拥有或者控制，是指企业享有某项资源的所有权，或者虽然不享有某项资源的所有权，但该资源能被企业所控制。

预期会给企业带来经济利益，是指直接或者间接导致现金和现金等价物流入企业的潜力。

第二十一条　符合本准则第二十条规定的资产定义的资源，在同时满足以下条件时，确认为资产：

（一）与该资源有关的经济利益很可能流入企业；

（二）该资源的成本或者价值能够可靠地计量。

第二十二条　符合资产定义和资产确认条件的项目，应当列入资产负债表；符合资产定义，但不符合资产确认条件的项目，不应当列入资产负债表。

第四章　负　债

第二十三条　负债是指企业过去的交易或者事项形成的、预期会导致经济利益流出企业的现时义务。

现时义务是指企业在现行条件下已承担的义务。未来发生的交易或者事项形成的义务，不属于现时义务，不应当确认为负债。

第二十四条　符合本准则第二十三条规定的负债定义的义务，在同时满足以下条件时，确认为负债：

（一）与该义务有关的经济利益很可能流出企业；

（二）未来流出的经济利益的金额能够可靠地计量。

第二十五条　符合负债定义和负债确认条件的项目，应当列入资产负债表；符合负债定义、但不符合负债确认条件的项目，不应当列入资产负债表。

第五章　所有者权益

第二十六条　所有者权益是指企业资产扣除负债后由所有者享有的剩余权益。

公司的所有者权益又称为股东权益。

第二十七条　所有者权益的来源包括所有者投入的资本、直接计入所有者权益的利得和损失、留存收益等。

直接计入所有者权益的利得和损失，是指不应计入当期损益、会导致所有者权益发生增减变动的、与所有者投入资本或者向所有者分配利润无关的利得或者损失。

利得是指由企业非日常活动所形成的、会导致所有者权益增加的、与所有者投入资本无关的经济利益的流入。

损失是指由企业非日常活动所发生的、会导致所有者权益减少的、与向所有者分配利润无关的经济利益的流出。

第二十八条　所有者权益金额取决于资产和负债的计量。

第二十九条　所有者权益项目应当列入资产负债表。

第六章　收　入

第三十条　收入是指企业在日常活动中形成的、会导致所有者权益增加的、与所有者投入资本无关的经济利益的总流入。

第三十一条　收入只有在经济利益很可能流入从而导致企业资产增加或者负债减少、且经济利益的流入额能够可靠计量时才能予以确认。

第三十二条　符合收入定义和收入确认条件的项目，应当列入利润表。

第七章　费　用

第三十三条　费用是指企业在日常活动中发生的、会导致所有者权益减少的、与向所有者分配利润无关的经济利益的总流出。

第三十四条　费用只有在经济利益很可能流出从而导致企业资产减少或者负债增加、且经济利益的流出额能够可靠计量时才能予以确认。

第三十五条　企业为生产产品、提供劳务等发生的可归属于产品成本、劳务成本等的费用，应当在确认产品销售收入、劳务收入等时，将已销售产品、已提供劳务的成本等计入当期损益。

企业发生的支出不产生经济利益的，或者即使能够产生经济利益但不符合或者不再符合资产确认条件的，应当在发生时确认为费用，计入当期损益。

企业发生的交易或者事项导致其承担了一项负债而又不确认为一项资产的，应当在发生时确认为费用，计入当期损益。

第三十六条　符合费用定义和费用确认条件的项目，应当列入利润表。

第八章　利　润

第三十七条　利润是指企业在一定会计期间的经营成果。利润包括收入减去费用后的净额、直接计入当期利润的利得和损失等。

第三十八条　直接计入当期利润的利得和损失，是指应当计入当期损益、会导致所有者权益发生增减变动的、与所有者投入资本或者向所有者分配利润无关的利得或者损失。

第三十九条　利润金额取决于收入和费用、直接计入当期利润的利得和损失金额的计量。

第四十条　利润项目应当列入利润表。

第九章　会计计量

第四十一条　企业在将符合确认条件的会计要素登记入账并列报于会计报表及其附注（又称财务报表，下同）时，应当按照规定的会计计量属性进行计量，确定其金额。

第四十二条　会计计量属性主要包括：

（一）历史成本。在历史成本计量下，资产按照购置时支付的现金或者现金等价物的金额，或者按照购置资产时所付出的对价的公允价值计量。负债按照因承担现时义务而实际收到的款项或者资产的金额，或者承担现时义务的合同金额，或者按照日常活动中为偿还负债预期需要支付的现金或者现金等价物的金额计量。

（二）重置成本。在重置成本计量下，资产按照现在购买相同或者相似资产所需支付的现金或者现金等价物的金额计量。负债按照现在偿付该项债务所需支付的现金或者现金等价物的金额计量。

（三）可变现净值。在可变现净值计量下，资产按照其正常对外销售所能收到现金或者现金等价物的金额扣减该资产至完工时估计将要发生的成本、估计的销售费用以及相关税费后的金额计量。

（四）现值。在现值计量下，资产按照预计从其持续使用和最终处置中所产生的未来净现金流入量的折现金额计量。负债按照预计期限内需要偿还的未来净现金流出量的折现金额计量。

（五）公允价值。在公允价值计量下，资产和负债按照市场参与者在计量日发生的有序交易中，出售资产所能收到或者转移负债所需支付的价格计量。

第四十三条　企业在对会计要素进行计量时，一般应当采用历史成本，采用重置成本、可变现净值、现值、公允价值计量的，应当保证所确定的会计要素金额能够取得并可靠计量。

第十章　财务会计报告

第四十四条　财务会计报告是指企业对外提供的反映企业某一特定日期的财务状况和

某一会计期间的经营成果、现金流量等会计信息的文件。

财务会计报告包括会计报表及其附注和其他应当在财务会计报告中披露的相关信息和资料。会计报表至少应当包括资产负债表、利润表、现金流量表等报表。

小企业编制的会计报表可以不包括现金流量表。

第四十五条　资产负债表是指反映企业在某一特定日期的财务状况的会计报表。

第四十六条　利润表是指反映企业在一定会计期间的经营成果的会计报表。

第四十七条　现金流量表是指反映企业在一定会计期间的现金和现金等价物流入和流出的会计报表。

第四十八条　附注是指对在会计报表中列示项目所做的进一步说明，以及对未能在这些报表中列示项目的说明等。

第十一章　附　则

第四十九条　本准则由财政部负责解释。

第五十条　本准则自 2007 年 1 月 1 日起施行。

参考文献

[1] 中华人民共和国财政部. 企业会计准则：2018 年版[M]. 上海：立信会计出版社，2018.

[2] 中华人民共和国财政部. 企业会计准则应用指南：2018 年版[M]. 上海：立信会计出版社，2018.

[3] 企业会计准则编审委员会. 企业会计准则案例讲解：2018 年版[M]. 上海：立信会计出版社，2018.

[4] 企业会计准则编审委员会. 企业会计准则详解与实务[M]. 北京：人民邮电出版社，2018.

[5] 国家税务总局. 中华人民共和国税收基本法规（2018 年版）[M]. 北京：中国税务出版社，2018.

[6] 许太谊. 企业会计准则及相关法规应用指南（2018）[M]. 北京：中国市场出版社，2018.

[7] 陈国辉，迟旭升. 基础会计[M]. 6 版. 大连：东北财经大学出版社，2018.

[8] 朱小平，徐泓，周华. 初级会计学[M]. 7 版. 北京：中国人民大学出版社，2015.

[9] 张捷. 基础会计[M]. 4 版. 北京：中国人民大学出版社，2015.

[10] 张献英，田晓佳. 基础会计学[M]. 北京：机械工业出版社，2013.

[11] 薛洪岩. 基础会计[M]. 5 版. 上海：立信会计出版社，2014.

[12] 魏永宏. 基础会计[M]. 北京：电子工业出版社，2016.

[13] 荆娴. 基础会计[M]. 北京：清华大学出版社，2013.

[14] 刘永泽，陈文铭. 会计学[M]. 4 版. 大连：东北财经大学出版社，2015.

[15] 奚正艳. 基础会计[M]. 北京：机械工业出版社，2014.

[16] 刘永泽，陈红，姚荣辉. 基础会计[M]. 北京：清华大学出版社，2014.